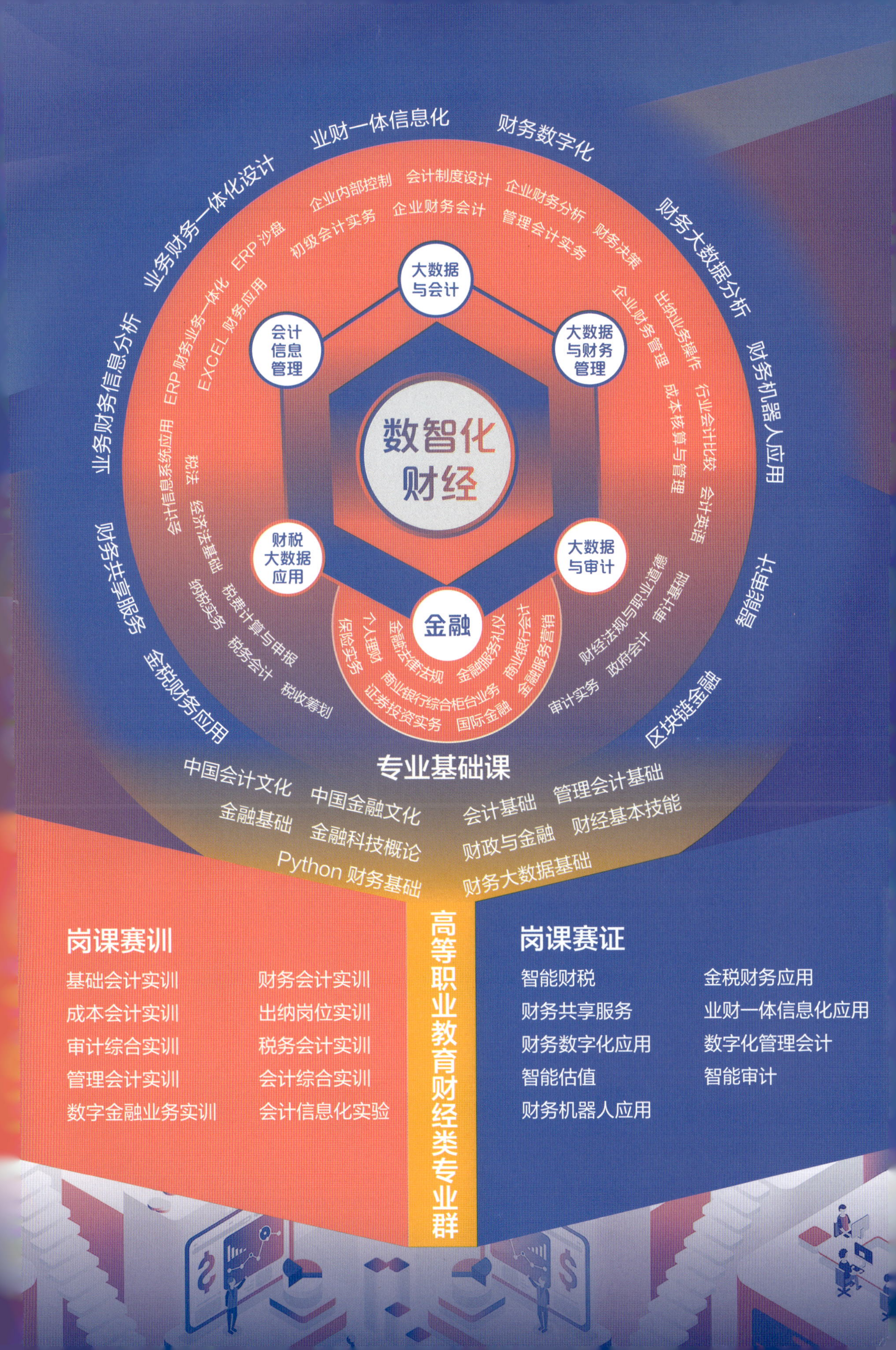

数智化财经

专业方向（核心环）
- 大数据与会计
- 大数据与财务管理
- 大数据与审计
- 金融
- 财税大数据应用
- 会计信息管理

外环课程
业财一体信息化　财务数字化　财务大数据分析　财务机器人应用　智能审计　区块链金融　国际金融　证券投资实务　商业银行综合柜台业务　金融服务营销　商业银行行业会计　金融服务礼仪　金融法律法规　个人理财　保险实务　税收筹划　税务会计　税费计算与申报　辨证法务　乡村振兴与普惠金融　全域税务应用　业务财务信息分析　业财务一体化设计　ERP财务业务一体化　EXCEL财务应用　ERP沙盘　初级会计实务　企业内部控制　会计制度设计　企业财务会计　企业财务分析　管理会计实务　财务决策　出纳业务操作　企业财务管理　成本核算与管理　会计英语　行业会计比较　会计信息系统应用　审计基础　审计实务　政府会计　财经法规与职业道德

专业基础课
中国会计文化　中国金融文化　会计基础　管理会计基础　金融基础　金融科技概论　财政与金融　财经基本技能　Python财务基础　财务大数据基础

高等职业教育财经类专业群

岗课赛训
- 基础会计实训
- 成本会计实训
- 审计综合实训
- 管理会计实训
- 数字金融业务实训
- 财务会计实训
- 出纳岗位实训
- 税务会计实训
- 会计综合实训
- 会计信息化实验

岗课赛证
- 智能财税
- 财务共享服务
- 财务数字化应用
- 智能估值
- 财务机器人应用
- 金税财务应用
- 业财一体信息化应用
- 数字化管理会计
- 智能审计

大数据+

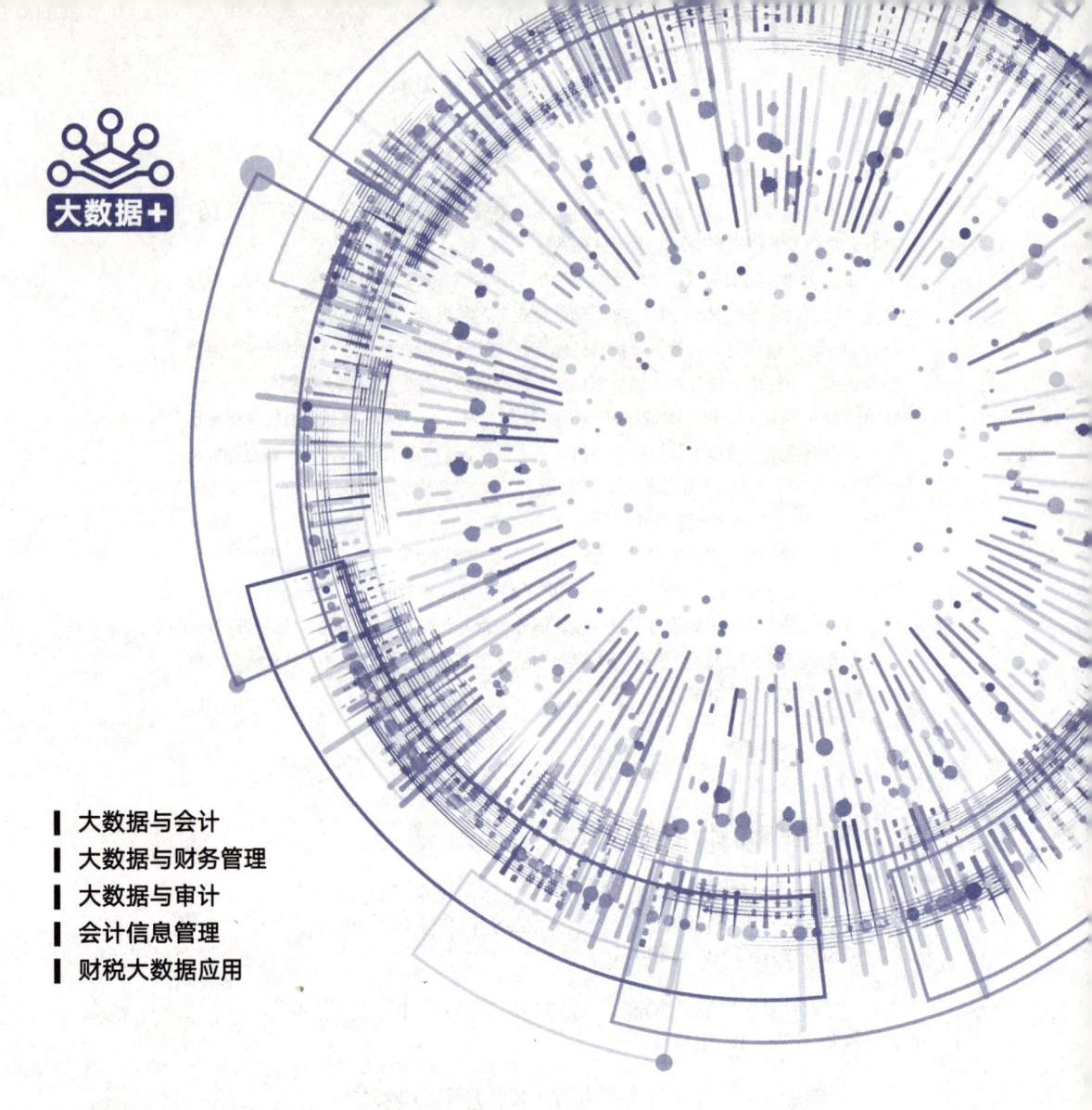

| 大数据与会计
| 大数据与财务管理
| 大数据与审计
| 会计信息管理
| 财税大数据应用

高等职业教育财经类专业群 **数智化财经** 系列教材
高等职业教育财务会计类专业"**岗课赛证**"融通系列教材
ICVE 智慧职教 高等职业教育在线开放课程新形态一体化教材

财务大数据分析

主　编　高翠莲　安玉琴　陈强兵
副主编　段全虎　乔冰琴

高等教育出版社·北京

内容提要

本书是高等职业教育财经类专业群数智化财经系列教材之一，也是高等职业教育财务会计类专业"岗课赛证"融通系列教材。

本书主要介绍如何利用智能大数据分析工具对财务大数据进行清洗和整理、交互可视化展示、多维度对比分析，进而辅助企业管理和决策。本书按照项目—任务式编排教学内容，包括财务大数据分析基础理论、实战演练操作指导及"岗课赛证"融通综合训练三个模块，设计财务大数据认知、数据采集、数据预处理、数据可视化、大数据背景下的财报分析、大数据背景下的资金管理、大数据背景下的销售分析与预测、大数据背景下的费用分析八个项目和若干任务。全书突出德技并修，践行课程思政；理实一体，"岗课赛证"融通；专技融合，真实场景体验；多维分析，提供决策建议；一体开发，资源配套齐全等特色。

全书配备微课、视频等学习资源，支持二维码随扫随学，还提供教学课件等教学资源，具体获取方式请见书后"郑重声明"页的资源服务提示。

本书可作为高等职业教育专科院校、职业教育本科院校和应用型本科院校财务会计类专业和财经商贸大类下其他相关专业的教学用书，还可以作为社会从业人员从事企业财务工作的参考用书。

图书在版编目（CIP）数据

财务大数据分析 / 高翠莲，安玉琴，陈强兵主编． -- 北京：高等教育出版社，2022.8（2024.8重印）
ISBN 978-7-04-059011-1

Ⅰ. ①财… Ⅱ. ①高… ②安… ③陈… Ⅲ. ①财务管理-数据处理 Ⅳ. ①F275

中国版本图书馆CIP数据核字(2022)第131345号

财务大数据分析
CAIWU DASHUJU FENXI

策划编辑	武君红	责任编辑	贾玉婷	封面设计	李树龙	版式设计	马 云
责任绘图	黄云燕	责任校对	王 雨	责任印制	赵义民		

出版发行	高等教育出版社	咨询电话	400-810-0598
社　　址	北京市西城区德外大街4号	网　　址	http://www.hep.edu.cn
邮政编码	100120		http://www.hep.com.cn
印　　刷	北京中科印刷有限公司	网上订购	http://www.hepmall.com.cn
开　　本	787mm×1092mm 1/16		http://www.hepmall.com
印　　张	17.25		http://www.hepmall.cn
字　　数	330千字	版　　次	2022年8月第1版
插　　页	2	印　　次	2024年8月第7次印刷
购书热线	010-58581118	定　　价	46.80元

本书如有缺页、倒页、脱页等质量问题，请到所购图书销售部门联系调换
版权所有　侵权必究
物　料　号　59011-00

前言

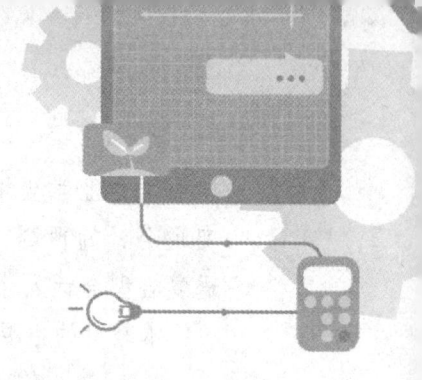

党的二十大报告中指出:"我们要坚持教育优先发展、科技自立自强、人才引领驱动,加快建设教育强国、科技强国、人才强国,坚持为党育人、为国育才,全面提高人才自主培养质量,着力造就拔尖创新人才,聚天下英才而用之。"近几年来,"大智移云"技术广泛应用于各行各业,推动了产业的升级和商业模式的变革,并进而对职业教育人才培养提出了新的要求。2021年,教育部发布《职业教育专业目录(2021年)》,高等职业教育财务会计类专业名称除会计信息管理专业外均冠以"大数据"字样。大数据背景下财会人员服务的终极目标就是根据财务大数据分析的结论,为企业进行精细化管理、靶向化治理和科学化决策提供财务依据。因此,培养学生掌握财务大数据分析的知识和技能,是新时期财会职业教育的责任所在。

"财务大数据分析"作为新专业目录下财会类专业课程体系中的专业核心课程,究竟应该讲什么、怎么讲成为全国职业教育财会类专业教师十分关注的问题。为解决师生的教学难题,促进专业升级和人才培养质量提升,高等职业学校大数据与会计、会计信息管理专业国家专业教学标准制订专家组组长高翠莲教授领衔设计课程教学内容、开发课程实训系统、组织校企专家合力编写本教材,以促进"财务大数据分析"课程尽快进入实施阶段。

"财务大数据分析"课程的前序课程有"大数据技术基础""大数据技术在财务中的应用",主要讲解什么是大数据,什么是财务大数据,大数据在哪里,如何获得大数据,如何对大数据进行整理、分类、清洗、挖掘、可视化呈现,更多地是学习大数据的知识和技能。而"财务大数据分析"课程是对整理加工后的财务大数据进行多维度的对比、深度的分析,得出分析结论,查找原因,提出管理决策建议。为此,本教材设计了八个项目,涵盖财务大数据认知、数据采集、数据预处理、数据可视化、大数据背景下的财报分析、大数据背景下的资金管理、大数据背景下的销售分析与预测、大数据背景下的费用分析等内容。前四个项目主要是链接大数据的获取及分析工具方法,发挥承前启后的作用;后四个项目则是从企业经营、投资、资金、销售、费用等维度对财务大数据进行剖析。本教材打破学科壁垒,将大数据技术与财务分析深度融合,引导

前 言

财会类专业学生培养大数据思维，应用大数据技术，分析企业财务问题，真正实现会计的预测、决策、分析、评价功能，推动财务会计向管理会计转型，促进复合型会计人才培养。

本教材的主要特点有：

1. 理实一体，"岗课赛证"融通

针对职业教育的要求，本教材按照理实一体的课程开发思路和工作手册的设计思想，将内容分为三个模块。模块一是财务大数据分析基础理论，以典型技术为代表，以知识够用为度，主要介绍财务大数据分析技术原理，理解分析的思路和步骤，以学生能看懂代码、理解分析路径、读懂分析报告为目标。模块二是实战演练操作指导，依托财务大数据分析技术平台，应用 AJHXHJ 公司的模拟数据和上交所公开财报数据，训练数据采集、数据清洗、数据集成、数据可视化展示等技术，进而通过整个行业横向数据对比、企业纵向数据对比，进行多维度财务业务分析，得出预测结果，提出管理决策建议。模块三是"岗课赛证"融通综合训练，通过综合案例实操，让学生明晰分析思路，理解财务业务分析架构，提升数据综合分析能力，实现赛教融合，并为同步考取"大数据财务分析"职业技能等级证书做好准备。

2. 名师领衔，校企双元合作

本教材由国家"万人计划"教学名师高翠莲教授领衔，设计教材架构，梳理教材编写思路和逻辑关系，组建财会专业与信息技术专业融合的校企"双元"合作编写团队，将财会专业知识和能力与现代信息技术知识和应用能力深度融合，实现专业知识和技能向实际工作应用能力转化。

3. 德技并修，践行课程思政

坚持立德树人的教育目标，精心选用育人引导案例，通过"学思践行"栏目有机融入思政元素。一是提升学生学习兴趣，二是引导学生学习新技术，激发他们不畏困难、勇攀高峰的奋斗精神，培养爱国、敬业、奉献的价值观。

4. 任务导向，体现工作过程

按照企业实际工作任务设计教材内容，以财务大数据分析的工作过程"数据采集—数据清洗—数据集成—数据可视化呈现—数据多维度分析"路径，安排教材项目任务，沿着"财务比率—投资决策—经营决策—资金分析—销售分析—费用分析"路线逐步深入，不仅有财务比率分析，更有多维度的业务分析，如从销售分析延伸到客户分析—产品分析—价格分析等，通过数据挖掘从显性指标到隐性指标分析，得出准确、全面的分析结论，提升学生的业务能力。

5. 资源齐全，真实场景体验

本书配套财务大数据分析实践教学平台试用，向读者提供了一个仿真的大

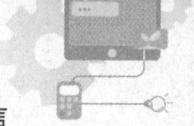

数据技术与财务分析深度融合训练平台。同时，作为一门操作性很强的专业核心课程，教材编写团队同步开发了重点内容讲解微课、业务操作视频、实训平台展示视频等资源，通过二维码展示，学生可通过移动终端扫码学习，可提高学习效率和效果。

本书由山西省财政税务专科学校高翠莲教授、安玉琴副教授和新道科技股份有限公司陈强兵总裁担任主编，山西省财政税务专科学校段全虎副教授和乔冰琴博士担任副主编。具体分工如下：高翠莲负责项目一的撰写，安玉琴负责项目五和模块三"岗课赛证"融通综合训练的撰写，段全虎负责项目七的撰写，乔冰琴负责项目二和项目四的撰写，马鸿燕负责项目三和项目六的撰写，薛鹏飞负责项目八的撰写，新道科技股份有限公司陈强兵负责教材实战案例的梳理、设计和实现，新道科技股份有限公司孟天琳负责新道实践平台实战案例操作视频的制作。

"财务大数据分析"作为一门新设课程的教材，属于编写团队探索之中的首创，书中难免存在疏漏和不妥之处，我们会在后续及时进行修订更新，敬请广大读者批评指正。

编　者

2023年6月于太原

目 录

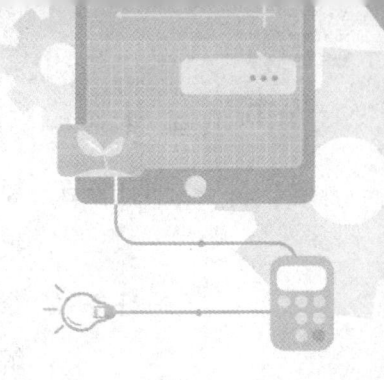

模块一　财务大数据分析基础理论

项目一｜财务大数据认知　//3

　任务一　大数据认知…………5
　任务二　财务大数据分析的
　　　　　数据基础认知………9
　任务三　财务大数据的典型
　　　　　应用场景认知………15
　任务四　财务大数据分析流程
　　　　　认知……………………18

项目二｜数据采集　//21

　任务一　数据采集原理与工具
　　　　　认知……………………23
　任务二　上市公司财报数据
　　　　　采集……………………26

项目三｜数据预处理　//35

　任务一　数据预处理认知………38
　任务二　数据清洗………………40

　任务三　数据集成………………44

项目四｜数据可视化　//51

　任务一　数据可视化认知………53
　任务二　数据可视化常用图形
　　　　　认知……………………59
　任务三　数据可视化的步骤和
　　　　　工具认知………………63

**项目五｜大数据背景下的财报
　　　　 分析**　//67

　任务一　大数据对财务分析的
　　　　　影响认知………………70
　任务二　投资者视角财报
　　　　　分析……………………73
　任务三　大数据下投资企业
　　　　　决策选择………………77
　任务四　企业投资分析报告
　　　　　解析……………………82

目 录

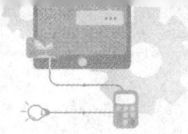

　　任务五　经营者角度的财务
　　　　　　报表分析……………91
　　任务六　企业经营分析报告
　　　　　　解析…………………93

项目六 大数据背景下的资金
　　　　管理　　　　　　//103

　　任务一　大数据下资金管理
　　　　　　认知…………………106
　　任务二　大数据下企业资金
　　　　　　分析…………………107
　　任务三　企业资金分析报告
　　　　　　解析…………………114

项目七 大数据背景下的销售
　　　　分析与预测　　　//123

　　任务一　大数据下销售
　　　　　　模式的创新…………126
　　任务二　大数据下的销售
　　　　　　收入分析……………127
　　任务三　应用大数据算法
　　　　　　预测销售价格………135
　　任务四　企业多维度销售
　　　　　　分析报告解析………138

项目八 大数据背景下的费用
　　　　分析　　　　　　//145

　　任务一　企业费用分析认知……148
　　任务二　企业费用分析与
　　　　　　数据洞察……………151
　　任务三　企业费用分析报告
　　　　　　解析…………………155

模块二　实战演练操作指导

实战演练一
　　客户流失分析……………162
实战演练二
　　上交所财报数据采集………163
实战演练三
　　公司销售数据清洗…………167
实战演练四
　　公司销售数据关联与
　　报表数据合并………………175

实战演练五
　　企业数据可视化看板
　　设计…………………………183
实战演练六
　　投资者角度财报分析………193
实战演练七
　　利用聚类算法进行投资
　　企业筛选……………………204
实战演练八

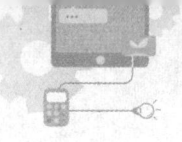

经营者角度的财报
　　分析 ………………… 205
实战演练九
　　企业资金分析 ……………… 213
实战演练十
　　多维度销售分析 …………… 222

实战演练十一
　　多元回归预测销售
　　价格 ………………… 227
实战演练十二
　　企业费用分析 …………… 233

模块三 "岗课赛证"融通综合训练

综合训练要求 ……………… 242　　综合分析报告解析 ……………… 244

参考文献 ……………………………………………………… 259

模块一
财务大数据分析
基础理论

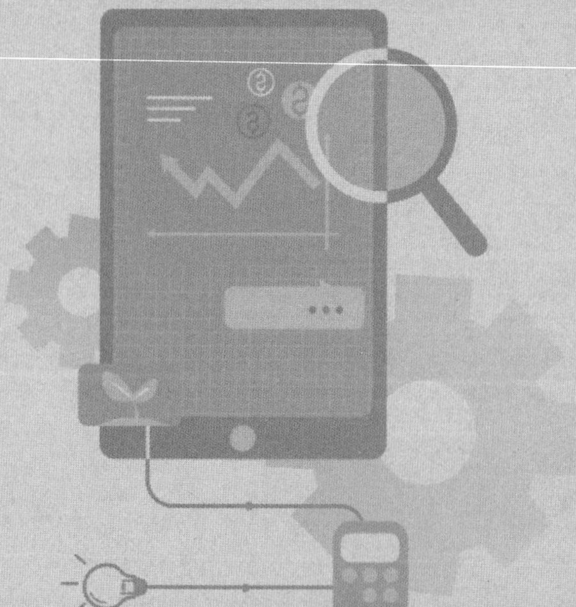

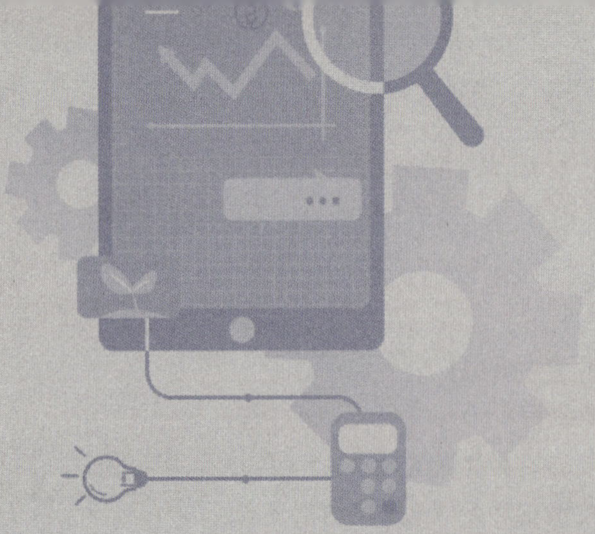

项目一
财务大数据认知

1

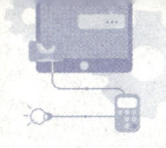

模块一　财务大数据分析基础理论

学习目标 >>>

知识目标
- 了解大数据的定义及特征
- 了解财务大数据的概念及特征
- 了解财务大数据的典型应用场景
- 熟悉大数据技术在财务场景中的应用流程

技能目标
- 能够识别结构化数据、非结构化数据和半结构化数据
- 能够阐释财务大数据的典型应用场景

素养目标
- 培养学生具备基本的数据素养，为企业数字化运营提供数据阅读、操作、分析和讨论的基本素质支撑
- 拓展财会青年视野、更新知识储备，培育财会青年树立直面财务大数据、用好财务大数据的目标和信心

思维导图 >>>

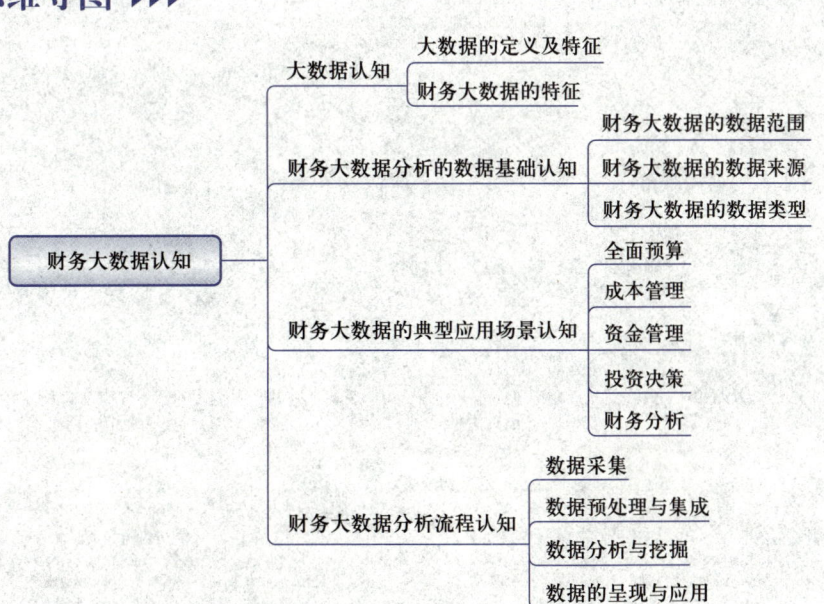

财务大数据认知
- 大数据认知
  - 大数据的定义及特征
  - 财务大数据的特征
- 财务大数据分析的数据基础认知
  - 财务大数据的数据范围
  - 财务大数据的数据来源
  - 财务大数据的数据类型
- 财务大数据的典型应用场景认知
  - 全面预算
  - 成本管理
  - 资金管理
  - 投资决策
  - 财务分析
- 财务大数据分析流程认知
  - 数据采集
  - 数据预处理与集成
  - 数据分析与挖掘
  - 数据的呈现与应用

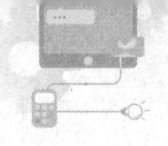

学思践行 >>>

日益增长、体量庞大、多样化且极为复杂的数据是企业数字化转型的核心驱动力。企业希望朝着基于数据进行决策的方向转型，实现能够运用不断增长的数据资产降低费用、提高利润的目标。

某医药有限责任公司是一家全方位整合营销模式的医药公司，其经营品种超过8 000种，销售网络遍布23个省、自治区，拥有6 000多家供应商和40 000多家客户。为了提升数据分析的及时性和准确性，该公司引进了大数据分析云平台，将多个信息孤岛中的数据统一汇聚到数据中台，从而实现业务转型：搭建统一报表访问平台，准确、及时、有效地掌握企业运营情况；避免信息孤岛，实现信息数据的一体化管理；每日定时、精准、自动推送2 000多张报表，从根本上节约人工成本；解决采购与销售平衡的核心问题，大幅度提升备货及时性和准确率；构建数字化供应链，为上下游客户提供支撑与保障。

思考与践行：

毋庸置疑，大数据已成为企业重要的数据资产。掌握大数据技术，为企业降本增效及科学决策提供数据支持是新时代财务人员的重要使命。将多种来源的数据汇集到数据中台，便于从大数据中获取最大价值。在日常的学习工作生活中，每个人就像孤立的数据，集体就像数据中台。要发挥每个人的作用，就必须培养自己的集体主义精神，与组织融为一体。

任务一 大数据认知

一、大数据的定义及特征

（一）大数据的定义

对于"大数据"（big data），目前还没有一个权威的定义。不同组织给出了不同角度的大数据定义。

麦肯锡基于数据特征的视角将大数据定义为：大数据是指无法在一定时间内用传统数据库软件工具对其内容进行采集、存储、管理和分析的数据集合，该数据集合巨大，以至于无法通过目前的主流软件工具在合理时间内达到获取、管理、处

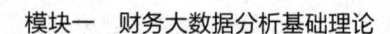

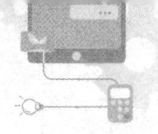

理，并整理成能帮助企业实现经营决策目的的数据①。

专业研究机构 Gartner 则从描述数据的系统过程出发，将大数据定义为：大数据是指那些需要新处理方法才能通过数据体现出更强的决策力、洞察力和流程优化能力的海量、高增长率和多样化的信息资产。

从上述定义可以看出：其一，大数据中的这个"大"，不仅仅是指数据量的积累，还指大数据要实现由"大"的量的积累到实现"大"的质的变化。其二，大数据中的数据不是传统意义上的数据，这些数据因集合而产生价值，具有可观的利用前景。其三，要基于这些大数据产生价值和效用，必然要求这些数据之间存在意义和结构上的关联，这样才具有分析价值。其四，大数据不是"死"的数据，而是"活"的数据，不是"假"的数据，而是"真"的数据，是必须予以应用并产生实际效用的数据。换言之，对大数据的处理动机决定了数据的应用价值，只有对大数据进行数据分析和数据挖掘，才能发挥数据的价值。

（二）大数据的特征

尽管对大数据的概念界定没有统一标准，但学术界较为统一的认识是大数据具有以下五个基本特征，也称"5V"特征。

1. 数据量巨大（Volume）

大数据通常是指 10TB 以上规模的数据。如此巨大的数据量是如何产生的呢？一是由于各种仪器设备的使用，使人们能够感知更多的事物，而这些事物产生的部分甚至全部数据都可以被存储；二是由于通信工具的使用，使人们能够全时段联系，而机器－机器（Machine to Machine，简称为 M2M）方式的出现，使得交流的数据量成倍增长；三是由于集成电路的价格降低、功能增强，这使很多物体都有了智能的成分。

2. 数据种类多（Variety）

随着传感器种类的增多以及智能设备、社交网络等的流行，数据类型也变得更加复杂，不仅包括传统的关系数据类型，也包括以网页、视频、音频、E-Mail、文档等形式存在的未加工的、半结构化的和非结构化的数据。

3. 速度快、时效高（Velocity）

大数据具有数据增长速度快、处理速度快、时效性要求高的特点。实时处理是大数据区别于传统数据的显著特征，大数据时代，快速从海量数据中挖掘出用户所需的信息需要强大的信息技术作支撑。例如淘宝"双11"促销时，销量、销售金额、订单量等信息的实时动态展示，智慧搜索引擎能将几分钟前的新闻推送给用户，电子商务个性化推荐算法要求实时根据用户搜索或购买结果完成商品推荐等。

---

① McKinsey Global Institute，Big data: The next frontier for innovation, competition, and productivity. 2011.

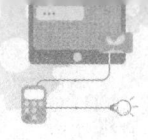

4. 价值密度低（Value）

大数据背后隐藏着极大的经济价值，但是，大数据的价值深藏于浩瀚的数据当中，需要多来源数据的参照、关联、对比分析，需要独到的思维、高超的技术，挖掘大数据的价值就类似于沙里淘金。大数据的巨大价值来自其超前预测能力和真实性。

5. 真实（Veracity）

真实是指数据的准确性和可信赖度，即数据的质量。大数据是与真实世界息息相关的，研究大数据就是从庞大的网络数据中提取出数据，以解释现实和预测未来，那么这些数据应当是真实的、权威的、原始的、高质量的、可用的。

拓展阅读

当前，全球已进入数字经济时代，数据正在成为重组全球要素资源、重塑全球经济结构、改变全球竞争格局的关键力量，各国聚焦数据价值释放，持续推进大数据战略。与此同时，我国也围绕数据要素的各个方面加速布局与创新发展。2023年1月4日，由中国信息通信研究院发布了《大数据白皮书（2022年）》。"十三五"期间，国内大数据技术和产业取得了长足的发展，"十四五"期间我国将立足新发展阶段，进一步提升数字化发展水平，为数字经济聚合提供持久的新动力，进而为构建现代化经济体系和新发展格局提供强大支撑。

二、财务大数据的特征

传统财务数据主要以财务报告数据为主，包括资产负债表、利润表、现金流量表、股东权益变动表以及报表附注等相关的财务数据。大数据给企业带来了更大的风险与挑战，大数据不仅扩大了企业财务数据的范畴，而且也对企业财务数据的处理、分析及反馈提出了更高的要求。财务大数据除了涵盖传统的财务报告数据之外，还包含宏观数据、行业数据，以及企业供应链等相关数据；同时，财务大数据的数据类型除了结构化数据之外，还包括非结构化数据和半结构化数据。

随着大数据时代的来临，企业财务管理不再仅仅局限于财务自身领域的一隅之地，而是渗透到企业的各个领域，例如研发、生产、人力资源、销售等。可以说大数据时代的来临扩大了财务管理的影响力和作用范围，财务部门从原本单纯的财务管理活动向数据的收集、整理、处理、分析方向转变。

具体而言，相比于传统财务数据，财务大数据的特征主要体现在以下四个方面：

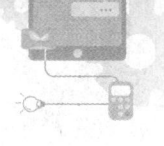

（一）数据来源的广度与深度发生改变

大数据时代下，财务管理的管理范围被极大地扩大。财务管理数据来源在广度上发生了变化：除了原来的管理范围，大数据下的财务管理还管理着很多非财务数据，包括销售信息、研发信息以及人力资源信息等。

财务管理数据来源在深度上发生的变化是财务管理数据由原来的结构化数据向非结构化数据、半结构化数据转变。结构化财务数据是由传统的运营系统产生的，这部分数据大多存储在关系型数据库中；非结构化和半结构化财务数据的来源较为广泛，比如来自传感器的各种数据、移动电话的GPS定位数据、实时交易信息、行情数据信息、用户的网络单击量、顾客的搜索路径、浏览记录、购买记录等。在开展财务管理的过程中，非结构化和半结构化财务数据直接影响了财务数据的构成。

（二）数据处理由原来的集中式计算结构向分布式计算结构转变

大数据时代，不仅企业数据量呈现出指数级增长趋势，而且企业数据分析处理的时效性要求也更高，传统的财务处理方式已不能满足大数据下的企业财务管理之需。大数据下的财务数据处理需要由原来的集中式计算结构，转为分布式或者扁平式的计算结构。

目前主流的三大分布式计算结构分别为Hadoop、Storm和Spark。Hadoop可以轻松地集成结构化、半结构化甚至非结构化数据集。Storm是分布式实时计算系统，它以全内存计算方式处理源源不断流进来的消息，处理之后再将结果写入到某个存储。而Spark则是基于内存计算的开源集群计算系统，能够更快速地进行数据分析。这三种计算结构在财务数据的处理方面各有优势，同时也有自身的劣势。在选择财务数据计算结构时，企业应根据自身具体情况进行判别。

（三）数据分析从数据仓库向深度学习进行转变

财务数据分析工作是企业在信息管理方面的重要内容。早期的会计电算化主要是面向操作型的，从会计凭证、账簿到报表都没有可靠的历史数据来源，自然也就不能将财务信息转换为可用的决策信息。随着信息处理技术的应用，企业可以利用新的技术实现财务数据的联机分享，还可利用统计运算方法和人工智能技术对数据仓库进行横向和纵向的分析，从而将大量的原始数据转化为对企业有用的信息，提高企业决策的科学性和可操作性。

例如，苏宁电器构建了ERP系统，其中在物流系统中将库存商品基础数据（包括产品编号、名称、规格型号、计划单价）、商家基本数据（包括商家编号、名称、地址、电话、邮编、银行账号等）与财务信息系统中的数据进行连接；资金流系统中的保理、保险、银行客户的基本数据、支付结算方式编码、货币编码、利率编码等与财务信息系统中的数据进行共享。这些措施在一定程度上使苏宁电器实现了财

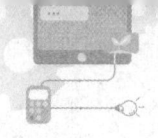

务数据共享和深度分析。

（四）数据输出形式由图表化转向可视化

在以前的财务数据输出工作中，企业大多采用图表的形式来报告企业财务信息，比如财务报表等。在大数据背景下，企业改变了以往的信息输出形式，将复杂的财务数据转化为直观的图形。更进一步地，企业可以综合采用图形、表格和视频等方式将数据作可视化呈现，从而更好地将信息传达给企业内部及外部的信息使用者，为企业决策提供数据支持。

例如，社交网络中的语音、图像、视频、日志文件等都是可视化的财务数据输出形式。1号店、淘宝等电商平台就记录或收集了网上交易量、顾客感知、品牌意识、产品购买和社会互动等行为数据，以可理解的图形、图片等方式直观呈现出企业在不同时间轴上财务数据的变化趋势。

想一想

会计信息系统中的科目余额表是非结构化的数据吗？

任务二　财务大数据分析的数据基础认知

大数据的广泛运用正推动着企业财务向着高效、协同、精细化的方向发展。大数据时代，财务管理的边界在不断拓展：财务数据与业务数据、内部数据与外部数据、结构化数据与非结构化数据等都在逐渐连接起来。

一、财务大数据的数据范围

（一）财务数据

财务数据来源于业务数据。财务人员将从企业各个业务部门汇集来的、描述企业当前财务状况和经营成果的原始数据，如采购数据、生产数据、销售数据等，通过汇总、整理、加工变成财务数据，然后输出成品，如进行纳税申报，向业务部门和管理层提供财务分析、财务预算与预测、财务报告等。

财务数据虽是业务活动结果的综合反映，但并不反映业务活动的过程，这使得财务分析结果缺乏立体感，不能有力支持企业的经营管理决策。因此，财务人员应当充分利用财务数据，挖掘其潜在价值。一方面，通过对财务数据进行分析，评价企业财务指标所反映的问题，预测企业发生财务困境的可能性，为企业健康运营保

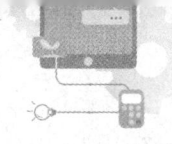

驾护航。另一方面，企业的经营状况直接影响企业经济效益，财务人员可以通过指标计算分析企业偿债能力、营运能力和盈利能力等具体运营状况，便于管理层直接了解企业目前的经营效率。

（二）业务数据

业务数据是由企业各个部门的业务人员通过自身的业务系统直接产生的数据，是未经过深加工的初始数据。不同的业务部门根据其业务性质能够产生显性数据、隐性数据和相关的深度数据。如采购部门生成的显性数据有采购合同、采购订单、运费单等，对应的隐性数据有价格高低、质量好坏、运输成本等，进一步挖掘到的深度数据则有应付账款周期、采购周期、供应商管理数据等；又如生产部门，其生成的显性数据有领料单、BOM单、生产工时、维修工时等，对应的隐性数据有产能利用率、人工效率、废品率等，进一步挖掘到的深度数据可能有产品市场情况、产品生命周期、产品链分析数据等；同理，销售部门能够生成销售小票、客户统计单、销售合同、产品清单、产品价格表等显性数据，销售政策、产品品质、品牌价值等隐性数据，品类管理、市场占有率、产品生命周期、客户管理数据、竞争对手数据等深度数据。

？/ 想一想

除了上面提到的业务部门数据，你还能想到哪些部门的数据？它们的显性数据、隐性数据和深度数据分别是什么？

这里列示的只是企业经营与财务数据中的冰山一角，现实中哪怕是一家小企业，也能产生许多数据。即使是打扫卫生的保洁公司，也会产生诸如拖把、消毒水、保洁人员工资或者保洁外包费等业务数据，进而转换成管理费用等财务数据。财务数据和业务数据，都是企业经营产生的数据，二者主要的区别在于单个零散的业务数据很难直接为经营决策提供支持，而经过进一步加工提炼的财务数据却可以为经营决策提供支持。

对企业而言，业务数据分析主要有三方面的作用。一是对业务的改进优化，包括用户体验的改进和公司资源的分配等；二是帮助企业发现机会，利用数据发现人们思维上的盲点，进而发现新的业务机会；三是创造新的商业价值，在数据价值的基础上形成新的商业模式。

财务数据是企业财务人员根据企业已经发生的交易或事项进行记录、计量和报告的，虽然财务数据显示了业务活动的结果，但是无法揭示企业业务活动的具体实施过程。这一现象使得财务数据无法分析企业具体的业务活动的效率，无法给予管理层在企业业务活动层面的决策支持。因此，财务人员要提高财务数据的决策支持

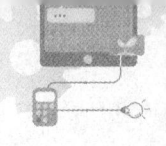

度，必须将财务数据与业务数据相融合，在向管理层提供分析报告时，不仅仅局限于数据结果的分析，还可以提供业务经营活动的决策支持。

（三）关联数据与信息

在大数据驱动的环境下，企业能够在大量、复杂的关联数据信息中选择出精准、有效的数据，并通过数学方法和统计方法对其进行处理和分析，挖掘出数据背后所反映的内容，从而做出更具有前瞻性、科学性的财务决策。这类关联数据及信息包括管理当局的影响力和政府政策的变化、利率水平及行业发展趋势等。

管理当局和政府的行动常常会带来行业惯例和战略方面的重大变化。而利用大数据，可以为企业制定财务政策提供有力的数据信息支持。企业在制定财务政策时，通过数据挖掘获取制定财务政策所需的有用信息，成为企业制定有效财务政策、实现价值可持续增长的重要手段。通过对国家金融政策、金融市场信息、国家财税和价格政策、经济环境、通货膨胀、各行业投资信息、国家关于股利分配的政策、债务契约约束、行业股利分配特征等关联数据信息的分析，来预测利率、股价、市场系统风险、经济周期等因素的变化，从而可帮助为企业选择可行的筹资、投资、应收账款信用和股利分配方案。

行业的发展过程不是一成不变的，在不同阶段它会呈现不同的趋势。影响行业发展的驱动因素有产品革新、技术变革、营销革新、服务创新、企业规模的扩张和缩减等。对于企业来说，应当把握行业趋势，通过行业数据的挖掘，及时做出调整，为企业制定有效的财务战略，才能迎来更长远的发展。

二、财务大数据的数据来源

采集精准的目标数据，是数据分析合理有效的前提。在数据分析前，首先需要看此分析是否有数据支撑、数据资源是否可持续、数据来源渠道是否可控、数据安全和隐私保护方面是否有隐患；其次要看数据资源质量如何，是好数据还是坏数据，能否保障数据分析的实效性。

依据大数据的来源，可以把大数据分为来自组织机构内的内部数据和来自组织机构外的外部数据。

（一）内部数据

内部数据是指来自企业自身日常经营管理中收集、整理的数据，主要有生产数据、库存数据、订单数据、电子商务数据、销售数据及客户关系管理数据等。未来随着企业自动化设备的大量启用，将会产生越来越多的数据。内部数据具有较好的可控性，数据质量一般也有保证，但缺点是数据覆盖范围比较有限。

在内部数据中，财务数据是最主要的数据之一。财务数据是各类信息的综合集成，涉及人、财、物的各个方面。财务人员作为数据的处理、计量、分析和报告

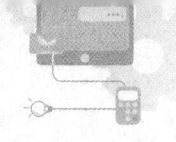

者，理应在大数据分析中发挥不可替代的关键作用。企业内部财务数据主要是由资产负债表、利润表、现金流量表及所有者权益变动表共同构成的数据集合，是对企业经营状况、财务成果及资金运作的综合概括和高度反映，与财务人员后续的核算管理、成本费用管理、财务报表分析管理息息相关。

（二）外部数据

外部数据是来源于企业外部的数据，如互联网数据、其他供应商供应的付费数据、网络爬虫采集的数据等。互联网是数据的海洋，是获取各种数据的主要途径。例如，来自互联网中的国家统计数据、各地方政府公开数据、上市公司的季报和年报、研究机构的调研报告及各种信息平台提供的零散数据等。随着数据需求的加大，市场上催生了一些产品化数据交易平台，这些平台提供多领域的付费数据资源，用户可以按需购买使用。分析者还可自行利用网络数据采集软件，按照设定好的规则自动抓取互联网上的信息。

大数据技术扩展了企业财务的数据范围，过去企业更多地只能使用内部数据，而现在可以利用互联网对外部数据进行采集和处理。财务人员可以利用的外部数据不仅包括上市公司公告数据库、宏观经济数据库、市场交易数据库和行业数据库中的数据，还包括诸如电子邮件、影像、博客、微信、呼叫中心对话和社交媒体等在内的数据，而后者占到数据总量的85%。

拓展阅读

目前各行各业都已经意识到大数据时代带来的机会，企业纷纷开始运用大数据技术分析自身的各项经营活动。财务人员应该学习各种数据的收集方法，收集的数据不要仅局限于企业内部，也要拓展到与企业相关的外部数据。

典型的网络公开数据来源有：

1. 国家统计局

国家统计局网站（见图1-1-1）提供的所有数据都是免费的，在该网站主页的最下面有个网站链接，里面有很多地方数据及其他国家的数据。

2. 产业信息网

产业信息网提供的数据主要包括：能源、电力、冶金、化工、机电、电子、汽车、安防、环保、医药、IT、通信、数码、传媒、办公、文教、金融、培训、服装、玩具、工艺品等。产业信息网的主页如图1-1-2所示。

此外，国务院发展研究中心信息、中国证券监督管理委员会、上海证券交易所、深圳证券交易所等网站也提供许多经济类数据。

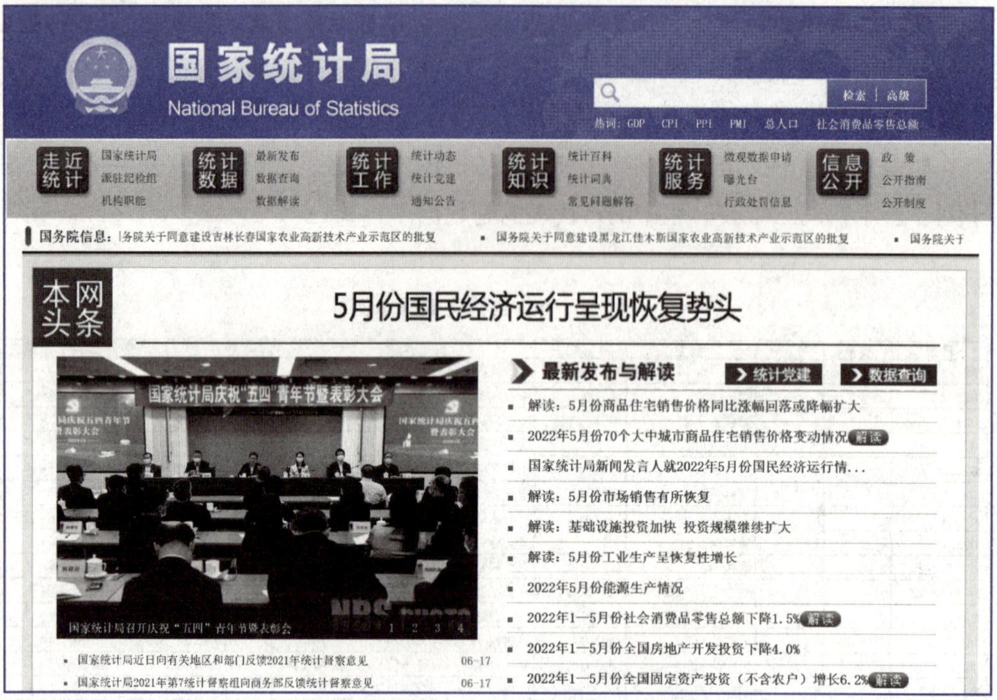

项目一 财务大数据认知

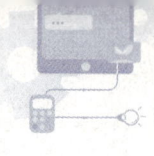

图 1-1-1 国家统计局网站

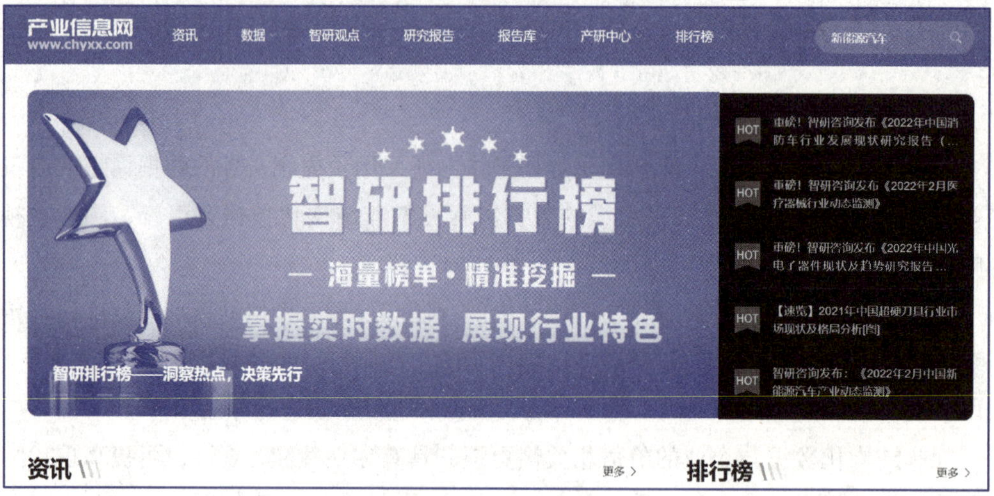

图 1-1-2 产业信息网

三、财务大数据的数据类型

大数据是一个数据集合,按照数据组织方式的不同,一般可将其分为结构化数据、非结构化数据和半结构化数据三类。

(一)结构化数据

简单来说,结构化数据可以理解为关系数据库中的数据,也称作行数据,是由

13

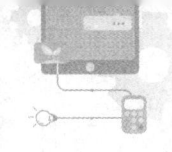

二维表结构来进行逻辑表达和实现的数据。结构化数据具有统一的数据结构和规范的数据访问和处理方法,其主要通过关系型数据库进行存储和管理,如企业的人事系统、财务系统和ERP系统等。

如表1-1-1所示的序时账数据是典型的结构化数据表现形式,它是一个包括若干列、若干行的二维表。表中的行代表的是数据。

表1-1-1 结构化数据示例

日期	类别	凭证号	摘要	科目编码	科目名称	借方	贷方	制单人
2021/12/6	记	1	借备用金	122102	其他应收款——销售部	500.00	0.00	蒋*子
2021/12/6	记	1	借备用金	1001	库存现金	0.00	500.00	蒋*子
2021/12/6	记	2	提取备用金	1001	库存现金	10,000.00	0.00	蒋*子
2021/12/6	记	2	提取备用金	100201	银行存款——工行存款	0.00	10,000.00	蒋*子
2021/12/6	记	3	预付货款	1123	预付账款	102,080.00	0.00	蒋*子
2021/12/6	记	3	预付货款	100201	银行存款——工行存款	0.00	102,080.00	蒋*子
2021/12/28	记	4	销售商品	1122	应收账款	2,326,960.00	0.00	蒋*子
2021/12/28	记	4	销售商品	6001	主营业务收入	0.00	2,006,000.00	蒋*子
2021/12/28	记	4	销售商品	22210103	应交税费——应交增值税——销项税额	0.00	320,960.00	蒋*子
2021/12/12	记	5	缴纳上月个税	222105	应交税费——应交个人所得税	2,607.79	0.00	蒋*子
2021/12/12	记	5	缴纳上月个税	100201	银行存款——工行存款	0.00	2,607.79	蒋*子
2021/12/12	记	6	采购原材料	140301	原材料——外购原材料	220,000.00	0.00	蒋*子
2021/12/12	记	6	采购原材料	22210101	应交税费——应交增值税——进项税额	28,600.00	0.00	蒋*子
2021/12/12	记	6	采购原材料	220202	应付账款——一般应付账款	0.00	248,600.00	蒋*子
2021/12/12	记	9	采购部报销差旅费	660203	管理费用——差旅费	2,000.00	0.00	蒋*子
2021/12/12	记	9	采购部报销差旅费	1001	库存现金	0.00	2,000.00	蒋*子
2021/12/28	记	10	收款单	100201	银行存款——工行存款	248,600.00	0.00	蒋*子
2021/12/28	记	10	收款单	1122	应收账款	0.00	248,600.00	蒋*子

(二)非结构化数据

与结构化数据相比,非结构化数据是指不能采用预先定义好的数据模型或者没有以一个预先定义的方式来组织的数据。常见的非结构化数据有声音、图像、视频等。

非结构化数据库是针对非结构化数据的存储和处理而产生的新型数据库,与传统关系数据库不同的是,它突破了数据固定长度的限制,支持采用重复字段、子字段和变长字段的应用,从而实现了对变长数据和重复字段进行存储和管理。

非结构化数据与企业的价值相关性更强,具有独立性和客观性,可提高现代财务数据体系展现经济业务实质的真实性,有利于优化会计信息水平。

拓展阅读

2013年2月1日,中国人民财产保险股份有限公司(简称"人保财险")执行副总裁王和在中国第七届"保险业管理信息化高峰论坛"上指出,在过去的两三年里,结构化和非结构化数据发生了本质性的逆转。过去整个社会绝大多数的数据是结构化数据,而现在非结构化数据正呈快速增长的趋势,现在以及未来,非结构化

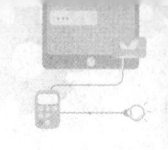

数据占企业数据的 80% 以上，并且以每年 55%~65% 的速度增长，甚至更多。这也促使大数据时代的财务数据体系实现进一步深度融合——基于传统结构化数据，将独立客观且与企业价值相关的碎片式或非结构化的间接数据作为辅助信息和补充信息，改善财务数据信息质量，保证财务信息与企业价值之间的相关性。财务分析人员必须学会从海量的网络资源中收集并筛选与自己的分析对象和分析目的相关性较强的资料信息，这些资料信息可能是结构化数据，如金融数据库等；也可能是非结构化数据，如网页等。而通过对大数据时代相关数据信息的综合分析，可促使企业经济效益与社会效益得到一定的提升。

（三）半结构化数据

半结构化数据介于结构化数据和非结构化数据之间。与结构化数据相比，半结构化数据也具有基本的固定结构，但它并不符合结构化数据的数据模型结构。半结构化数据可以包含数据标记，这些标记用来分隔语义元素以及对记录和字段进行分层，因此，半结构化数据也被称为自描述结构的数据。其本质是介于完全结构化数据和完全无结构的数据之间的数据，它可以通过灵活的键值获取或调整对应信息，且数据格式不固定，同一键值下存储的信息可能是数值、文本、字典或列表。如电子邮件、用 Word 处理的文字、日志文件、XML 文档、XBRL 文档、JSON 文档及网站上的新闻等。

例如，一个关于人员档案数据的描述，如图 1-1-3 所示是半结构化数据（XML 文件）的描述。如表 1-1-2 所示是结构化数据的描述。

```
<person>
<name>张三</name>
<age>18</age>
<gender>female</gender>
</person>
```

图 1-1-3 描述人员档案的 XML 文件

表 1-1-2 描述人员档案的关系型数据库

姓名	年龄	性别
张三	18	female

任务三 财务大数据的典型应用场景认知

大数据场景应用本质上是数据的业务应用场景，是数据和数据分析在企业经营活动中的具体表现。财务大数据的典型应用场景包括全面预算、成本管控、资金管理、投资决策、财务分析等。

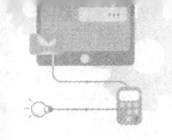

一、全面预算

财务大数据环境下，全面预算依赖的数据类型不仅包括传统预算中的财务数据，而且还包括音频、视频、地理位置、天气以及温度等非结构化数据，通过对这些数据的分析可以提升全面预算的准确性。

例如，在编制采购预算时，可以深入分析大数据中隐藏的信息，科学选择原材料供应商；同时，还可以评价下级部门采购预算是否合理，以便更好地编制企业全面预算。与此同时，由于大数据使传统的自上而下传递预算任务的顺序发生改变，自下而上的预算审批顺序也因此发生变化，从而使得全面预算编制周期明显缩短。此外，在编制资金预算时，依托大数据分析，管理者能够判断预算资金是否合理，以防各部门虚报或瞒报预算资金。

二、成本管理

成本管理是企业内部控制中最重要的部分，贯穿于企业经营的各个环节，成本管理有利于降低成本，提高经济效益。企业要获取更高的净利润，需要对生产成本和人力成本等多方面进行管控。传统成本管理更偏重产品的生产成本管理和生产过程管理，相对忽视了其他诸如产品开发、采购、销售等过程的成本管理。

在大数据时代，财务管理人员能够及时采集企业生产制造成本、流通销售成本等各种类型的数据，并将这些海量数据应用于企业成本控制系统，通过准确汇集、分配成本，分析企业成本费用的构成因素，区分不同产品的利润贡献程度并进行全方位的比较与选择，从而为企业进行有效的成本管理提供科学的决策依据。

例如，通过对生产线上数以千计的传感器和电子监控捕获的视频和照片信息进行分析，能实时监控企业生产流程，及时发现和处理突发事件，从而有效控制企业成本。

三、资金管理

资金管理是大型企业集团财务管理的核心内容，对企业战略发展和风险控制有重要的影响。大数据的出现也影响着资金管理的工作方式，原有的资金管理流程也会随之改变。

例如，一笔资金支付业务，原来的流程可能是业务部门提出资金需求，财务部门进行账务处理，然后流转到出纳。出纳制单后，再通过企业内部的审核流程，最终在银行付款。财务分析人员可能在周或月度结束后，从财务系统中取得数据，然后对本企业支付用途进行统计分析。而在大数据时代，业务部门和财务部门几乎能在同时进行处理。财务记账也不再需要拿到银行流水单再进行账务处理，而事后的

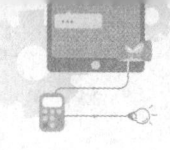

统计分析工作也可以在支付的同时就得以统计。大数据简化了原来的流程，缩短了业务处理时间。

同时，大数据打破了原有的工作边界，资金管理不再只是关注资金的信息，而是要扩大范围，将企业内部各个职能部门都考虑在内，甚至包含上下游企业、竞争对手等，从而实现全流程、信息一体化的工作平台。

四、投资决策

财务大数据的应用给企业的投资决策提供了海量的可供决策的数据，从而支撑企业制订相对合理且科学的投资决策，提升企业投资决策效率和效果。

一方面，企业可建立专门的大数据收集平台，针对决策相关的数据进行收集、处理与提取，以提升数据获取的准确性、相关性与及时性；然后，构建大数据云计算平台，实时对大数据进行分析；接着，利用数据挖掘功能对信息与结果之间的相关性进行分析；最后，根据分析结果对较大概率能获得收益的项目进行投资。

另一方面，企业也可通过建立量化投资模型帮助决策者处理海量数据，使决策者能够在短时间内对影响投资结果的因素进行多角度的分析，包括经济周期、市场、未来预期、盈利能力、心理因素等，进而根据模型分析结果做出投资决策，大大提高投资效率。企业也可通过大数据建立数学模型对不同的风险因素进行组合分析，使其能在较短时间内迅速识别潜在的风险并进行精确地量化分析，进而实现对投资项目的风险控制。

五、财务分析

大数据时代，财务分析数据的来源除了内部财务账表以货币计量的结构化数据外，还有各类非结构化数据、半结构化数据等，并且可用的外部数据也越来越多。大数据时代的财务分析偏重相关分析，即从某一相关事务的变化去分析另一相关事务是否发生变化，如没有变化或者变化不合常规，再分析其影响因素，以解释没有变化或者变化不合常规是否合理。比如，由于收入变化了，因此分析利润是否发生变化，如果利润没有变化或者变化不合常规，那么再分析成本、费用是否发生变化，并通过分析成本、费用变化是否合理来判断利润没有变化或变化不合常规是否合理。

? 想一想

你还能想到哪些财务大数据的应用场景？

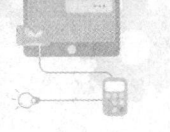

任务四 财务大数据分析流程认知

从本质上看，大数据技术就是从类型各异或内容庞大的数据中快速有效地获取有价值的信息并加以分析。大数据应用于财务场景的关键技术主要有：数据采集、数据预处理与集成、数据分析与挖掘以及数据的呈现与应用。

一、数据采集

根据数据源的不同，大数据采集的方法也不同。常见的大数据采集方法有以下几大类。

（一）数据库采集

传统企业会使用 MySQL、Microsoft SQL Server 或 Oracle 等关系型数据库来存储数据。而随着大数据时代的到来，Redis、MongoDB 和 HBase 等非关系型数据库也常用于数据的存储。企业可在采集端部署大量数据库，以支持完成大数据的采集工作。

（二）系统日志采集

系统日志采集主要是收集企业业务平台日常产生的大量日志数据，供离线和在线的大数据分析系统使用。

（三）网络数据采集

网络数据采集是指通过网络爬虫或网站公开应用程序编程接口（Application Programming Interface，简写为 API）等方式从网站上获取数据信息的过程。这种方式可将网络中的非结构化数据、半结构化数据从网页中提取出来，存储在本地的存储系统中。

（四）感知设备数据采集

感知设备数据采集是指通过传感器、摄像头和其他智能终端自动采集信号、图片或录像来获取数据。

想一想

从企业信息系统中采集数据属于上述哪种类型的数据采集方法？从企业生产线上自动采集数据属于上述哪种类型的数据采集方法？

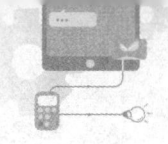

二、数据预处理与集成

数据预处理与集成就是对已经采集到的数据进行适当的处理或清洗（去噪），之后再进一步集成存储。

数据预处理技术主要有数据清理、数据集成和数据变换。其中数据清理可以将一些噪声数据和异常的数据剔除，同时纠正可能存在的数据不一致情况。数据集成是将来自于不同数据源的数据合并在一起，从而形成一致的数据存储。数据变换则是将数据转换成能支持数据分析模型的形式，以使数据分析结果更准确、更有意义。

三、数据分析与挖掘

经过数据采集、预处理与集成后，便可进入数据分析与挖掘的环节。数据分析与挖掘的目的是从一大批看似杂乱无章的数据中把有用的信息提炼出来，从而找出所研究对象的内在规律。在实际应用中，数据分析与挖掘可帮助人们做出判断，以便采取适当行动。

常见的数据分析与挖掘方法有聚类分析、时间序列分析、关联分析、回归分析、支持向量机、决策树等。

四、数据的呈现与应用

面对海量的数据，如何将其清晰明朗地展现给用户是大数据处理所面临的巨大挑战。虽然对于大数据处理来讲，数据分析与挖掘才是其核心所在，但是数据使用者所关心的却通常是数据展示的结果。由于大数据在进行结果分析的时候会存在海量数据或关联关系极为复杂等特点，因此，如何通过图形、图像以及动画等技术和方法展示大数据显得尤为重要。

可视化技术不仅能够迅速且有效地简化与提炼数据，还能让用户从复杂的数据中更快、更好地获取新发现。在大数据时代，利用形象的图形向用户展示结果已经成了一种理想的数据展示方式。

实战演练一　客户流失分析

案例背景

江汉公司是一家中石化旗下的石油公司。日前，通过大数据平台的客户活跃度分析发现，该公司有36家柴油客户6个月以上未发生采购业务。

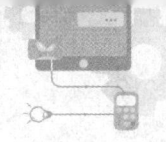

任务目标

通过该公司的客户活跃度分析，掌握利用数据发现问题、解决问题的方法。

任务实现

登录新道财务大数据平台，研读江汉公司案例，完成任务操作，或参见模块二实战演练一客户流失分析操作指导，完成任务操作。

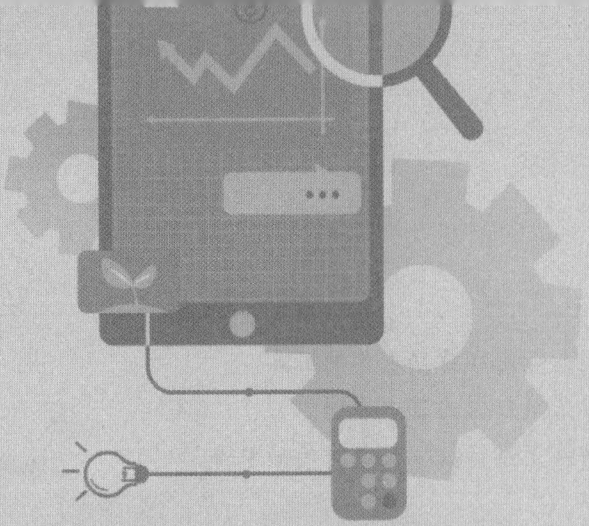

项目二
数据采集

2

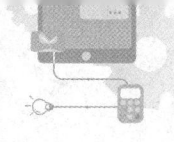

学习目标

知识目标
- 了解数据采集的范围和数据采集的工具
- 了解网络爬虫采集数据的基本原理
- 熟悉在仿真网站上进行数据采集的代码逻辑

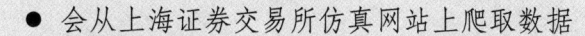

技能目标
- 会从上海证券交易所仿真网站上爬取数据
- 能够根据爬取目标修改 Python 爬虫代码

素养目标
- 培养学生具备基本的程序逻辑素养，拓展财会青年视野、更新知识储备
- 树立隐私数据保护意识，既要保护自己公司的隐私数据，也不能破坏其他公司的隐私数据

思维导图

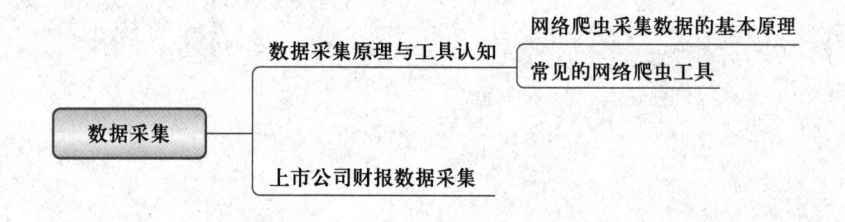

```
                          ┌── 网络爬虫采集数据的基本原理
           ┌── 数据采集原理与工具认知 ──┤
数据采集 ──┤                          └── 常见的网络爬虫工具
           │
           └── 上市公司财报数据采集
```

学思践行

大数据时代，财务分析所用的数据由传统的企业内部经营数据、账簿报表数据扩大到供应链上下游、工商税务、新闻舆情、政策法规等外部范围的数据。

如何在企业经营决策中引入外部环境中的大量非结构化数据是大数据时代必须面对的问题。以客户体验为例，除了通过传统的客户回访、调查、沙龙、展览等方式获得客户对产品的反馈，互联网中的主流媒体平台、专业论坛和社交媒体平台都

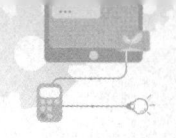

蕴含着大量的、有价值的信息，这些信息呈现方式多为文本、图片、语音和视频，需要专门的数据采集和处理技术才能有效获得。

建立基于网络爬虫技术的多源客户体验评价数据采集和处理平台，可以帮助企业及时获取最新行业资讯和用户评价信息，了解、提炼、分析用户满意度，及时发现和处理产品盲点或缺陷，规避舆情风险，提升品牌美誉度；可以通过用户反馈的问题数据，快速定位质量问题详细信息，为产品质量整改和升级提供方向；可以针对特定市场和用户人群，制定可以达成产品使命的最佳竞争策略，将产品优势最大化；可以通过收集竞争性产品或标杆产品的体验评价，利用数据挖掘与分析技术，实现更快的产品指标实时对比，助力企业对产品指标进行深度解读。

思考与践行：

大数据技术不断拓展财务数据的边界，将财务分析的内涵延展到企业内外部各种看似不相关的数据中。新时代的财务人员要不断开拓思维、创新方法，才能更好地利用大数据技术推动企业数字化转型。

在当前社交媒体极大丰富的时代，学会辨识网络中的"杂音"和"噪音"是青年一代必备的技能，坚决不信谣、不传谣，不收看和传播非法信息。同时，要规范自身上网行为，合法合规使用各种网络传输工具。

任务一 数据采集原理与工具认知

数据采集是每个数据分析项目的第一个步骤，是数据分析所有环节的重中之重，数据采集的质量直接决定了后续数据分析的结果是否正确和准确。

如项目一所述，财务大数据的数据来源包括来自组织机构内的内部数据和来自组织机构外的外部数据。内部数据有财务数据和业务数据等，外部数据有来自互联网的各类公告、新闻等。

不同来源的数据有不同的数据获取方法。众所周知，在大数据时代，互联网中的各种数据是非常重要的企业外部数据来源。获取这些数据常需要采用一种称为网络爬虫的技术。下面将重点介绍这一技术。

一、网络爬虫采集数据的基本原理

（一）网络爬虫的概念

在数据成为资产的时代，能够自动、批量获取数据的网络爬虫变得越来越重

要。那么，什么是网络爬虫呢？

网络爬虫（Web Crawler），也称网络蜘蛛（Spider），是一种能够自动浏览万维网的网络机器人，或者说是一种从网络中提取和保存信息的自动化程序。大数据时代，网络爬虫广泛应用于数据采集领域。通过编写网络爬虫程序或使用具有网络爬虫功能的工具，数据分析师可以从互联网的浩瀚网页中大规模、自动化地获取数据分析所需要的大量数据。

（二）与网络爬虫有关的概念

1. URL

统一资源定位符（Uniform Resource Locator，URL）是一种带有参数、格式统一的网络资源地址表示形式，在万维网（World Wide Web，简写为www）中用于指定文件资源所在地址，又称网址。例如，https://www.baidu.com 就是个 URL，其中包含了协议类型、域名等。

（1）协议类型。URL 中的 https 是协议类型，它表明客户端与服务器之间基于 https 协议来传送和解析网页数据。https 是一种安全的万维网协议，广泛用于网络中有安全要求的通信服务，例如电子商务中的交易支付等。

网络通信的协议有很多种类型，除了 https 协议外，还有 SMTP（简单邮件传输协议）、FTP（文件传输协议）等。不同协议能够为网络用户提供不同的网络服务。

（2）域名。URL 中的 www.baidu.com 是网络中提供网页访问服务的服务器地址，称为域名。通过域名，用户可以准确定位到要访问的网络中的那台服务器。

拓展阅读

https://www.baidu.com/s?word＝新道，也是个 URL，这个 URL 中除协议类型 https、域名 www.baidu.com 外，还包括请求的文件路径以及请求参数等。

URL 中的"s"是用户请求的文件路径或文件名。该信息在域名后，由零或多个"/"符号隔开的字符串来描述。当用户通过域名访问到 Web 服务器后，进而通过文件路径来定位要访问的资源（即资源存储的位置）。

URL 中的"?word＝新道"是用户向服务器发送请求时传递给服务器的参数，服务器根据参数来确定给用户返回什么样的查询结果。在用户访问网页的过程中，请求参数会自动生成，并随着用户给服务器发送的消息自动传输给服务器。服务器接收到用户请求后，根据 URL 中"?"后面的参数来决定给用户返回什么样的结果。

2. 客户端

客户端（Client）也称为用户端，是指与服务器相对应，为客户提供本地服务的一种程序。通常在客户计算机中除了运行一些不需联网的应用软件外，还可能会运行一些需要联网的应用软件，如 QQ、钉钉等，或者运行浏览器来上网查看网页，如用浏览器浏览电子商务网站、音乐网站、视频网站等。使用这种联网软件时，一般需要在客户机上安装对应软件的客户端程序或浏览器程序。这些客户端软件与相应的服务器端软件互相配合，共同为客户提供功能和服务。客户端软件负责将客户的操作请求发给服务器端，服务器端程序响应请求并将请求结果返回给客户端程序。

3. Web 服务器

Web 服务器（Web Server），也称为 www 服务器、万维网服务器，通俗地讲就是网站服务器，是驻留在因特网上的提供 Web 服务的高性能计算机。Web 服务器的主要功能是向客户端提供网上信息浏览服务，Web 服务器上放置着 Web 网站，可为来自全世界的客户端浏览器提供网页浏览服务。

（三）网络爬虫基本原理

爬虫是模拟用户在浏览器或者某个应用软件上的操作，并把用户操作的过程和操作背后的原理相结合，编写程序模拟此过程，最终实现自动化采集数据的一种程序。

当我们在浏览器中输入一个 URL 后，浏览器是如何将网页显示到屏幕上的呢？简单来说，浏览器做了四个操作：

（1）查找 URL 中域名对应的 IP 地址。

（2）向 IP 地址对应的服务器发送请求。

（3）服务器响应请求，发回网页内容。

（4）浏览器解析网页内容，显示网页。

网络爬虫要模拟浏览器向服务器发送请求，其基本工作流程如下：

（1）确定数据源：一个或多个网站的某些页面的某部分信息。

（2）构造并发送请求：根据数据源页面的 URL 和请求报文，构造 HTTP 请求，模拟真实的浏览器向服务器发送请求。

（3）获取响应数据：如果上一步的请求能够成功，则爬虫将获取到服务器响应报文中的响应数据，这些数据可能是 HTML、图片、视频等类型。

（4）解析、处理、保存数据：对获取到的数据做进一步的解析、提取和处理，得到目标数据，再将处理好的数据进行保存，以供后续进行其他的处理。

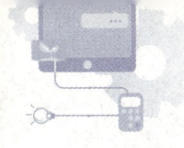

二、常见的网络爬虫工具

常见的网络爬虫工具有下面几种：

（一）火车采集器

火车采集器是一款专业的互联网数据抓取、处理、分析和挖掘软件，它可以灵活迅速地抓取网页上散乱分布的数据信息，并通过一系列的分析处理，准确挖掘出所需数据。

（二）集搜客

集搜客是一款简单易用的网页信息抓取软件，它能够抓取网页文字、图表及超链接等多种网页元素，还提供数据挖掘攻略、行业资讯和前沿科技等。集搜客在采集网页数据时，不论是采集静态网页还是动态网页，都可以可视化定义抓取规则，不需要使用网络嗅探器从底层分析网络通信消息；同时，它还支持开发者接口，支持模拟十分复杂的鼠标和键盘动作，并支持一边操作一边抓取。

（三）八爪鱼

八爪鱼是一款通用的网页数据采集器，它突破了网页数据采集的传统思维方法，即使没有编程基础的用户也可以使用八爪鱼采集数据。八爪鱼采集器可以采集互联网的公开数据，通过从不同网站中快速提取规范化数据，帮助用户实现数据的自动化采集、编辑及规范化，降低人工操作成本。

（四）Python 爬虫

Python 爬虫是按照一定规则自动抓取网页信息的程序。使用此方法需要用户有一定的 Python 编程基础，能够自行编写 Python 代码爬取数据。

任务二 上市公司财报数据采集

上海证券交易所上市公司财报数据采集

（一）上海证券交易所简介

上海证券交易所（Shanghai Stock Exchange，简称上交所）创立于 1990 年 11 月 26 日，位于上海浦东新区。

经过 30 多年的发展，上交所已经成为全球第三大证券交易所和全球最活跃的证券交易所之一。据统计，截至 2021 年 12 月 31 日，沪市上市公司总数达 2 037 家，总市值 519 698 亿元，在全球交易所中排名第三。

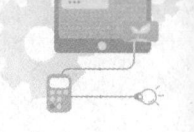

🔧 拓展阅读

上海证券交易所致力于创造规范、透明、开放、有活力、有韧性的市场环境，其主要职能包括：提供证券集中交易的场所、设施和服务；制定和修改本所的业务规则；按照国务院及中国证监会规定，审核证券公开发行上市申请；审核、安排证券上市交易，决定证券终止上市和重新上市等；提供非公开发行证券转让服务；组织和监督证券交易；组织实施交易品种和交易方式创新；对会员进行监管；对证券上市交易公司及相关信息披露义务人进行监管，提供网站供信息披露义务人发布依法披露的信息；对证券服务机构为证券发行上市、交易等提供服务的行为进行监管；设立或者参与设立证券登记结算机构；管理和公布市场信息；开展投资者教育和保护；法律、行政法规规定的及中国证监会许可、授权或者委托的其他职能。

（二）XBRL 实例文档

可扩展商业报告语言（Extensible Business Reporting Language，XBRL），是一种基于可扩展标记语言（Extensible Markup Language，XML）的标记语言，主要用于商业和财务信息的定义和交换，是目前应用于非结构化信息处理，尤其是财务信息处理的有效技术。

中国证监会于 2003 年开始推动 XBRL 在上市公司信息披露中的应用。上交所对 XBRL 技术一直非常关注，进行了广泛深入的研究。在证监会的支持和指导下，上交所积极参与相关标准制定，并首先成功将 XBRL 应用到上市公司定期报告摘要报送系统中，在国内交易所率先实现了 XBRL 的实际应用，并得到 XBRL 领域国际专家的充分认可。随后，上交所成功实现了全部上市公司定期公告的全文 XBRL 信息披露，并探索部分临时公告的信息披露应用。同时，上交所还制定了公募基金信息披露 XBRL 分类标准，并配合证监会在全行业推广应用。目前，XBRL 已成为上交所上市公司信息披露监管的有力工具。

（三）上交所仿真网站

由于程序自动爬取数据会对服务器带来访问压力，因而大部分网站都会建立反爬机制，以此拒绝爬虫程序的访问。例如，有的网站设有监测程序，若短时间内有大量来自同一 IP 段或同一 IP 地址的机器频繁访问该网站，该网站就会判断这些机器的访问为异常访问，进而暂时封闭这些机器的访问权限，从而导致无法访问该网站，则也会导致爬虫程序无法获取到数据。

基于此原因，本教材配套研发了教学专用版的上交所仿真网站，该仿真网站可以支持多人同时进行报表数据采集。网站首页如图 1-2-1 所示。

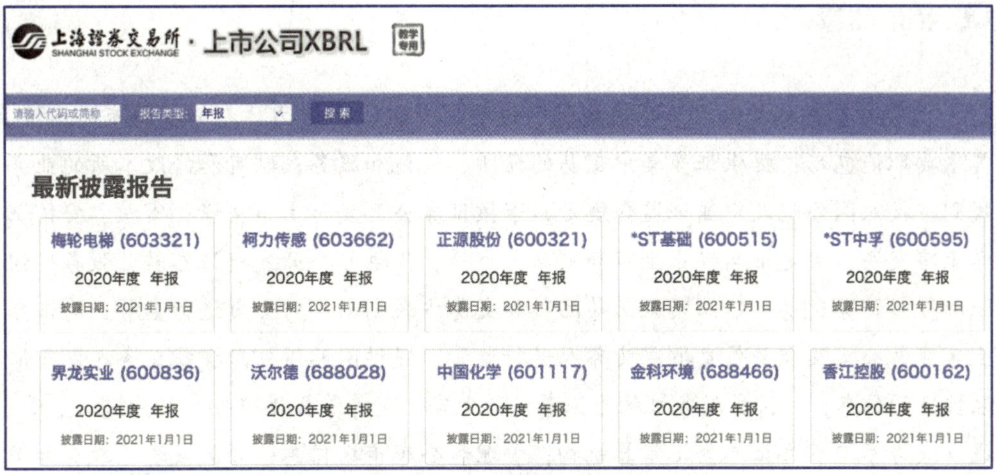

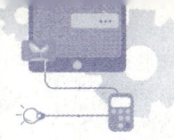

图 1-2-1　上交所仿真网站

（四）从上交所仿真网站爬取数据

下面以采集浦发银行 2020 年的基本信息表为例，来解读从上交所仿真网站爬取数据的程序代码。

1. 基本参数设置代码

开始爬取数据之前，先根据爬取目标设置一些基本参数。Python 代码如下：

```
1   import json
2   import urllib.request
3   import pymysql
4
5   # 要采集的企业的相关信息
6   code = [("600000"," 浦发银行 ","pfyx")]
7   # 定义 year，指定采集哪年数据
8   year = ["2020"]
9   # 定义要抓取的报表类型，5000 表示采集年报数据
10  report_period_id = ["5000"]
11  # 爬取链接
12  url = ["${zuulIp}/security/security.info.get"]
```

代码解读：

1 至 3 行代码使用 import 语句导入爬虫所需要的 Python 库；json 是处理 json 类型数据的库；urllib.request 是导入 urllib 库中的 request 请求库；pymysql 是操作 MySQL 数据库的库，本代码中使用此库是为了将爬取到的数据保存到 MySQL 数据库的表中。

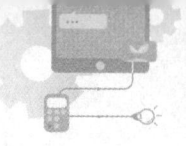

接下来的代码定义爬取数据前的相关参数。第 6 行代码中，code 变量定义要抓取的公司的相关信息，包括股票代码、公司简称和拼音缩写。第 8 行代码中，year 变量定义要抓取数据的年份。第 10 行代码中，report_period_id 变量定义要抓取的报表类型。5000、4400、1000 和 4000 分别对应年报、三季度报、半年报和一季度报。第 12 行代码中，url 变量定义要爬取的目标网页网址。

2. 准备好存储爬取结果的表

为了将爬取的结果保存到 MySQL 数据库的表中，需要先建立爬虫程序和 MySQL 数据库的连接，并且将保存数据的表清空，为后续保存新的爬取结果做好准备。代码如下：

13	# 链接 sql
14	db = pymysql.connect(${dbConnect})
15	# 使用 cursor( ) 方法创建一个游标对象 cursor
16	cursor = db.cursor( )
17	
18	# 先清除之前采集的旧数据
19	try:
20	cls = "delete from sz_info where teach_class_id = '55450306585047040' and member_id = '46802956265209856'"
21	cursor.execute(cls)
22	except:
23	db.rollback( )
24	print(" 数据清除失败 !")
25	data = [ ] # 存放爬取结果的变量

代码解读：

第 14 行代码中，db = pymysql.connect( ) 用来连接 MySQL 数据库，供后续保存爬取结果用。括号里的 $ 并不是 Python 常规写法，这里是为了简化代码复杂度，对与爬虫无关的代码做了隐蔽性处理。

第 16 行代码 cursor = db.cursor( ) 是在连接 MySQL 数据库后建立游标。游标是指向数据表中某行数据的一个指针，利用游标，用户可以操作数据表中的每行数据。

第 19 至 24 行的 try…except… 为异常处理语句。在采集数据之前，执行第 20 行代码清除用于保存数据的原表中的已有数据。如果第 20 行清除失败，程序将执行 except 的异常处理部分；如果第 20 行执行成功，则 except 部分不执行。

第 25 行代码中，定义 data = [ ] 为空列表，在后面将用它来存储数据。

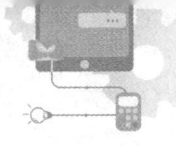

3. 循环爬取指定公司的报表数据

使用循环将指定公司、指定年份、指定类型的报表数据全部爬取下来。代码如下：

26	# 循环爬取指定公司的报表数据
27	for S_id in code:
28	stock_id = S_id[0]　　# 将股票代码赋给 stock_id
29	for b in report_period_id:
30	try:
31	# 构造 post 参数
32	postdata = urllib.parse.urlencode({
33	"stockId": stock_id,
34	"reporttype":b,
35	}).encode("utf-8")
36	# 定义 req 对象
37	req = urllib.request.Request(url[0],postdata)
38	# 向服务器发送请求，响应结果存入 response
39	response = urllib.request.urlopen(req)
40	# 读取响应结果
41	the_page = response.read()
42	# 解码响应结果
43	the_page_str = the_page.decode("utf-8")
44	# 将 str 数据转为 json 数据
45	the_page_json = json.loads(the_page_str)
46	
47	# 捕获异常并继续执行程序，防止 post 请求没有得到相应的 response 而出错
48	except Exception as e:
49	print(e)
50	pass
51	continue
52	
53	# 解析采集到的数据
54	for rzt in the_page_json['result']:
55	if rzt['reportyear']in year:　# 处理选定年份的数据

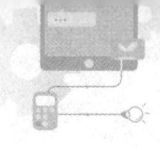

56	id = stock_id + b + rzt['reportyear']
57	sqldata = ('55450306585047040','46802956265209856',id,stock_id, rzt['companyName'],rzt['companyRep'],rzt['address'], rzt['postalCode'],rzt['homepage'],rzt['secretaryName'], rzt['secretaryPhone'],rzt['secretaryEmail'],rzt['totalShareholders'],rzt['bonusShares'],rzt['dividendPayout'],rzt['transferIncrease'],rzt['thisCashflow'],rzt['thisProfit'],rzt['totalProfit'],rzt['netprofitShareholders'],rzt['netprofitNoextra'], rzt['cashflowOperations'],rzt['totalAssets'],rzt['ownersEquity'], rzt['basicEarningShare'],rzt['fullydilutedearningsShare'], rzt['basicEarningNoextra'],rzt['roeClosing'],rzt['roeWeighting'],rzt['roeClosingNoextra'],rzt['roeWeightingNoextra'], rzt['cashflowOppershare'],rzt['netassetsPershare'],rzt['reporttype'],rzt['reportyear'])
58	data.append(sqldata)

代码解读：

第 27 行和 29 行的两个 for 循环语句，分别遍历 code 信息和 report_period_id 报表类型信息，根据 code 和 report_period_id 的值爬取所要的全部数据。

第 30 行开始尝试执行请求。

第 32 行的 postdata 用来定义发送 post 请求需要的数据。

第 37 行的 req 用来接收 post 请求的数据。

第 39 行的 response 为请求获取的响应数据，经过 43 行的转码和 45 行的字符串转 json 类型的处理，最后将爬取到的结果赋值给 the_page_json。

如果从第 30 行开始的请求失败，代码会执行第 48~51 行的异常处理逻辑。

第 54 行使用 for 循环来解析 json 类型数据。rzt 遍历从 the_page_json['result'] 中逐一取出的数据。

第 55 行取到 rzt['reportyear']，判断每组 rzt 中的 rzt['reportyear'] 年份数据是否在目标 year 列表中。若是，执行第 56~58 行，将爬取到的数据最终存入 data 列表中；否则，data 为空。

第 57 行代码很长，这是因为爬取到的报表数据比较多。

4. 保存采集到的数据

将采集到的数据保存到 MySQL 数据库的表中。代码如下：

59	try:
60	#将采集到的数据保存到 MySQL 数据库的表中

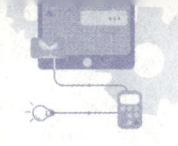

```
61        cursor.executemany("INSERT INTO sz_info VALUES(%s, %s, %s, %s, %s,
                           %s, %s, %s, %s, %s, %s, %s, %s, %s, %s, %s, %s, %s,
                           %s, %s, %s, %s, %s, %s, %s, %s, %s, %s, %s, %s, %s,
                           %s, %s, %s, %s)", data)
62        db.commit( )
63        print("-------- 采集成功 --------")
64    except:
65        db.rollback( )
66        print('sql error 采集失败 ')
67    db.close( )  # 关闭数据库
```

代码解读：

第 59~66 行的代码将解析好的 data 数据存入 MySQL 数据库的表中，第 61 行执行往表里插入数据的命令，第 62 行提交插入结果并保存。

如果往表中插入数据时发生错误或异常，将执行第 64 至第 66 行，第 65 行是执行数据库回滚，即退回刚才的插入操作，从而删除由于插入操作错误而带来的影响。

实战演练二　上交所财报数据采集 >>>

案例背景

上交所仿真网站内置了多家上市公司的基本信息、股本结构、前 10 大股东、资产负债表、利润表及现金流量表。该网站支持查看公司财报详情、按财报类型筛选信息、按财报季度和年份筛选信息等功能。如图 1-2-2 所示为查看永辉超市资产

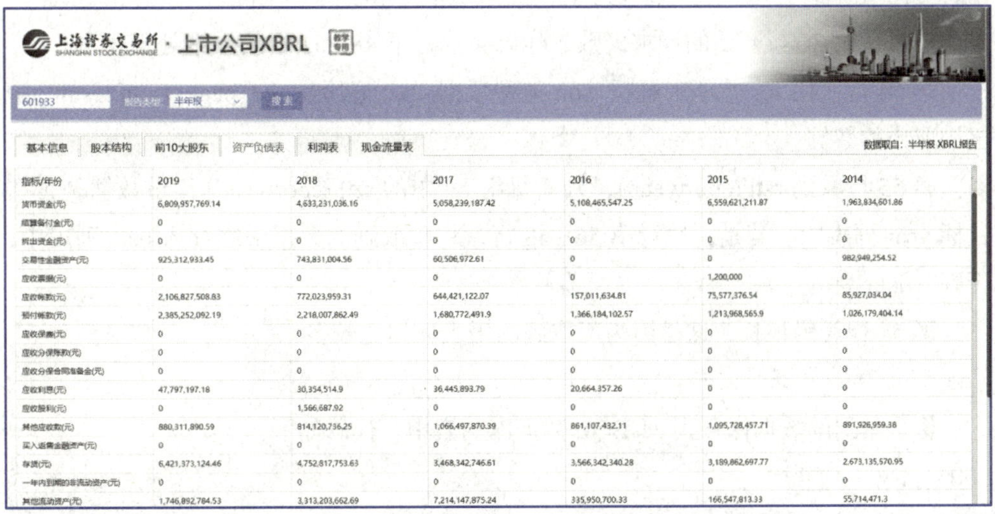

指标/年份	2019	2018	2017	2016	2015	2014
货币资金(元)	6,809,957,769.14	4,633,231,036.16	5,058,239,187.42	5,108,465,547.25	6,559,621,211.87	1,963,834,601.86
结算备付金(元)	0	0	0	0	0	0
拆出资金(元)	0	0	0	0	0	0
交易性金融资产(元)	925,312,933.45	743,831,004.56	60,506,972.61	0	0	982,949,254.52
应收票据(元)	0	0	0	0	1,200,000	0
应收账款(元)	2,106,827,508.83	772,023,959.31	644,421,122.07	157,011,634.81	75,577,376.54	85,927,034.04
预付账款(元)	2,385,252,092.19	2,218,007,862.49	1,680,772,491.9	1,366,184,102.57	1,213,968,565.9	1,026,179,404.14
应收保费(元)	0	0	0	0	0	0
应收分保账款(元)	0	0	0	0	0	0
应收分保合同准备金(元)	0	0	0	0	0	0
应收利息(元)	47,797,197.18	30,354,514.9	36,445,893.79	20,664,357.26	0	0
应收股利(元)	0	1,566,687.92	0	0	0	0
其他应收款(元)	880,311,890.59	814,120,736.25	1,066,497,870.39	861,107,432.11	1,095,728,457.71	891,926,959.38
买入返售金融资产(元)	0	0	0	0	0	0
存货(元)	6,421,373,124.46	4,752,817,753.63	3,468,342,746.61	3,566,342,340.28	3,189,862,697.77	2,673,135,570.95
一年内到期的非流动资产(元)	0	0	0	0	0	0
其他流动资产(元)	1,746,892,784.53	3,313,203,662.69	7,214,147,875.24	335,950,700.33	166,547,813.33	55,714,471.3

图 1-2-2　在上交所仿真网站上查看上市公司信息

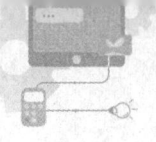

负债表半年报的详细信息。

新道财务大数据平台上内置了 Python 爬虫程序，可实现在上交所仿真网站上爬取单企业财报数据、多企业财报数据及多企业多财报数据。

任务目标

通过体验 Python 数据采集的过程，了解 Python 爬取数据的代码逻辑，加深理解爬虫的基本原理和步骤。

任务实现

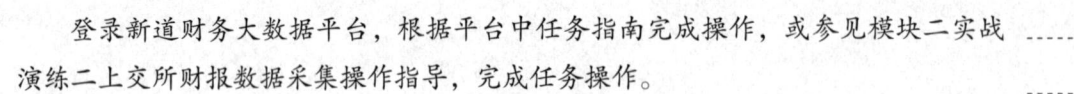

登录新道财务大数据平台，根据平台中任务指南完成操作，或参见模块二实战演练二上交所财报数据采集操作指导，完成任务操作。

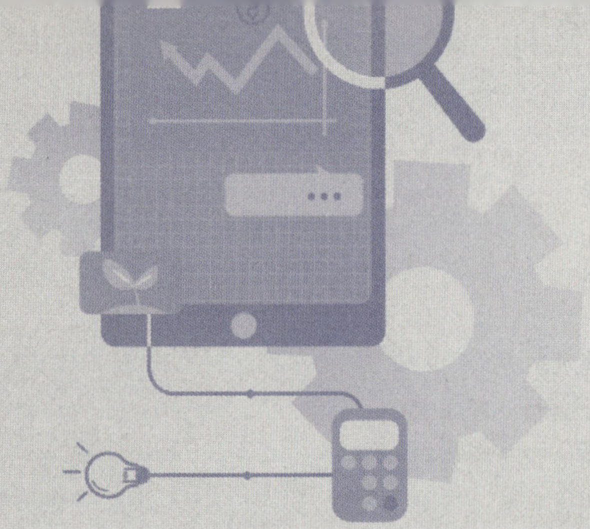

项目三
数据预处理

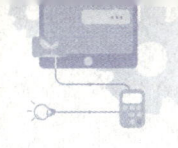

学习目标

知识目标
- 理解数据预处理的概念
- 了解常见的数据预处理工具
- 了解数据清洗的设计原则
- 掌握数据清洗常见问题及处理顺序
- 掌握数据集成的相关概念
- 理解数据关联和数据合并的意义
- 掌握数据集成的工作要求

技能目标
- 能够依据案例资料建立数据清洗规则,进行数据清洗流程设计与工具操作
- 能够依据案例资料进行数据集成工具操作
- 能够依据案例资料进行数据关联操作
- 能够生成合并资产负债表和合并利润表

素养目标
- 强化学生努力掌握先进技术的职业素养

思维导图

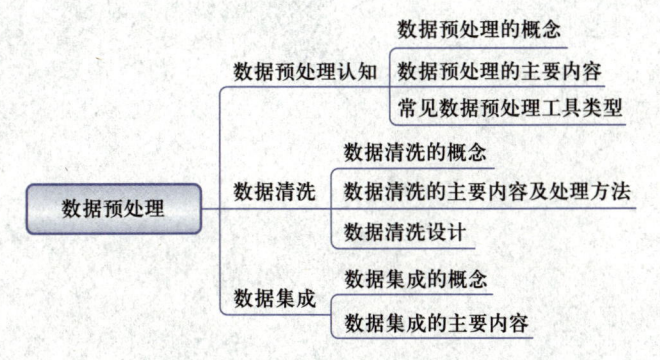

数据预处理
- 数据预处理认知
  - 数据预处理的概念
  - 数据预处理的主要内容
  - 常见数据预处理工具类型
- 数据清洗
  - 数据清洗的概念
  - 数据清洗的主要内容及处理方法
  - 数据清洗设计
- 数据集成
  - 数据集成的概念
  - 数据集成的主要内容

学思践行

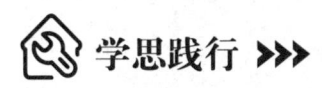

华为作为一家全球领先的巨型跨国企业，在全球170多个国家、地区同时开展多业态差异化运营，服务人口30多亿。华为的数据底座和数据治理方法是支撑其业务运营的关键。华为在发展过程中曾经遭遇如下情形：数据管理责任不清晰，数据决策问题无人解决；数据源头杂乱，造成数据不一致、不可信；数据大量搬家，造成IT重复投资；数据无定义，造成难于理解、难于使用；各部门发布报告，统计口径不一致，困扰业务决策；数据形态多样化，数据量迅猛增长，数据处理逻辑复杂等。

华为从2016年正式启动数字化转型变革。在数字化转型过程中，华为解决了上述问题。华为数据管理工作主要有两个阶段：第一阶段通过数据治理，实现数据清洁，提升财务报表准确性，并与业务流打通；第二阶段通过构建数据底座、数据服务化，实现数据可视、共享。此外，华为还进行了数据管理规范流程建设，完成从数据产生、数据整合、数据分析与数据消费的全流程的规则制定。建立统一的数据分类管理，从"设计"与"执行"两方面度量数据质量。华为数据管理的目标就是要实现数据清洁、透明，使其成为智慧数据，以支撑公司数字化转型。经过多年实践，华为已经建立了相对完整的数据分类管理框架，为数据治理奠定了基础。随着企业数字化转型的深入开展，尤其是面向未来海量的非结构化数据、物联网（IOT）场景的观测数据、外部合规日趋严格的外部数据等，华为将不断丰富每一类数据的治理实践。

思考与践行：

企业的IT系统经历了数据量高速膨胀的时期，这些海量的、分散在不同角落的数据，导致了企业数据资源利用的复杂性和管理的高难度。企业无法从统一的业务视角去概览整个企业内部的数据信息。暴露出来的只是一个个独立的系统，系统与系统之间的关系、标准数据从哪里获取都无从知晓。企业只有建立了完整的数据治理体系，保证数据内容的质量，才能够真正有效地挖掘企业内部的数据价值，提高对外竞争力。

党的二十大报告指出要"加快发展数字经济，促进数字经济和实体经济深度融合，打造具有国际竞争力的数字产业集群。"数字经济的本质在于信息化，数据则成了新的生产要素和企业的核心竞争力，谁拥有数据谁就拥有未来，只有有效地开展数据治理工作，才能提升数据质量，打破数据孤岛，充分发挥数据的业务价值。智慧来源于经验，而知识来源于数据。作为新一代财务人，要树立大数据思维，善于将财务理论知识与新技术进行深度融合，为财务数据使用者提供更加有效的信息，助力数字中国建设。

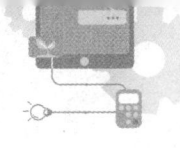

任务一 数据预处理认知

数据处理常常涉及数据集成操作，因为数据库太大，而且数据经常来自多个异种数据源，如数据库、数据立方、普通文件等，结合在一起形成一个统一数据集合，以便为数据处理工作的顺利完成提供完整的数据基础。但在现实世界中，数据通常是不完整的（缺少某些属性值）、不一致的（包含代码或者名称的差异）、极易受到噪声（错误或异常值）侵扰的"脏"数据，无法直接进行数据挖掘，或低质量的数据导致的挖掘结果不能让人满意。就像一个大厨要做美味的蒸鱼，如果不将鱼进行去鳞等处理，一定做不成色香味俱全的佳肴。为了提高数据挖掘的质量，便产生了数据预处理技术。

一、数据预处理的概念

数据预处理（Data Preprocessing）是指在主要的处理以前对数据进行的一些处理。其实简单地说，数据预处理就是一种数据挖掘技术，本质就是为了将原始数据转换为可以理解的格式或者符合挖掘的格式。数据预处理的目的有两个：一是提高数据的质量；二是让数据更好地适应特定的挖掘技术或工具。在数据挖掘过程中，数据预处理工作量占到整个过程的60%以上。数据处理技术在数据挖掘和数据分析之前使用，大大提高了数据挖掘模型的质量，降低实际挖掘和分析所需要的时间。

二、数据预处理的主要内容

数据预处理的技术主要有数据清洗、数据集成、数据变换和数据规约，其主要内容如图1-3-1所示。

（一）数据清洗

数据清洗是对脏数据进行去除噪声和无关数据的处理，通过填补缺失值、光滑噪声数据、识别或删除离群点，并解决不一致性来"清理"数据，以达到格式标准化、异常数据清除、错误纠正、重复数据清除等目的。

（二）数据集成

数据集成是把不同来源、格式、特点、性质的数据在逻辑上或物理上有机地集中，即将多个数据源中的数据行合并成数据集，从而为企业提供全面的数据共享。

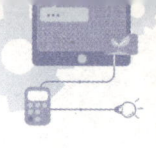

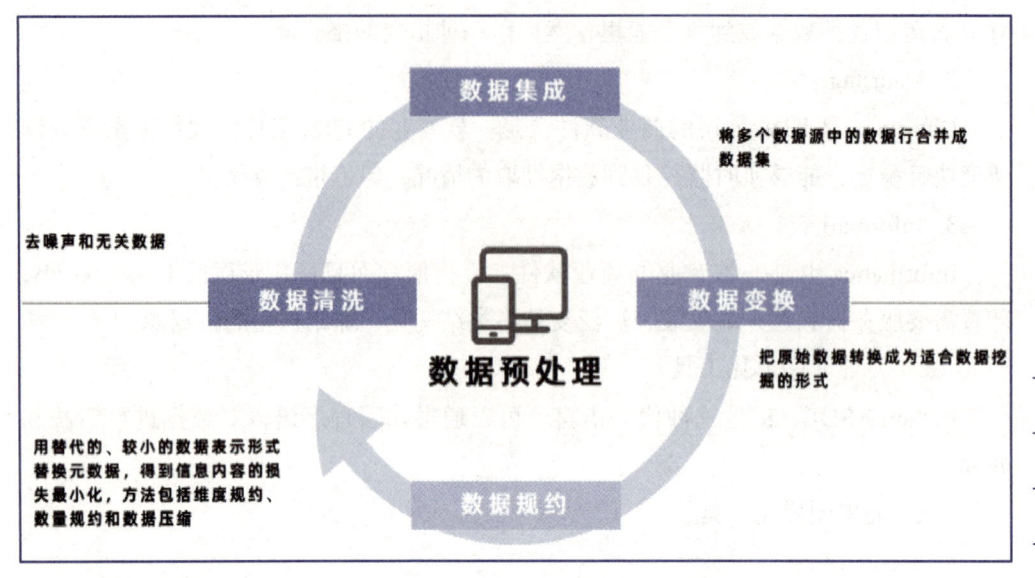

图 1-3-1　数据预处理的主要内容

（三）数据变换

数据挖掘过程中，使用的数据挖掘模型有时对于数据类型有特定的要求，因此需要对数据进行适当转化。数据变换是把原始数据进行规范化、离散化、稀疏化处理，转换成为适合数据挖掘的形式。

（四）数据规约

数据规约是用替代的、较小的数据表示形式替换元数据，得到信息内容的损失最小化。数据挖掘时往往数据量非常大，进行挖掘分析需要很长的时间，数据规约技术可以用来得到数据集的规约表示，它小得多，但仍然接近于保持原数据的完整性，其结果与规约前结果相同或几乎相同。数据规约的方法一般包括：维度规约、数量规约、数据压缩等。

通过数据预处理技术提高数据质量，从而提高数据挖掘结果的质量。这些技术不相互排斥，可以一起使用。例如，数据清洗可能涉及纠正错误数据的变换，可以通过把一个数据字段的所有项都变换成公共格式进行数据清理。

三、常见数据预处理工具类型

（一）专业图形化工具

1. Kettle

Kettle 是一款国外免费、开源的数据仓库技术（Extract Transform Load，简称 ETL）工具，采用纯 java 技术编写，可以在 Windows、Linux、Unix 操作系统上运行，绿色无须安装，数据抽取高效稳定。Kettle 的中文名称为水壶，该项目的主程序员

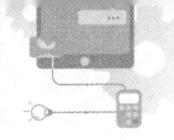

Matt 希望把各种数据放到一个壶里，然后以一种指定的格式流出。

2. Datastage

Datastage 是 IBM 公司的商业软件，是一款专业的 ETL 工具，大数据量下处理速度快且稳定，能够实时监控看到数据抽取的情况，但价格比较昂贵。

3. Informatica

Informatica 也是一款专业的商业软件，价格便宜而且使用难度较 Datastage 小，部署需要服务器和客户端安装，广泛支持各类结构化、非结构化的数据源。

（二）专业非图形化工具

Python、SQL、R 是三种代码语言，可以通过编写程序语言对数据进行清洗和处理。

（三）简单图形化工具

1. Tebleau Prep

Tebleau Prep 是一款功能强大的可视化数据平台，主要用于对数据进行合并、组织和清理，采用可视化的操作界面，可以让用户更深入地了解自己的数据，智能化地完成各种复杂的任务，从而进一步缩短数据获取所需时间，方便搭建后续需要的数据模型。

2. Alteryx

Alteryx 是一个数据获取、清洗、分析、展示的综合平台。不需要掌握复杂的编程语言，不需要记忆种类繁多的命令。只需要拖动小工具、设置参数、连接小工具、运行几个步骤，就能够完成数据处理工作。

3. Right Data

Right Data 是一款基于大数据的处理平台，主要服务于高性能的大数据收集、存储、分析、展示等场景，具有很强的数据接入能力和数据转换能力。

其他的图形化工具还有 Google refine、Data Wrangler 等。

任务二　数据清洗

数据清洗从字面上也可看出，就是把"脏"的数据"洗掉"。数据清洗占据了数据分析师约 80% 的时间，因为数据中有很多"脏"数据，这些"脏"数据是怎么来的呢？原因多种多样，最根本的原因就是数据来源多样性，使得数据的标准、格式、统计方法不一致。其次就是录入和计算数据的代码有错误，这也都是不可避免

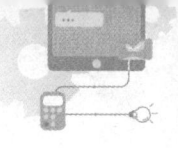

的。因为数据仓库中的数据是面向某一主题的数据集合，这些数据从多个业务系统中抽取而来并且包含历史数据，这就有可能会出现有的数据是错误数据、有的数据相互之间有冲突等问题，这显然是我们不想要的，所以称之为"脏"数据，数据清洗就是要按照一定的规则把这些"脏"数据"洗掉"。

一、数据清洗的概念

数据清洗（Data Cleaning）是对数据进行重新审查和校验的过程，是发现并纠正数据文件中可识别错误的最后一道程序，目的在于删除重复信息、纠正存在的错误，并提供数据一致性。数据清洗包括检查数据一致性、处理无效值和缺失值等。

数据清洗的任务是过滤那些不符合要求的数据，将过滤的结果交给业务主管部门，确认是否过滤掉还是由业务单位修正之后再进行抽取。不符合要求的数据主要有不完整数据、错误数据、重复数据三大类。

二、数据清洗的主要内容及处理方法

数据清洗的主要内容有：缺失值清洗、格式内容清洗、逻辑错误清洗、非需求数据清洗、关联性验证。

（一）缺失值清洗

缺失值是数据清洗中比较常见的问题。缺失值是指数据集中未知、未收集或输入不正确的值，这些值通常不可用于字段中。例如，"年龄"字段出现负值。

处理缺失值有很多方法，主要的方法有：

1. 确定缺失值范围

对每个字段都计算其缺失值比例，然后按照缺失比例和字段重要性，分别制定策略。

2. 去除不需要的字段

对不需要的字段，可以直接删掉，但建议清洗时每操作一步都要进行备份，或者在小规模数据上试验成功后再处理全量数据。

3. 填充缺失内容

以业务知识或经验从本数据源或其他数据源进行推测，填充缺失值；以同一指标的计算结果（均值、中位数、众数等）填充缺失值；以不同指标的计算结果填充缺失值。

4. 重新取数

如果某些指标非常重要又缺失率高，那就需要和取数人员或业务人员了解，是否有其他渠道可以获取相关数据。

（二）格式内容清洗

如果数据是由系统日志而来，那么通常在格式和内容方面，会与元数据的描述一致。但如果数据是由人工收集或用户填写而来，则有很大可能在格式和内容上存在一些问题。格式和内容问题主要有以下几类：

1. 时间、日期、数值、全半角等显示格式不一致

这类问题通常与输入端有关，在整合多来源数据时也有可能遇到。解决此类问题时，只需将其处理成一致的某种格式即可。

2. 内容中有不该存在的字符

存在此类问题时，只需去除不需要的字符即可。

3. 内容与该字段应有内容不符

例如姓名写成了性别，身份证号写成了手机号等，均属于这类问题。该问题的特殊性在于：并不能通过简单删除来处理，造成此问题可能是由于人工填写错误、前端未曾校验或导入数据列未对齐，因此要详细识别问题类型后再做处理。

（三）逻辑错误清洗

逻辑错误数据指的是使用简单逻辑推理就可以直接发现问题的数据，为防止分析结果出现偏差，需要对其做以下处理：

1. 去重

去重即去除重复值。有些分析师喜欢把去重放在第一步，但建议把此步骤放在格式内容清洗之后，因为格式问题可能会导致去重失败。例如："李　博洋"和"李 博洋"是同一个人，只是存在格式上的差异，空格会导致工具认为他们不是同一个人，使得去重失败。

2. 去除不合理值

对填列的不合理数据，例如：对身高填列为180米这一数据进行处理。此类数据要么删掉，要么按缺失值处理。

3. 修正矛盾内容

比如：身份证号为14010319950213****，但所对应的年龄填列为18岁。这时需要根据字段的数据来源，判定哪个字段提供的信息更为可靠，去除或重构不可靠的字段。

（四）非需求数据清洗

这一步看似非常简单，把不要的字段删除，但实际操作起来，会存在以下问题：

（1）把看上去不需要但实际上对业务很重要的字段删除了；

（2）某个字段觉得有用，但又没想好怎么用，不知道是否该删；

（3）误删字段。

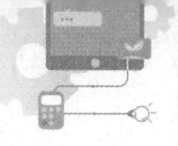

前两种情况的处理建议是：如果数据量没有大到不删字段就没办法处理的程度，那么能不删的字段尽量不删；而避免第三种情况的发生，则需要勤备份数据。

（五）关联性验证

如果数据有多个来源，则有必要对数据之间进行关联性验证。例如，现有汽车的线下购买登记信息和线上电话客服问卷信息，可以通过客户姓名和手机号对两个信息表进行关联，看同一个人线下登记的车辆信息和线上问卷提供的车辆信息是否为同一辆，以此查验数据的一致性。如果不是，则需要对数据进行调整或去除。

提示

在处理任何数据前，首先要做的就是理解数据，明确数据是做什么用的，这样才能对在数据分析之前需要做哪些清理工作有大致的认知。

三、数据清洗设计

数据清洗不是一次性工作，需要多次、多环节进行。因此，要做好数据清洗、保证数据质量，首先需要对整个数据处理的流程进行设计或了解，在了解了数据处理流程后再进行相应环节的数据清洗流程设计。

（一）数据清洗遵循的原则

数据清洗可以遵循下列原则：

（1）少量数据时，先对数据进行合并、连接，再进行数据清洗；

（2）大数据源接入时，先按照统一标准清洗数据，再进行接入；

（3）当有多个计算层时，每个数据计算层先清洗再计算；

（4）分析结果发现存在数据问题时，向前溯源，新增、修订清洗规则。

（二）数据清洗设计原则

数据清洗设计应遵循以下原则：

（1）一个清洗步骤用一条清洗规则；

（2）多拆分清洗步骤时，每个步骤进行数据备份，方便出问题时退回；

（3）一般先做全局清洗（即对全部数据进行清洗），再做个别字段的清洗；

（4）清洗的输出结果不要直接放在正式数据流或正式文件中，可先用测试环境或临时文件充分验证后再放在正式环境中。

提示

在进行数据清洗前，最好保留原始数据，以便随时调用和查看。

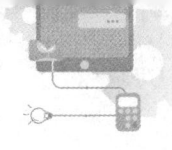

实战演练三　公司销售数据清洗

案例背景

B公司是一家销售办公用品、办公家具和办公电子设备的公司，旗下有多家直营店，每月月底各直营店都会向财务提供本月的销售数据表。现公司的财务分析师手上有一份汇总多年的销售数据表，需要根据此表进行客户维度和产品维度的销售分析。在分析前，先要对这份数据表进行数据清洗。

任务目标

对给定的数据表进行清洗，要求将表中单元格为空值和"–"的替换为Null，将表中的"客户ID"拆分为"客户名称"和"客户ID"两列，将"产品名称"拆分为"品牌""品名""规格"三列。

任务实现

登录新道财务大数据平台，根据平台中任务指南完成操作，或参见模块二实战演练三公司销售数据清洗操作指导，完成任务操作。

想一想

公司销售数据清洗实战演练中运用了哪些数据清洗的处理方法？

任务三　数据集成

一、数据集成的概念

从广义上来说，在企业中，由于开发时间或开发部门的不同，往往有多个异构的、运行在不同软硬件平台上的信息系统同时运行，这些系统的数据源彼此独立、相互封闭，这使得数据难以在系统之间交流、共享和融合，从而形成了"信息孤岛"。随着信息化应用的不断深入，企业内部之间、企业与外部信息交互的需求日益强烈，急切需要对已有信息进行整合，联通"信息孤岛"，共享数据信息，而将这些信息进行数据整合的一系列方案被称为数据集成。

从狭义上来说，数据集成是一个数据整合的过程，就是指将多份数据进行合并，形成数据集的过程和方法。通过整合各数据源，将拥有不同结构、不同属性的数据合并，存放在一个一致的数据存储中，以产生更高的数据价值和更丰富的数

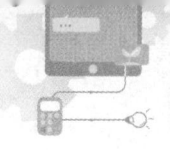

据。这些数据源可能包括多个数据库、数据立方或一般文件等。

数据集成最常见的两种方法是数据关联与数据合并。前者用于将不同数据内容的表格根据条件进行左右连接，后者用于将相同或相似数据内容的表格进行上下连接，如图 1-3-2 所示。

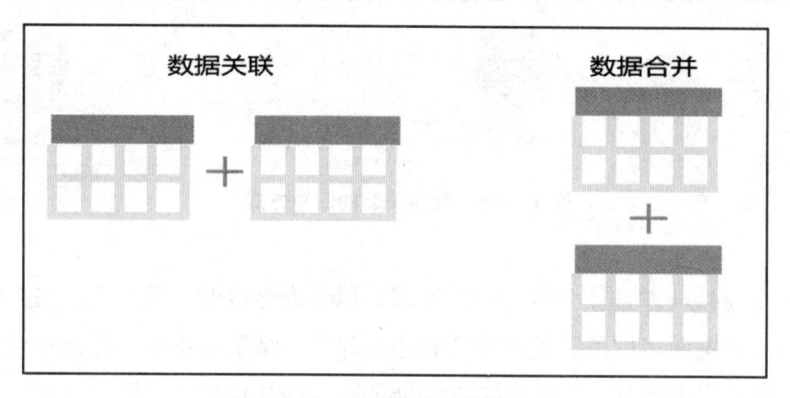

图 1-3-2　数据集成的两种方法

二、数据集成的主要内容

（一）数据关联

1. 数据关联的概念

数据关联必须要有关联条件，一般是指左表的主键或其他唯一约束字段（即没有重复值）与右表的主键或其他唯一约束字段相等（相同），即表之间有关键字段（列名），不同的表根据列名将数据进行关联。如表 A、表 B 都有共同的字段 ID，通过 ID 将表 A 与表 B 进行连接，如图 1-3-3 所示。

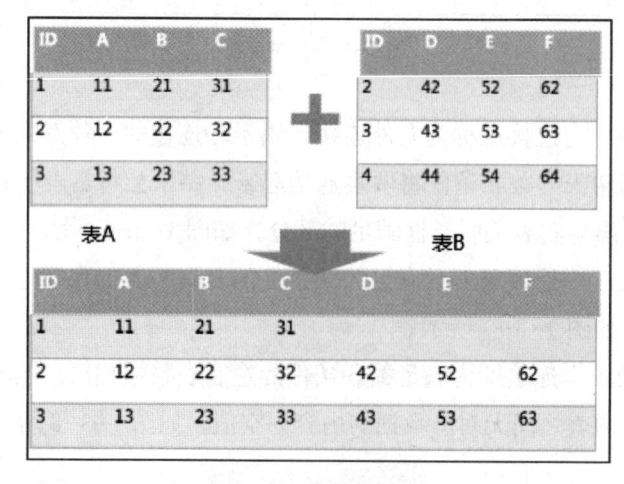

图 1-3-3　数据关联

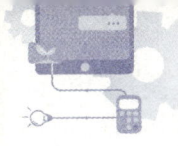

2. 数据关联的方式

数据关联有四种方式：左连接（Left Join）、右连接（Right Join）、内连接（Inner Join）、全连接（Full Join），如图1-3-4所示。

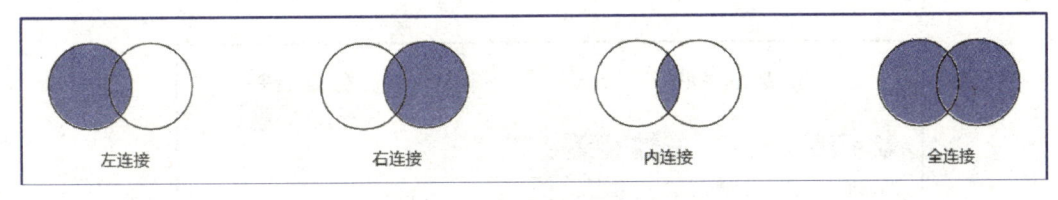

图1-3-4　数据关联的四种方式

（1）左连接。左连接全称为左外连接，属于外连接的一种方式。左连接是以左表为基础，根据两表的关联条件将两表连接起来，结果会将左表所有的数据条目列出，而右表只列出与左表关联条件满足的部分，如图1-3-5所示。

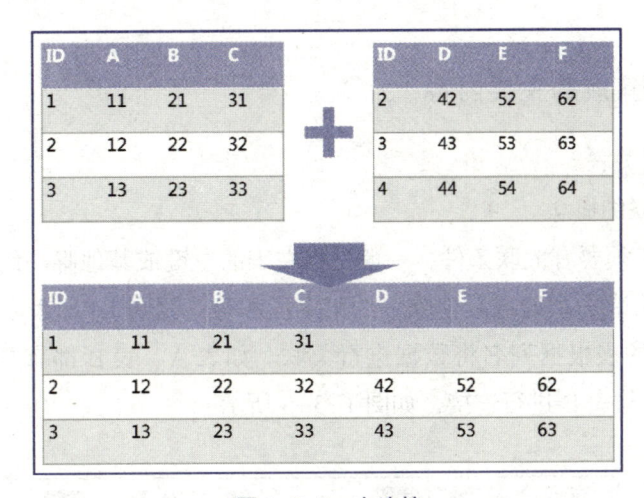

图1-3-5　左连接

（2）右连接。右连接全称为右外连接，属于外连接的一种方式。右连接是以右表为基础，根据两表的关联条件将两表连接起来，结果会将右表所有的数据条目列出，而左表只列出与右表关联条件满足的部分，如图1-3-6所示。

（3）内连接。内连接只显示满足关联条件的左右两表的数据记录，不符合条件的数据不显示，如图1-3-7所示。

（4）全连接。全连接即为满足关联条件的左右表数据相连，但不满足条件的各表数据仍保留，两表之间无对应数据的内容为空值，如图1-3-8所示。

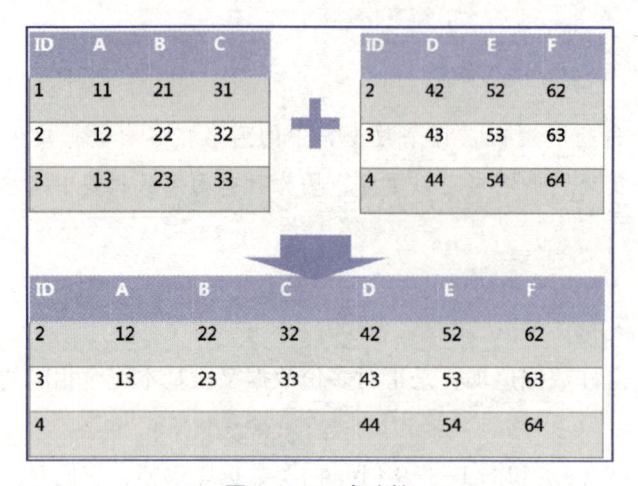

图 1-3-6　右连接

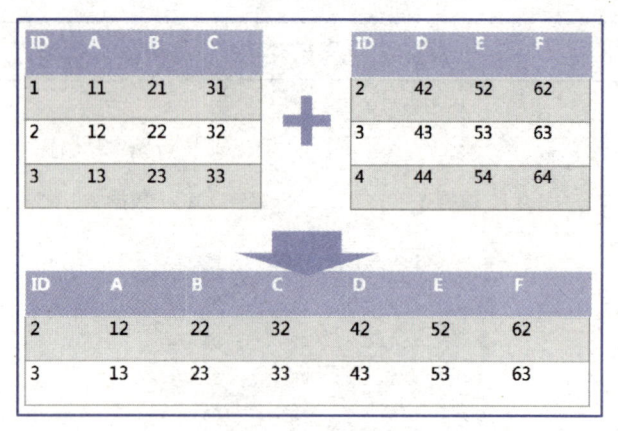

图 1-3-7　内连接

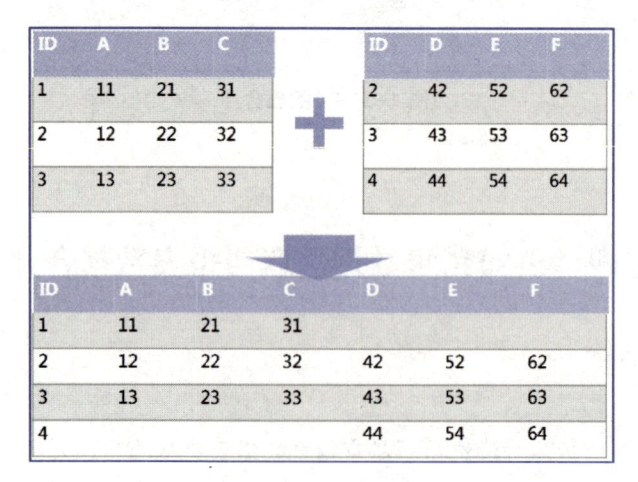

图 1-3-8　全连接

47

模块一　财务大数据分析基础理论

> ✏️ **提示**
>
> 两个数据集进行关联时，每个数据集中的列名在各自数据集中都必须是唯一的，但两个数据集之间的列名可以重复，因为只有两个数据集中有相同列，数据关联才有实际意义。

（二）数据合并

数据合并，也称数据追加，是指对多份数据字段基本完全相同的数据进行上下连接。

如有图 1-3-9（a）和图 1-3-9（b）两个数据库表格，它们对应的字段是相同的，那么就可以对这两个表进行数据合并，如图 1-3-9（c）所示。

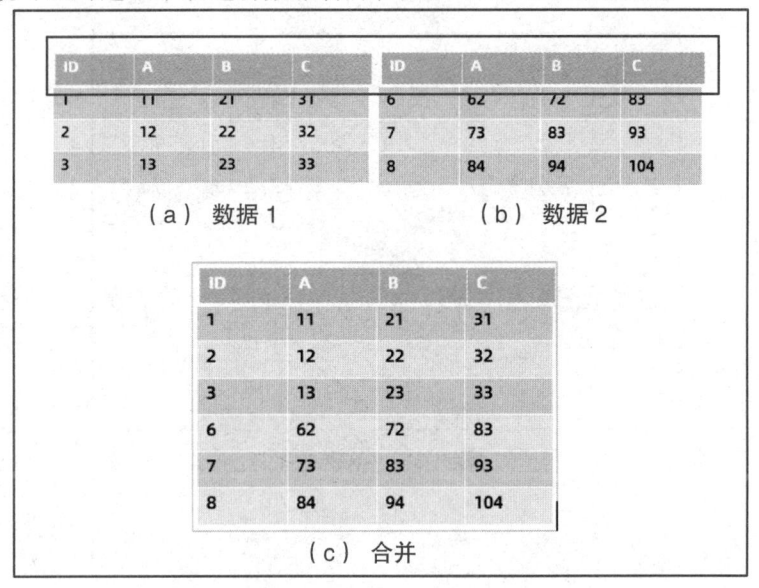

ID	A	B	C
1	11	21	31
2	12	22	32
3	13	23	33

（a）数据 1

ID	A	B	C
6	62	72	83
7	73	83	93
8	84	94	104

（b）数据 2

ID	A	B	C
1	11	21	31
2	12	22	32
3	13	23	33
6	62	72	83
7	73	83	93
8	84	94	104

（c）合并

图 1-3-9　数据合并

🛠️ 实战演练四　公司销售数据关联与报表数据合并 ▶▶▶

一、数据关联

案例背景

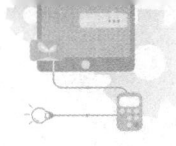

B 公司的数据分析师对清洗后的超市销售数据表要从省份和大区的维度进行销售额统计，但数据表中只有"城市"的数据，没有省份和大区的数据，如图 1-3-10 所示。

数据分析师做了两张表：城市表和省区表。城市表是城市和省区的对应表，超市销售情况表中的每一个城市都有对应的省区；省区表是省份和大区的对应表，每一个

48

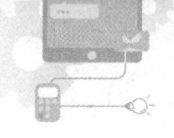

省份都对应了所属的大区。城市表如图 1-3-11 所示，省区表如图 1-3-12 所示。

	G	H	I	J	K	L	M	N	O	P
1	细分	城市	产品 ID	类别	子类别	品牌	销售额	数量	折扣	利润
2	公司	杭州	10002717	办公用品	用品	Fiskars	129.696	2	0.4	-60.704
3	消费者	内江	10004832	办公用品	信封	GlobeWeis	125.44	2	0	42.56
4	消费者	内江	10001505	办公用品	装订机	Cardinal	31.92	2	0.4	4.2
5	公司	镇江	10003746	办公用品	用品	Kleencut	321.216	4	0.4	-27.104
6	消费者	汕头	10003452	办公用品	器具	KitchenAid	1375.92	3	0	550.2
7	消费者	景德镇	10001640	技术	设备	柯尼卡	11129.58	9		3783.78
8	消费者	景德镇	10001029	办公用品	装订机	Ibico	479.92	2	0	172.76
9	消费者	景德镇	10000578	家具	椅子	SAFCO	8659.84	4	0	2684.08
10	消费者	景德镇	10001629	办公用品	纸张	GreenBar	588	5	0	46.9
11	消费者	景德镇	10004801	办公用品	系固件	Stockwell	154.28	2	0	33.88
12	小型企业	榆林	10000001	技术	设备	爱普生	434.28	2	0	4.2
13	消费者	哈尔滨	10002416	技术	复印机	惠普	2368.8	4	0	639.52
14	消费者	青岛	10000017	办公用品	信封	Jiffy	683.76	3	0	88.62
15	消费者	青岛	10004920	技术	配件	SanDisk	1326.5	5	0	344.4
16	消费者	青岛	10004349	技术	电话	诺基亚	5936.56	2	0	2849.28
17	公司	徐州	10003582	办公用品	器具	KitchenAid	10336.452	7	0.4	-3962.728
18	公司	徐州	10004648	办公用品	标签	Novimex	85.26	3	0	38.22
19	消费者	上海	10001200	技术	配件	Memorex	2330.44	7	0	1071.14
20	消费者	上海	10000039	办公用品	用品	Acme	85.54	1		23.94
21	消费者	上海	10004589	办公用品	装订机	Avery	137.9	5	0	2.1
22	消费者	上海	10004369	办公用品	装订机	Cardinal	397.32	6	0	126.84

图 1-3-10　超市销售情况

城市	省/自治区
安庆	安徽
蚌埠	安徽
亳州	安徽
巢湖	安徽
池州	安徽
滁州	安徽
阜阳	安徽
合肥	安徽
淮北	安徽
淮南	安徽
黄山	安徽
界首	安徽
鹿城	安徽
明光	安徽
濉溪	安徽
唐寨	安徽
铜陵	安徽
无城	安徽
芜湖	安徽

图 1-3-11　城市表

省/自治区	地区
安徽	华东
澳门	台港澳
北京	华北
福建	华东
甘肃	西北
广东	中南
广西	中南
贵州	西南
海南	中南
河北	华北
河南	中南
黑龙江	东北
湖北	中南
湖南	中南
吉林	东北
江苏	华东
江西	华东
辽宁	东北
内蒙古	华北

图 1-3-12　省区表

提示

城市表和省区表可在新道财务大数据平台“资源下载”中进行下载查看。

任务目标

将超市数据与地区数据进行关联，“超市销售情况表”上增加“省份”列和“地区”列，与“城市”列相匹配。

任务实现

登录新道财务大数据平台，根据平台中任务指南完成操作，或参见模块二实战演练四公司销售数据关联与报表数据合并操作指导，完成任务操作。

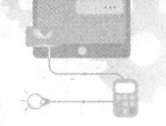

二、数据合并

案例背景

现有 AJHXJL 矿业科技有限公司（简称"AJHXJL 公司"）的利润表和资产负债表及行业标杆企业金岭矿业公司的利润表和资产负债表。财务分析师要将两家公司的利润表项目和资产负债表项目数据进行横向对比分析。

任务目标

将 AJHXJL 公司和金岭矿业的利润表进行合并，将 AJHXJL 公司和金岭矿业的资产负债表进行合并。

任务实现

登录新道财务大数据平台，根据平台中任务指南完成操作，或参见模块二实战演练四公司销售数据关联与报表数据合并操作指导，完成任务操作。

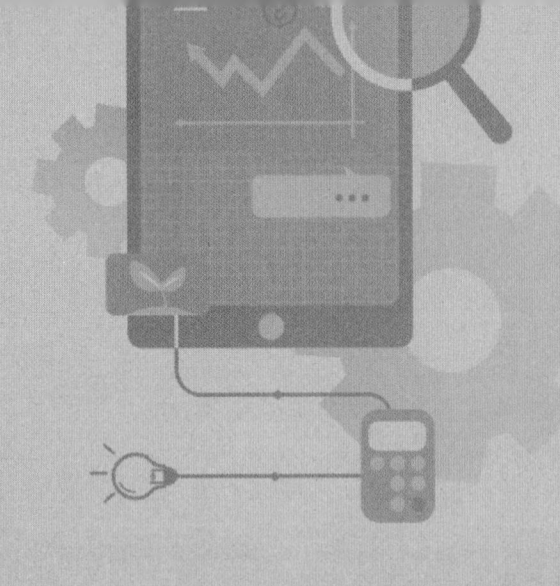

项目四
数据可视化

4

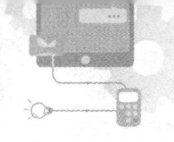

学习目标 >>>

知识目标
- 了解数据可视化
- 掌握分析云可视化工具

技能目标
- 能够根据指标特点选取合适的图形呈现
- 能够根据企业分析要求设计可视化看板

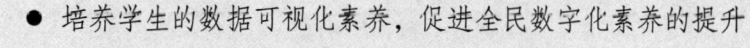

素养目标
- 培养学生的数据可视化素养,促进全民数字化素养的提升
- 培养学生的数据思维及用数据说话的能力

思维导图 >>>

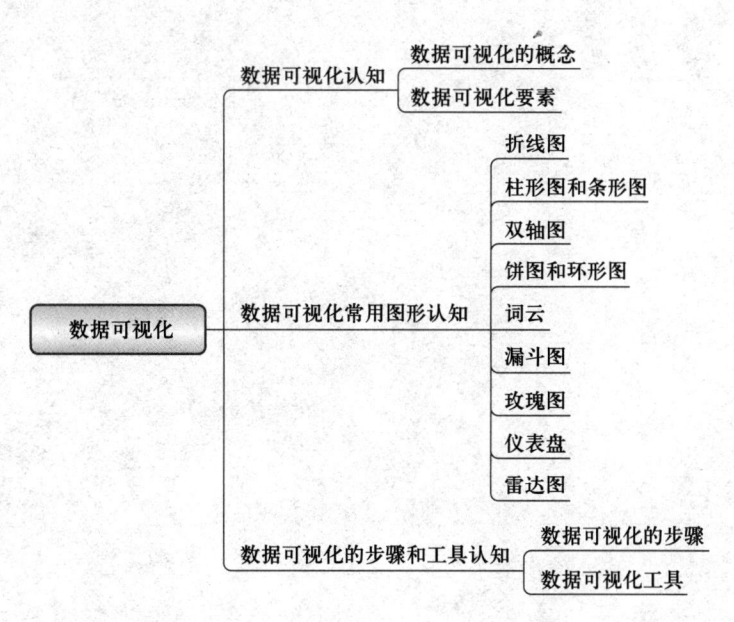

```
                                        ┌─ 数据可视化的概念
                        ┌─ 数据可视化认知 ┤
                        │                └─ 数据可视化要素
                        │
                        │                ┌─ 折线图
                        │                ├─ 柱形图和条形图
                        │                ├─ 双轴图
                        │                ├─ 饼图和环形图
           数据可视化 ──┼─ 数据可视化常用图形认知 ┼─ 词云
                        │                ├─ 漏斗图
                        │                ├─ 玫瑰图
                        │                ├─ 仪表盘
                        │                └─ 雷达图
                        │
                        │                        ┌─ 数据可视化的步骤
                        └─ 数据可视化的步骤和工具认知 ┤
                                                 └─ 数据可视化工具
```

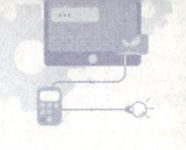

学思践行 ▶▶▶

伴随"中国制造2025"国家战略的实施，大数据应用已成为制造业企业生产力、竞争力、创新能力提升的关键，成为驱动制造过程、产品、模式、管理及服务标准化、智能化的重要基础，有效地组织和使用大数据将对企业数字化转型产生巨大的推动作用。

在制造业企业，通过数据整合、数据建模、统计与分析，形成科学的生产制造数据分析报表；再借助于可视化大屏，实现生产管理可视化、企业决策数据化和生产排单智能化，形成开放透明、过程可监控的可视化制造体系与管理模式，有效缩短管理人员对数据的理解时间、辅助生产现场管理、及时处置生产异常、促进管理者快速决策，最终帮助企业构建以客户为中心的智能制造供应链，实现"降本增效"。

思考与践行：

党的二十大报告指出，坚持把发展经济的着力点放在实体经济上，推动新型工业化，加快建设制造强国、质量强国、航天强国、交通强国、网络强国、数字中国。大数据时代对中国制造业企业有着实质性的影响和改变，未来中国的制造业企业转型升级为智能工厂、实现跨企业价值链延伸、全行业生态构建与优化配置也有望得以实现。作为新时代的青年一代财务人员，要紧跟时代潮流，努力学习新知识、新技能，勇于创新，精通企业业务和财务，能充分利用大数据技术采集企业有效数据，分析数据，制作可视化数据看板，为企业管理者决策提供数据支撑。

任务一 数据可视化认知

一、数据可视化的概念

数据是一个广义的概念，其形式可以是数字，也可以是具有一定意义的文字、字母、图形、图像、视频和音频等。作为现实世界的一种映射，数据具有很强的实际意义。但数据本身并不会说话，如果我们不知道如何观察数据和分析数据，那么数据就只是一堆冰冷、枯燥且没有意义的数字或符号。

数据可视化是帮助我们观察数据的一种有效手段。借助数据可视化的图形化展示，人们可以清晰有效地传达信息和高效沟通。数据可视化通过实时、灵活、交互式的数据展示，为不同用户提供多维度的数据分析和智能决策方案，包括"人、货、场"全场景的经营数据分析、财务报表可视化分析、用户行为分析、用户标签画像分析等，让用户从可视化中感知业务变化、洞察业务需求、智能预测未来。

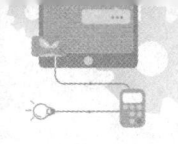

二、数据可视化要素

一个优秀的数据可视化界面通常具备以下 8 个要素：需求准确、数据准确、屏幕准确、布局合理、图表合适、颜色合适、长度合理及可读性强。

（一）需求准确

需求准确是指在制作可视化看板前，弄清要为谁做数据可视化展示及以哪个角度做数据可视化展示，了解关键用户的真正需求，是数据可视化的关键要素之一。

经常使用可视化看板的人包括董事长、总经理、各职能部门副总（副总经理）等，可视化看板展示数据的角度经常包括外部角度、内部角度、各职能部门角度等。如图 1-4-1 所示为企业中不同管理层角色的不同数据可视化需求。

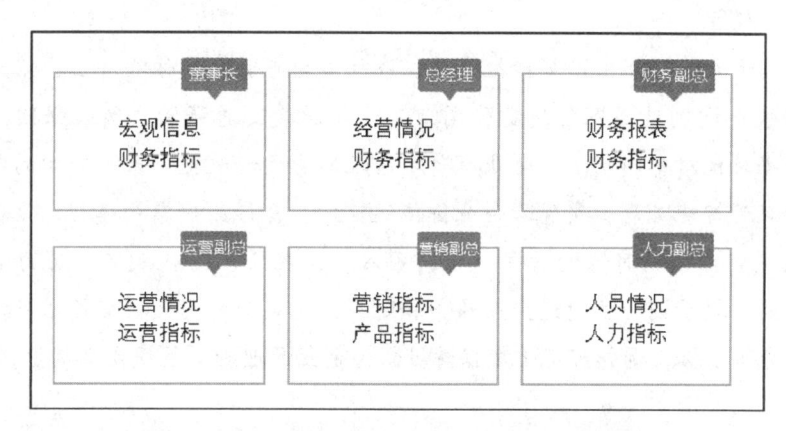

董事长	总经理	财务副总
宏观信息 财务指标	经营情况 财务指标	财务报表 财务指标
运营副总	营销副总	人力副总
运营情况 运营指标	营销指标 产品指标	人员情况 人力指标

图 1-4-1　不同管理层角色的不同数据可视化需求

🔍 拓展阅读

在一家酒店前台，一位客人对前台服务员说：请给我一瓶水。那么这位客人的真实需求是什么呢？通常情况下，这位客人的真实需求是渴了，而不是一瓶水。

（二）数据准确

数据准确是数据可视化的根本，只有在数据准确的前提下，才有可能讨论数据可视化。数据准确的内容包括但不限于数据正确、逻辑正确、数据单位正确、数据位置准确、数据颜色准确和数据大小准确等。

1. 数据正确

数据正确是可视化的底线与基础，没有一个客户会对一个数据不正确的可视化展示有兴趣。

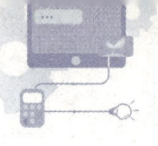

2. 逻辑正确

逻辑正确是指数据间的逻辑关系要正确。实际中常有不同的数据统计口径，不同统计口径下的计算逻辑一定要正确。例如，集团数据的统计口径一般有两个：集团本部和集团合并，无论哪种方式，都要保证不同口径下数据计算逻辑的正确性。

3. 数据单位正确

财务数据的常用单位有元、千元、万元、亿元等，在可视化展示时，为方便阅读，常将图中的数值单位省略后，再统一标注在图的右上角区域。

4. 数据位置准确

数据可视化界面中各数据的摆放位置要合理，这样可以提高数据看板的可读性和美观性，并突出重点数据。

5. 数据颜色准确

可视化看板中数据的颜色种类通常不要太多（一般不多于 3 种），颜色太多会降低数据的可读性。同时，要合理、准确地为各种数据选择颜色，例如，表示数据预警时，可采用较突出的颜色，以区别于普通数据，起到警示的作用。

6. 数据大小准确

数据大小准确是指可视化看板中的数据要设置为合理的大小，以增加用户的阅读体验感。

例如，在制作如图 1-4-2 所示的数字财务看板中，首先要保证所展示数据的正确性。其次，由于此看板展示的数据包括集团本部和集团合并两种统计口径的数据，因此一定要保证这两种数据在计算逻辑上的正确性。再次，金额单位（亿元）

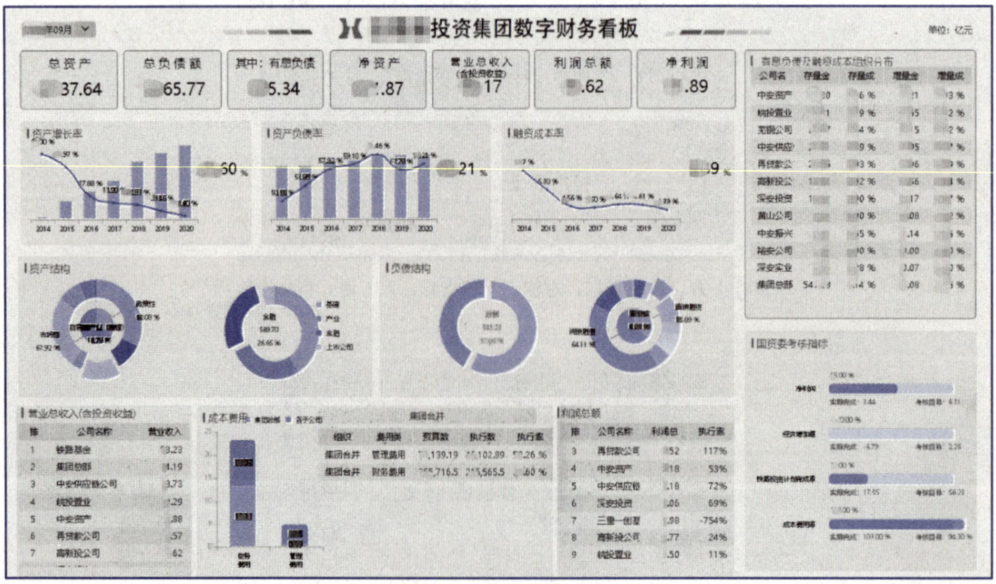

图 1-4-2 数字财务看板

被统一标注在看板的右上角，数据按重要性、顺序性被依次整齐摆放在看板的不同位置。数据颜色主要是蓝色、黄色和白色三种，预警线使用了突出的金黄色（见二维码图片）；而用卡片形式展示的核心指标数据明显大于其他数据的大小，这起到突出重点的作用，同时其他数据在看板上的字体大小也能保证用户能看清。

（三）屏幕准确

屏幕准确是指包括 PC 端（即个人计算机，Personal Computer）、移动端、PAD 端（即平板电脑，Portable Android Device）、数据大屏等在内的多屏展示是现在企业可视化应用中不可忽视的需求，适应多屏已经是数据可视化产品标配的功能。在设计数据可视化之前，一定要明确用户的多屏需求是什么、各种屏的显示分辨率是多少、屏幕的大小是多少，这些都会直接影响数据可视化的设计方案和最终呈现效果。

（四）布局合理

布局是数据可视化的战略要素，布局合理与否会直接影响内容的可读性。考虑布局时，一是要遵循用户从上到下、从左到右的阅读习惯，二是要将核心指标数据与一般指标数据区别开来。下面列举一些常用的布局，如图 1-4-3 所示。

(a) 上方：核心指标；左侧：一般指标；右下侧：整体描述

(b) 上方：核心指标；右侧：一般指标；左下侧：整体描述

(c) 上方：核心指标；两侧：一般指标；中心：整体描述

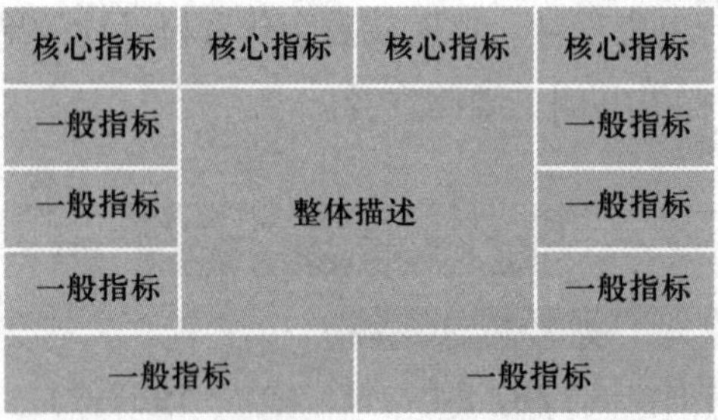

项目四 数据可视化

核心指标	核心指标	核心指标	核心指标
一般指标			一般指标
一般指标	整体描述		一般指标
一般指标			一般指标
一般指标			一般指标

(d) 上方：核心指标；两侧及下方：一般指标；中心：整体描述

图 1-4-3 常用布局图

（五）图表合适

数据可视化是将数据用图表表现出来，不同的数据要用不同的图表才能更好地将数据特征展示出来，展示合适的数据才能使数据解读更容易、更轻松，才会让用户从众多数据中看到重点，从而让数据的价值最大化呈现出来。因此，选择合适的图表是数据可视化的核心内容之一。

在数据可视化中选择合适的图表时，需要先了解每种图表的功能和特性，熟记什么样的数据用什么样的图表呈现最合适、最容易释放数据的价值。

（六）颜色合适

使用合适的颜色会使数据的呈现锦上添花。通常在进行数据可视化设计时，尽量选择与客户公司所倡导的颜色相近或一致的色彩作为主色，同时要注意一个数据展示页上的颜色不宜太多，保持3至5种即可。

如图 1-4-4 所示为襄阳市中心医院的官网首页，其 logo 和导航栏采用的颜色均为墨绿色，整个页面也以绿色作为主色系。若要为该医院制作数据可视化看板，

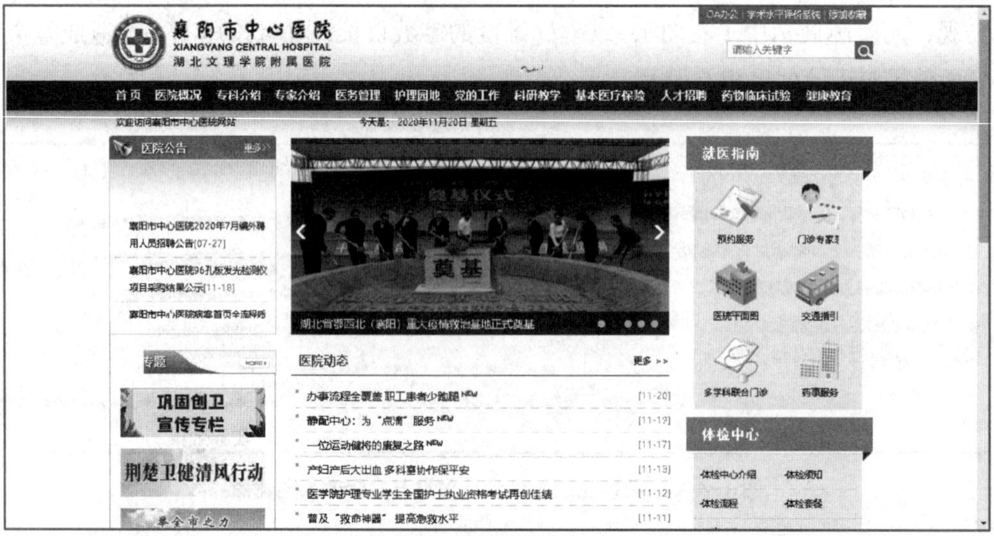

图 1-4-4 襄阳市中心医院官网

图片：襄阳市中心医院官网

57

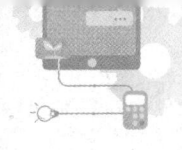

模块一　财务大数据分析基础理论

就可以围绕墨绿色进行色彩设计。该医院数字化看板设计效果图示例如图 1-4-5 所示。（注：彩色图片请扫描书侧二维码查看。）

图片：数字化看板设计效果图

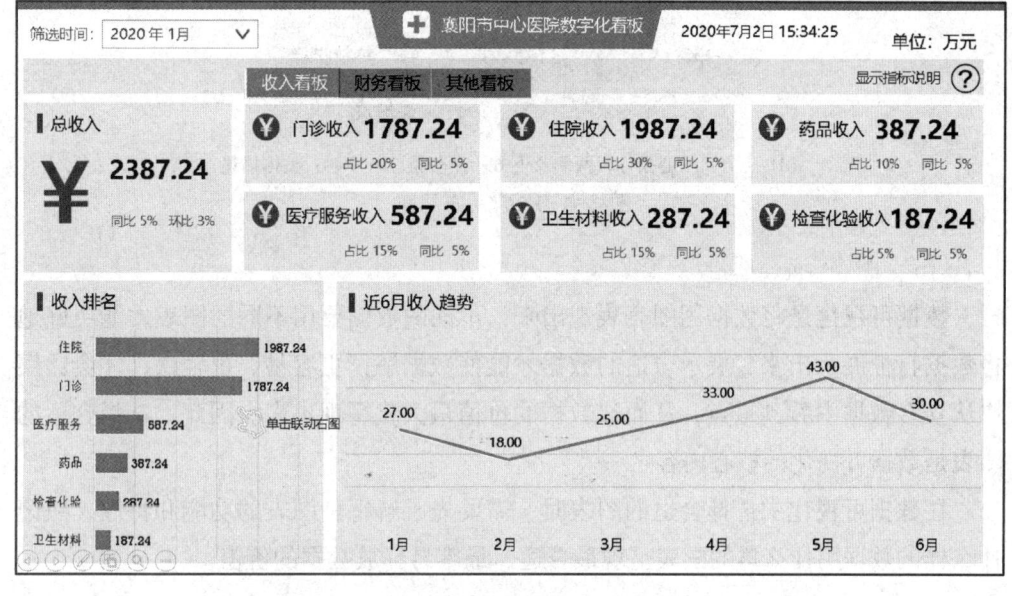

图 1-4-5　数字化看板设计效果图

（七）长度合理

长度合理中的长度是指可视化图形中所显示的字符和数值的长度，包括图表坐标的字符长度或刻度值长度、图表区域的数值长度等。

如图 1-4-6 所示是某集团公司下 5 个二级公司营业收入排名的设计图和实际效果图的对比。设计图中，纵坐标维度的字数是三个字符的长度，整个设计版面整齐美观；而实际展示中（右图），纵坐标维度的字数很长，并且长短不一，造成整个版面效果与设计效果相差很大。

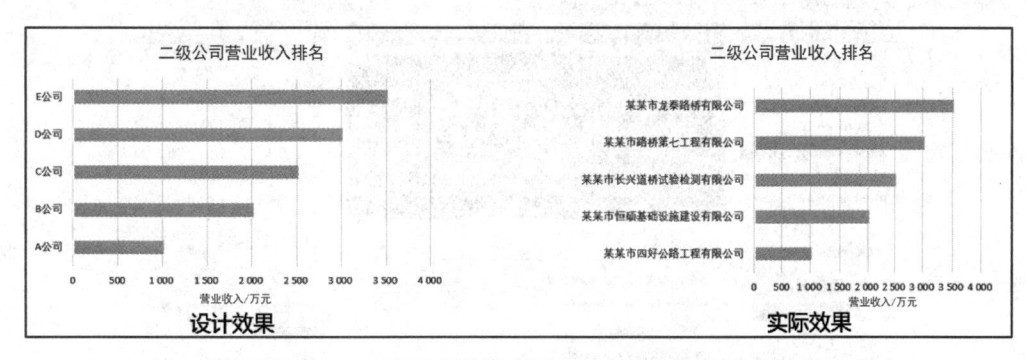

图 1-4-6　可视化图表的设计效果与实际效果对比图

58

提示

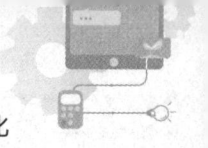

可视化图表中的数据长度要尽量控制在一定长度范围内，不要过长。例如：公司名字可用简称替换全称，数值要进行合理缩放（如以万元、亿元为单位表示金额），这样可使图形在数字可读的前提下，呈现得更加美观。

（八）可读性强

数据可视化展示时，尽可能将数据通过可视化串联出一个完整的故事，从而增加数据的可读性。很多可视化软件中，通常会形象地将数据可视化看板称作"故事板""仪表盘"或"驾驶舱"，其目的是将一系列数据组织成一个故事性很强的连续画面，通过"讲故事"的方式展示企业、展示数据及数据背后的价值。

任务二 数据可视化常用图形认知

数据可视化时，其界面元素多是由一些具体的图形来进行数据承载和展示，这些具体图形的选择和运用合理与否，会直接影响数据的可读性和可视化界面的整体风格。因此，了解常用图形的特点和适用情境是设计数据可视化看板的前提。下面介绍一些常用图形的特征和适用情境。

一、折线图

折线图是一种非常常见的图形。折线图适用于展示数据随着时间推移而变化的趋势，如某网站每天访问人数的变化、某段时间内商品销量或价格的波动、某段时间内气温变化情况等。

二、柱形图和条形图

柱形图和条形图是一种非常常见的图形。柱形图和条形图适用于比较不同类别数据值的大小，如不同性别的人数、不同品牌的市场占用率、不同时期的资产负债率等。柱形图和条形图使用不同高度（垂直方向，柱形图）或不同长度（水平方向，条形图）的矩形条来表示不同大小的数值。

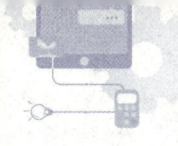

三、双轴图

双轴图适用于在一个图中同时分析两类相差较大的数据，如同时查看一组数值和一组百分比的时间趋势、同时查看一年中各月的降雨量和湿度等。双轴图的特点是同一个 X 轴、多个（≥2）Y 轴，多呈现为柱形图和折线图相结合的形式。如图 1-4-7 所示为双轴图示例。

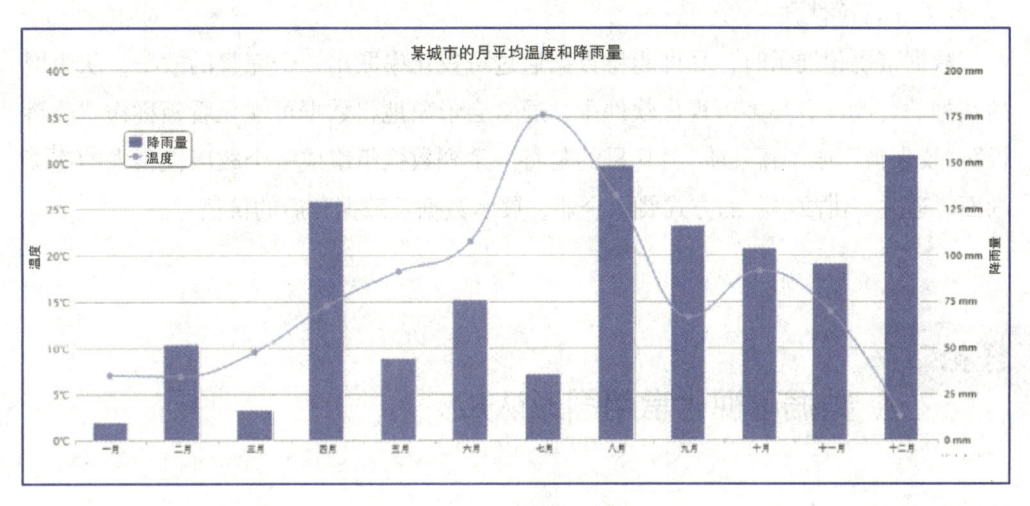

图 1-4-7　双轴图示例

四、饼图和环形图

饼图和环形图主要适用于展现不同类别的数值相对于总数的占比情况，如各大浏览器市场份额占比、不同学历的员工人数占比、各大股东持股比例等。饼图和环形图中的每个扇区的弧长表示该类别的占比大小，所有扇区占比总和为 100%。如图 1-4-8 所示是饼图和环形图示例。与饼图相比，环形图中心的空白还可用于显示其他内容，因而可提供更丰富的数据信息输出。

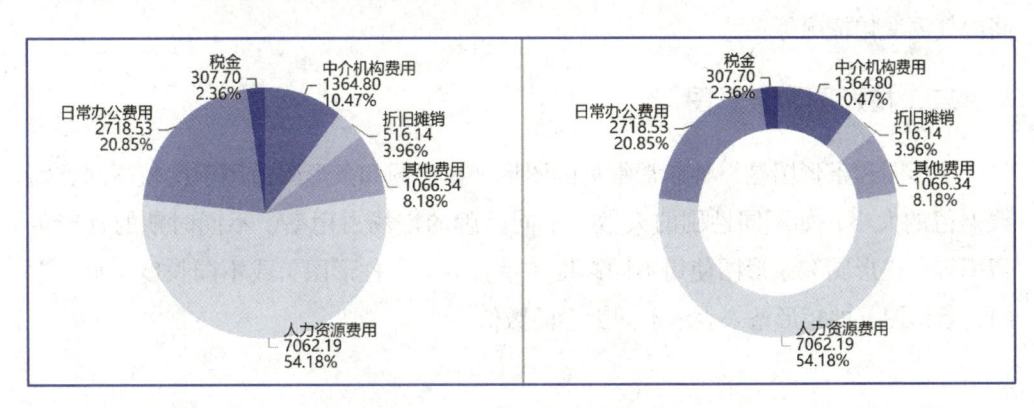

图 1-4-8　饼图和环形图示例

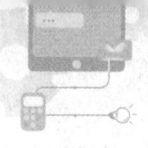

五、词云

词云（也称文字云）适用于突出显示一段文本中出现频率较高的"关键词"，使信息浏览者能清晰领略该段文本的主旨。如提取一段新闻的关键词汇、提取公司年报的关键词汇、提取年度热词等。如图1-4-9所示是词云图示例。

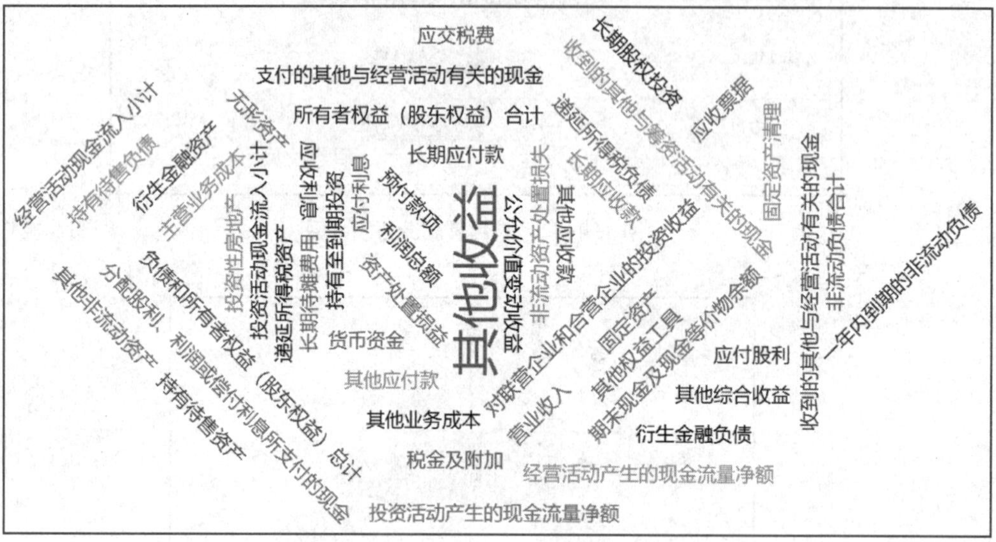

图1-4-9　词云图示例

六、漏斗图

漏斗图又叫倒三角图，常用于展示某数据相对于总数的占比。如图1-4-10所示是访客转化分析漏斗图，从图中可以看出，漏斗图将数据呈现为若干阶段，每个阶段的数据都是整体的一部分，所有阶段的数据总计为100%，同时，一个阶段到另一个阶段的数据自上而下逐渐下降。

七、玫瑰图

玫瑰图是弗罗伦斯·南丁格尔发明的一种圆形的柱形图，又称南丁格尔玫瑰图、鸡冠花图、坐标区域图、极区图等。玫瑰图将柱形图转化为饼图形式，是极坐标化的圆形柱式图。

与饼图不同的是，南丁格尔玫瑰图使用扇形的半径表示数据的大小，而图中各扇形的角度则保持一致。如图1-4-11所示是南丁格尔玫瑰图示例。

61

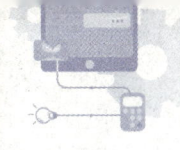

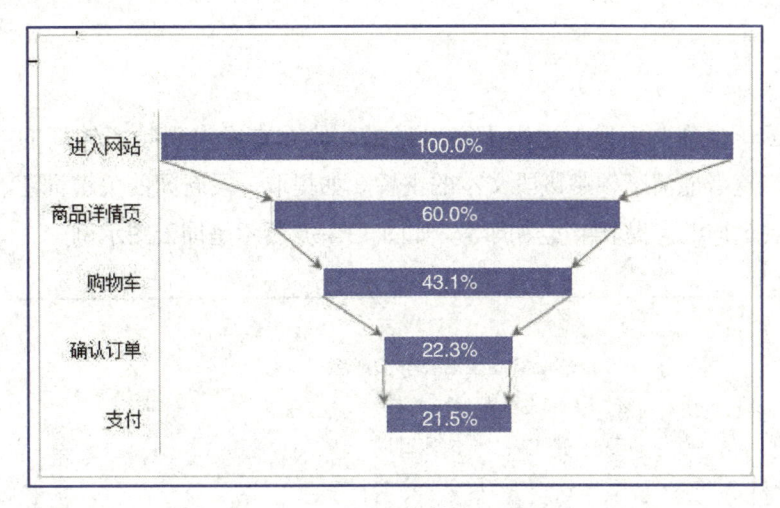

图 1-4-10　访客转化分析漏斗图

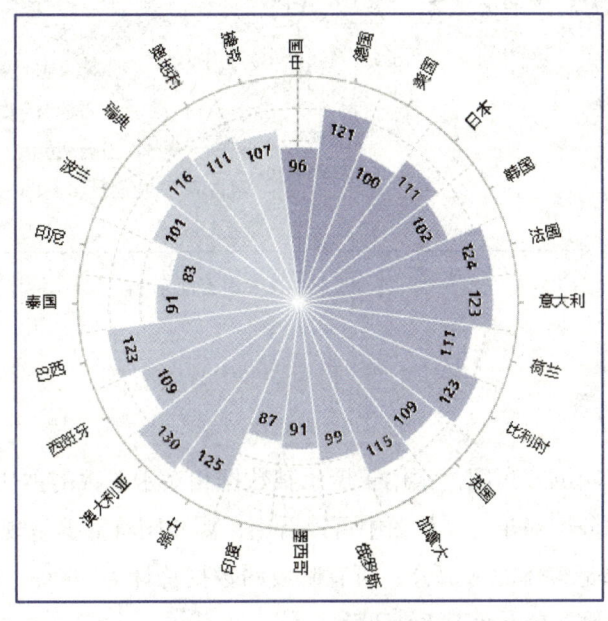

图 1-4-11　玫瑰图示例

八、仪表盘

仪表盘可以清晰地展示某个指标值所在的范围。由于仪表盘用一个单独的图形界面展现一个指标值，故而可帮助用户快速理解信息。如图 1-4-12 所示是用仪表盘展示货币资金所在的范围。

九、雷达图

雷达图是用二维图表的形式显示多变量数据的图形方法，它用从同一点开始的

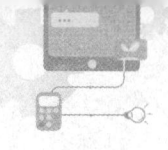

轴表示三个或更多个定量变量的数据。通常，雷达图中的轴摆放的相对位置和角度是无信息的。如图 1-4-13 所示为财务费用、销售费用和管理费用的雷达图。

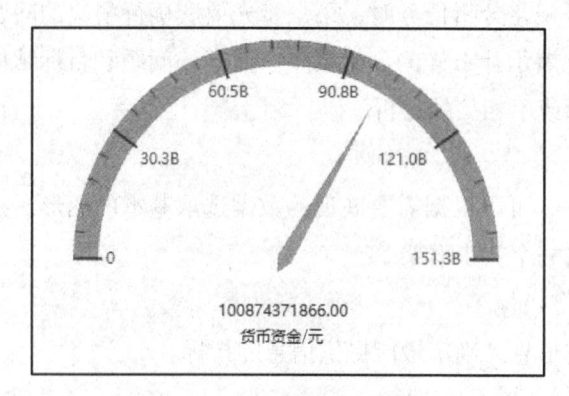

图 1-4-12　货币资金仪表盘

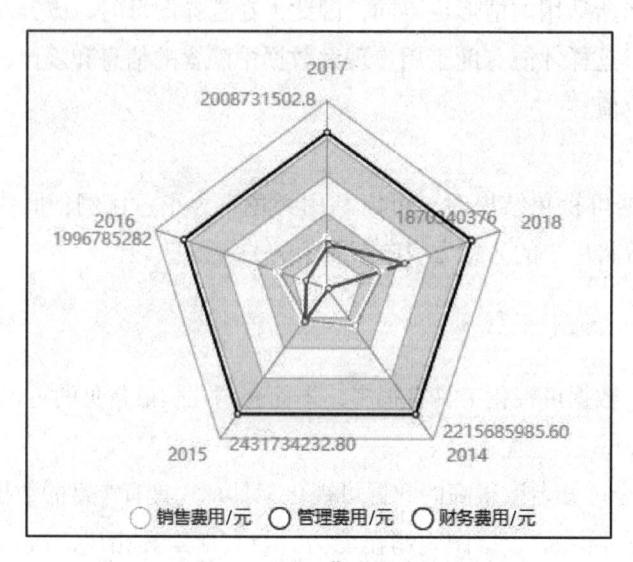

图 1-4-13　费用雷达图

除上述图形外，还有地图、迁徙图、热力图、指标卡等多种图形，用户在进行可视化设计时可以根据设计需求进行选择，限于篇幅，此处不再赘述。

任务三　数据可视化的步骤和工具认知

一、数据可视化的步骤

一般地，数据可视化的步骤可以分为五步，但在实际操作中，数据可视化是一

个反复迭代的过程，需要反复打磨才能做出一个优秀的可视化作品。

（一）明确问题

当着手一项可视化分析任务时，第一步先要明确待解决的问题，也就是明确希望通过数据可视化展示什么样的分析结果。清晰的问题和目标结果能够避免后续操作过程中出现偏离或不相关的分析。

（二）建立初步框架

明确了问题后，可以根据需要展现的数据选取基本的图形，并拟订可视化的展现形式，从而建立一个初步框架。

（三）梳理相关指标

要明确传达的信息，确定最能提供信息的指标。

（四）选取合适的图表类型

不同的图形所适用的情形也不同，因此，在选择图形时，应针对目标选择最合适的图表类型，这样才能有助于用户理解数据中隐含的信息和规律，从而充分发挥数据可视化的价值。

（五）添加引导信息

在展示数据可视化结果时，可以利用颜色、大小、比例、形状、标签、辅助线、预警设置等将用户的注意力引向图表中的关键信息。

二、数据可视化工具

目前市面上数据可视化工具有很多，下面介绍几款最常见的可视化工具。

（一）Tableau

Tableau 是全球知名度很高的数据可视化工具，它有丰富的数据源支持、灵活的可视化功能和强大的数据图表制作能力。与其他工具相比，Tableau 的可视化效果虽不华丽，但很出色，而且 Tableau 给用户提供了非常自由的图表制作能力。如果用户会写代码并且愿意花时间，那么基本都能做出绝大多数想要的图表。总的来说，使用 Tableau，用户可以轻松地将数据转化成想要的形式。

（二）Power BI

Power BI 是微软开发的商业分析工具，它可以很好地集成微软的其他办公软件。在 Power BI 中，用户可以自由地导入任何数据，如文档、网页和各类数据库文件。用户还可以在网页、手机应用上来查看 Power BI 数据。不过，目前 Power BI 主推的是个人分析，其在企业级部署和应用上缺少完善的整体解决方案，而且 Power BI 在安全性、性能、服务上也没有很好的竞争力。

（三）用友分析云

用友分析云是国内一款基于大数据、云计算技术的分析云服务，其致力于为企

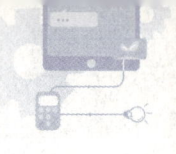

业提供专业的数据分析解决方案。目前，用友分析云支持36种可视化图形，并能根据用户数据特点自动推荐合适的分析图形。用友分析云支持用户根据业务问题把可视化进行串联，形成自定义故事板，以便于在公司内部分享分析结果。用友分析云还可以对不同的用户设置不同的预警值，通过邮件、微信、短信等媒介进行消息推送。

实战演练五　企业数据可视化看板设计

案例背景

2019年10月8日，AJHXJL矿业科技有限公司的管理层计划召开公司月度经营分析会议，财务总监将在会上做经营分析报告。现要求财务分析师设计一个决策看板，以便财务总监进行汇报。

决策看板包括六个可视化图表，分别反映公司的资产状况、客户金额TOP5、客户销售区域分布、公司营业收入、公司净利润及公司收入结构。

（1）公司的资产状况：展示公司最近三年的总资产变动趋势和资产负债率的变动趋势。

（2）客户金额TOP5：展示公司销售额最大的五名客户的销售金额。

（3）客户销售区域分布：展示公司有销售额发生的地区。

（4）公司营业收入：展示公司2015—2019年连续5年的收入变动趋势，增加预警线（预警线＝1 800 000 000元）、辅助线（辅助线为收入平均值）。

（5）公司净利润：展示公司2015—2019年连续5年的净利润变动趋势。

（6）公司收入结构：展示公司主营业务收入、其他业务收入、投资收益、营业外收入的比例。

任务目标

作出可视化看板，图形颜色可以自行选择，只要做到明确直观即可。

任务实现

登录新道财务大数据平台，根据平台中的任务指南完成操作，或参见模块二实战演练五企业数据可视化看板设计操作指导，完成任务操作。

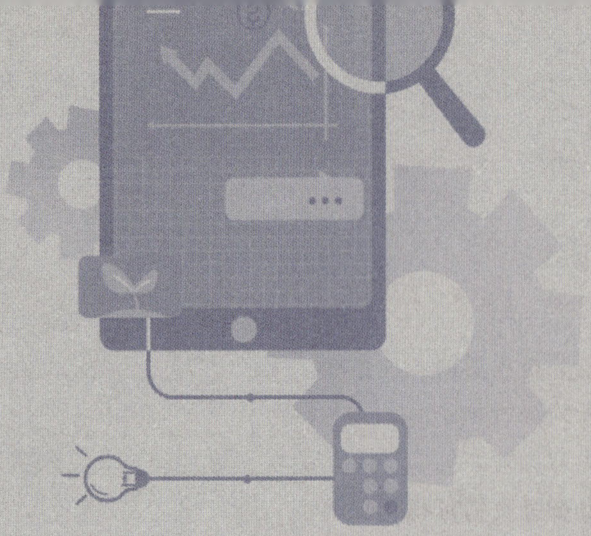

项目五
大数据背景下的财报分析

5

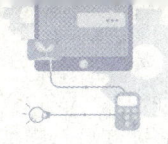

学习目标

知识目标
- 掌握财务报表分析应用的各项指标
- 理解财务报表的分析方法
- 了解聚类算法的原理
- 掌握各项能力指标数据可视化工具

技能目标
- 能确定并计算各项投资分析指标
- 能借助聚类算法筛选投资投标企业
- 能完成财报分析的可视化看板设计
- 能撰写财务分析报告

素养目标
- 通过财务报表指标的计算和分析，培养良好职业操守，保证数据的科学性与安全性
- 通过对投资企业财务报表的分析，激发创新创业的信心和能力
- 通过聚类算法，培养分类意识及学习新技术的勇气

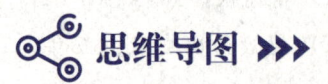

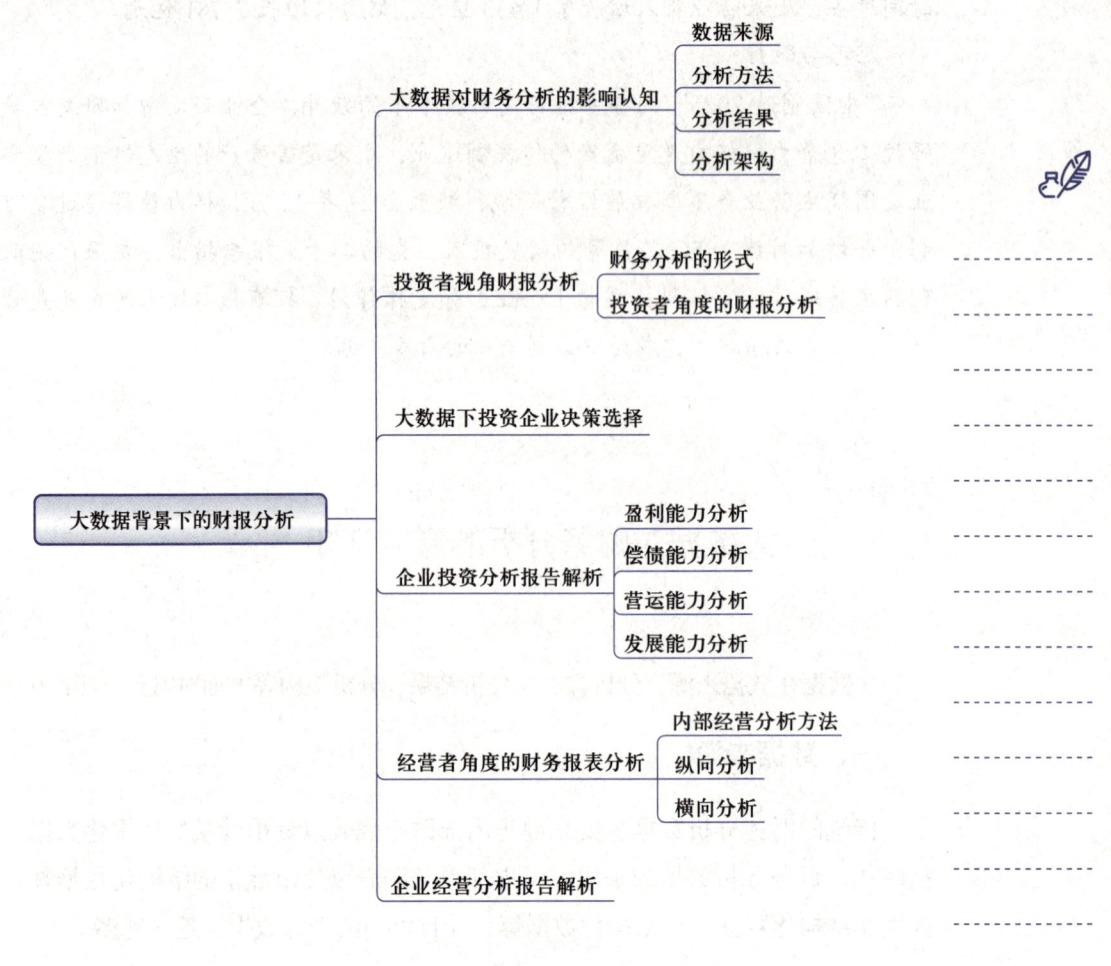

项目五　大数据背景下的财报分析

思维导图

- 大数据背景下的财报分析
  - 大数据对财务分析的影响认知
    - 数据来源
    - 分析方法
    - 分析结果
    - 分析架构
  - 投资者视角财报分析
    - 财务分析的形式
    - 投资者角度的财报分析
  - 大数据下投资企业决策选择
  - 企业投资分析报告解析
    - 盈利能力分析
    - 偿债能力分析
    - 营运能力分析
    - 发展能力分析
  - 经营者角度的财务报表分析
    - 内部经营分析方法
    - 纵向分析
    - 横向分析
  - 企业经营分析报告解析

学思践行

2013年，小米科技有限责任公司（简称"小米"）和珠海格力电器股份有限公司（简称"格力"）约下"赌局"，小米五年之后的营业收入能否超越格力。

2019年"赌局"结果见分晓，格力赢了。格力年报显示，格力电器于2018年实现营业收入1 981.2亿元，同比增长33.61%，其中空调业务营业收入占比为82.41%；实现净利润262.02亿元，同比增长16.97%。小米2018年年报显示，全年公司营业收入1 749亿元，其中手机业务营业收入占比为67.47%，净利润为86亿元。两家企业的营业收入相差232.2亿元。

五年之间，小米发了冰箱做了空调，未来战略定位为手机和AIOT（人工智能＋物联网）。格力手机也更新到了第三代，除了家电空调之外，格力开始向新能

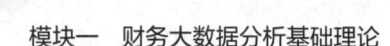

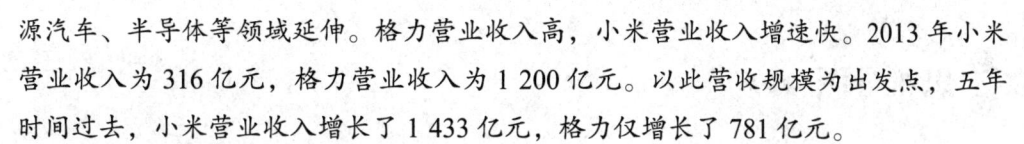

源汽车、半导体等领域延伸。格力营业收入高，小米营业收入增速快。2013年小米营业收入为316亿元，格力营业收入为1 200亿元。以此营收规模为出发点，五年时间过去，小米营业收入增长了1 433亿元，格力仅增长了781亿元。

思考与践行：

"中国制造2025"的奋斗目标是科技水平的跃升，企业必须增加研发投资，增强核心竞争力。格力是重资产的传统制造业，小米是轻资产的生态链创新型科技企业。围绕主营业务不断拓展经营领域，截至2021年12月，格力获得超过9万项专利，并增加对诸如5G芯片等的研发投入。党的二十大报告指出，要强化企业科技创新主导地位，发挥科技型骨干企业引领支撑作用。拥有核心技术的企业是让人敬畏的，业务的精耕细作成为中国制造业的看家本领。

任务一　大数据对财务分析的影响认知

大数据在数据来源、分析方法、分析结果、分析架构等方面对财务分析产生影响。

一、数据来源

传统的财务分析数据主要来源于内部财务账表以货币计量的结构化数据。大数据时代，财务分析数据的来源除了内部财务账表以货币计量的结构化数据外，还有各类非结构化数据、半结构化数据等，并且可用的外部数据也越来越多。

二、分析方法

财务分析的方法有很多，主要包括趋势分析法、比率分析法、因素分析法等。传统的财务分析以企业内部数据对比分析（纵向对比分析）为主，横向对比分析由于可获取的外部数据受限而较少采用。在大数据时代，由于大数据处理方法的应用，尤其是数据挖掘技术、爬虫技术等，使得获取外部数据变得容易，因而横向对比分析也变得更为容易。传统财务分析偏重于因果分析，遵循从结果到原因的分析思路。例如，对于利润变化，通常会从"利润变化了"这一结果出发来查找原因，进而分析收入、成本、费用等是否发生变化，如图1-5-1所示。

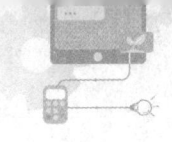

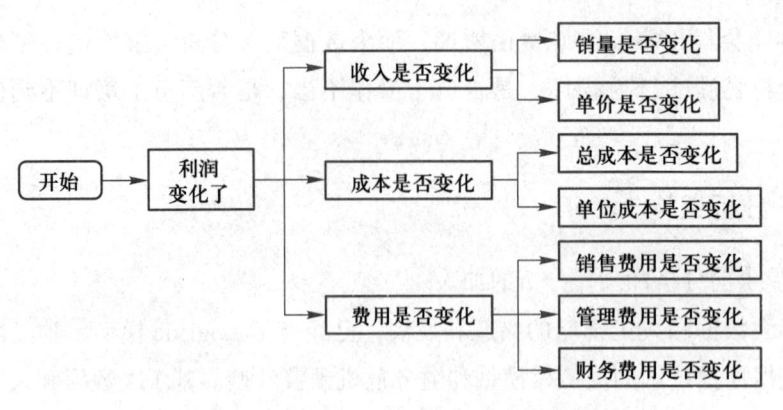

图 1-5-1　传统财务分析中利润变化原因查找

大数据时代的财务分析偏重于相关分析，即从某一相关事务的变化去分析另一相关事务是否发生变化，如果没有变化或者变化不合常规，再分析其影响因素，得出结论。例如，由于收入变化了，分析利润是否发生变化，如果利润没有变化或者变化幅度有异常，进一步分析成本、费用是否发生变化，最后得出结论，如图1-5-2 所示。

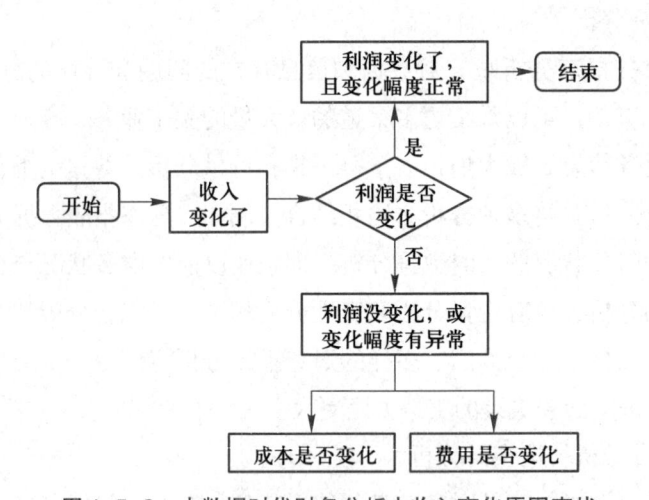

图 1-5-2　大数据时代财务分析中收入变化原因查找

三、分析结果

传统的财务分析一般局限于对表层原因的分析，对于更深层次的原因，由于受数据来源限制，较少涉及。而在大数据时代，财务分析不仅可以分析表层原因，还可以追踪分析深层次原因。例如，本期销售收入减少了，传统财务分析仅限于分析销量是否减少或单价是否降低，而大数据财务分析能追踪产品质量、口碑、消费者变化以及供求变化等深层次原因；又例如，本期成本增加了，传统财

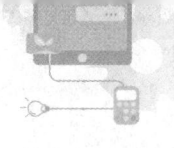

务分析可能会得出本期维修费用增加，而大数据财务分析会继续追踪哪台机器损坏，这台机器哪个部位损坏，是否员工操作不当、是否新员工培训不到位等深层次原因。

四、分析架构

（一）事前分析和预警分析的加入

随着大数据和人工智能的兴起和发展，已经有了 Logistic 模型、神经网络模型等基于数据挖掘技术的决策树模型和财务危机预警模型。基于大数据和人工智能的财务报表分析智能系统有一套分析执行的标准化、流程化的工具和模型，提前设好不同的变量，最终输出不同指标的分析结果，且在目标的执行过程中，也可以定期去关注、分析指标的变动情况，发现异动指标即可做到立即预警，从而可以加强管控的力度，及时纠偏。目标值的不断修正，使得企业运营各环节得到指导和管控，形成了一个强大的贯穿在业务流程和产品生命周期中的闭环式的智能财务报表分析系统。事前分析和预警分析的加入，发挥了更大的作用，且在执行过程中，同时进行了事中的管控和事后的评价，大大提高了分析的价值。

（二）单一分析转向多样分析

传统的财务报表分析缺乏对数据和信息存在的问题和性质的分析，过程单一。而在大数据环境下，可以采集更多渠道的、大量的关于业务、客户、企业内外部经营环境等非财务信息，极大地拓展了可采集和可供分析的数据范围，因此可以全面而多样地进行分析并将多种分析方法相结合。例如：静态报表数据分析结合动态企业经济发展和财务状况的实时数据分析，即企业以前的财务状况与企业当前的经济状况相结合的分析，还有定量分析和定性分析相结合，综合分析和个人分析相结合等等。大数据支持下的全面的、多样的财务报表分析将使得分析结果更加真实、准确，对企业未来发展和决策的支持力度更大。

（三）阶段分析转向实时分析

互联网时代大幅提高了财务信息的传播速度，企业能够根据自身特点制订一套实时的信息收集与整理系统，以及构建更为智能化的实时财务分析体系，合理使用相关大数据挖掘的方法和工具，变传统的阶段性财务分析为实时的财务分析，从客户、内部管理流程和财务流程以及企业的学习与成长等全方位的维度来实时、客观地评价企业的经营状况、挖掘财务数据背后的信息和规律。

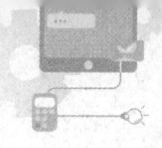

任务二 投资者视角财报分析

一、财务分析的形式

由于财务分析的角度不同,如分析的主体不同、客体不同、目的不同等,财务分析的形式也有所不同。财务分析根据分析主体的不同,可以分为内部分析和外部分析。

内部分析,主要是企业内部经营者对企业财务状况的分析。内部分析的目的是判断和评价企业生产经营是否正常。例如,通过对企业经营目标完成情况的分析,可考核与评价企业经营业绩,及时、准确地发现企业的成绩与不足,为企业未来生产经营的顺利进行,提高经济效益指明方向。

外部分析,主要是指企业外部的投资者、债权人及政府部门等,根据各自需要或分析目的,对企业的有关情况进行的分析。投资者的分析,主要看企业的盈利能力与发展能力,以及资本的保值与增值状况。债权人的分析,主要看企业的偿债能力和信用情况,判断其本金和利息是否能及时、足额收回。政府有关部门对企业的财务分析,主要看企业的经营行为是否规范、合法,以及对社会的贡献状况。

本书主要从外部的投资者角度和内部的经营者角度对财务报表(简称"财报")进行分析。

二、投资者角度的财报分析

投资者在确定投资对象时,一般会先选定一个行业,再从行业中选择一个佼佼者或潜力股进行投资。分析步骤为:行业环境分析、行业内企业报表数据分析、选定企业数据分析。

(一)行业环境分析

任何企业的经营活动,都是在市场中进行的,而市场又受国家的政治、经济、技术、社会等因素的限定与影响。所以,企业从事生产经营活动,必须从环境的研究与分析开始。企业外部环境又分为宏观环境和微观环境两个层次。

宏观环境因素包括:政治环境、经济环境、技术环境、社会文化环境。这些因素对企业及其微观环境的影响力较大,一般都是通过微观环境对企业间接产生影响的。

微观环境因素包括市场需求、竞争环境、资源环境等,涉及行业性质、竞争者

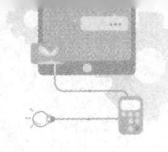

状况、消费者、供应商、中间商及其他社会利益集团等多种因素，这些因素会直接影响企业的生产经营活动。微观环境是企业生存与发展的具体环境。与宏观环境相比微观环境因素能直接提供更为有用的信息，也更容易被企业所识别。

拓展阅读

宏观环境一般包括四类因素，即政治（Political）、经济（Economic）、社会（Social）、技术（Tehnological），简称 PEST。

（1）政治环境是指那些影响和制约企业的政治要素和法律系统，以及其运行状态。具体包括国家政治制度、政治军事形势、方针政策、法律法令法规及执法体系等因素。国家的政策法规对企业生产经营活动具有控制、调节作用，相同的政策法规给不同的企业可能会带来不同的机会或制约。

（2）经济环境是指构成企业生存和发展的社会经济状况及国家的经济政策，具体包括社会经济制度、经济结构、宏观经济政策、经济发展水平以及未来的经济走势等。其中，重点分析的内容有宏观经济形势、行业经济环境、市场及其竞争状况。

（3）技术环境是指与本企业有关的科学技术现有水平、发展趋势和发展速度，以及国家科技体制、科技政策等。在知识经济兴起和科技迅速发展的情况下，技术环境对企业的影响可能是创造性的，也可能是破坏性的，企业必须预见这些新技术带来的变化，采取相应的措施予以应对。

（4）社会环境是指企业所处地区的社会结构、风俗习惯、宗教信仰、价值观念、行为规范、生活方式、文化水平、人口规模与地理分布等因素的形成与变动。社会环境对企业的生产经营有着潜移默化的影响，如文化水平会影响人们的需求层次；风俗习惯和宗教信仰可能抵制或禁止企业某些活动的进行；人口规模与地理分布会影响产品的社会需求与消费等。

（二）行业内企业报表数据分析

行业内企业报表数据分析通常是从盈利能力、偿债能力、营运能力、发展能力四个方面进行指标数据的分析对比。

1. 盈利能力分析

盈利能力是指企业获取利润、实现资金增值的能力，是企业持续经营和发展的保证。利润率越高，盈利能力越强；利润率越低，盈利能力越差。

企业经营业绩的好坏最终可通过企业的盈利能力来反映。根据盈利能力，可以判断企业经营人员的业绩，进而便于发现问题、完善企业的管理模式。因此，盈利

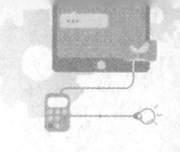

能力是企业的投资人、债权人、经营者及政府管理部门共同关心的内容。

盈利能力分析常见指标如表 1-5-1 所示。

表 1-5-1 盈利能力分析常见指标

指标名称	公式
营业利润率	营业利润率＝营业利润/营业收入 ×100%
营业净利率	营业净利率＝净利润/营业收入 ×100%
营业毛利率	营业毛利率＝（营业收入－营业成本）/营业收入 ×100%
总资产净利率	总资产净利率＝净利润/平均资产总额 ×100%

2. 偿债能力分析

偿债能力是指企业偿还各种到期债务的能力。能否及时偿还到期债务，是反映企业财务状况好坏的重要标志。偿债能力分析分为短期偿债能力分析和长期偿债能力分析。

企业进行偿债能力分析有利于债权人进行正确的借贷决策，有利于投资者进行正确的投资决策，有利于企业经营者进行正确的经营决策，有利于正确评价企业的财务状况。

偿债能力分析常见指标如表 1-5-2 所示。

表 1-5-2 偿债能力分析常见指标

指标类型	指标名称	公式
短期偿债能力指标	流动比率	流动比率＝流动资产/流动负债 ×100%
	速动比率	速动比率＝速动资产/流动负债 ×100% ＝（流动资产－存货）/流动负债 ×100%
	现金比率	现金比率＝（货币资金＋交易性金融资产）/流动负债 ×100%
长期偿债能力指标	资产负债率	资产负债率＝负债总额/资产总额 ×100%
	产权比率	产权比率＝负债总额/所有者权益总额 ×100%

3. 营运能力分析

营运能力是指企业资产运用、循环的效率高低。资产周转越快，流动性越高，企业的偿债能力越强，资产获取利润的速度就越快。

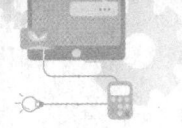

企业进行营运能力分析可以了解企业营运资产的利用情况及其能力如何,从根本上决定企业的经营状况和经济效益。

营运能力分析常见指标如表1-5-3所示。

表1-5-3 营运能力分析常见指标

指标名称	公式
总资产周转率	总资产周转率=营业收入/总资产平均余额×100%
固定资产周转率	固定资产周转率=营业收入/固定资产平均占用额×100%
流动资产周转率	流动资产周转率=营业收入/流动资产平均余额×100%
应收账款周转率	应收账款周转率=营业收入/应收账款平均余额×100%

4. 发展能力分析

发展能力是指企业扩大规模、壮大实力的潜在能力,又称成长能力。

企业进行发展能力分析一是补充和完善传统财务分析,展望未来,是盈利能力、营运能力以及偿债能力的综合体现;二是可以为预测分析与价值评估铺垫,提供基础数据来源;三是满足相关利益者的决策需求,例如对于股东而言,可以通过发展能力分析衡量企业创造股东价值的能力,从而为采取下一步战略行动提供依据。

发展能力分析常见指标如表1-5-4所示。

表1-5-4 发展能力分析常见指标

指标名称	公式
总资产增长率	总资产增长率=(年末资产总额−年初资产总额)/年初资产总额×100%
营业收入增长率	营业收入增长率=(本年营业收入−上年营业收入)/上年营业收入总额×100%
净利润增长率	净利润增长率=(本年净利润−上年净利润)/上年净利润×100%

(三)选定企业数据分析

在对选定企业数据进行分析时,可以参考行业内企业报表数据的分析内容,进行纵向分析,如企业历年发展趋势等,做更深入的数据分析。行业数据分析,一般是采集选定行业的所有企业近5年的数据进行分析。

实战演练六　投资者角度财报分析

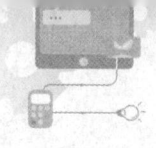

案例背景

AJHXJL 公司成立于 2003 年,是一家集矿山采选技术研究、矿产资源勘查、矿山设计、矿山投资开发、矿产品加工与销售于一体的集团化企业。

总公司下辖 28 家子公司,拥有矿山 31 个,资源占有量 16.61 亿吨。其中铁矿资源 8.97 亿吨;钼矿资源 4.9 亿吨;原煤资源 1.3 亿吨;方解石资源 463 万吨,远景储量 1 000 万吨,铜矿资源 930 万吨。目前已投产的铁矿山 22 个,煤矿 2 个,钼矿 1 个,方解石矿 1 个,铜矿 1 个。年产铁精粉 550 万吨,钼精粉 15 000 吨,铜金属 4 200 吨,锌精粉 3 000 吨,铅精粉 8 000 吨,磷精粉 110 万吨,硫精粉 15 万吨,硫酸 11 万吨,硫酸钾 4 万吨,磷酸氢钙 2 万吨。公司通过自我勘查与合作勘查,在内蒙古、青海、云南、西藏、河北等地拥有铁、铜、煤等资源探矿权。

公司现有员工 3 200 人,其中博士、硕士学位人才 20 余人,学士学位人才 100 余人,各专业技术人才 1 500 人。

公司投资部在物色新的投资对象,因为有色金属冶炼及压延加工业是该公司的下游行业,公司想从该行业中筛选出一个综合能力表现优秀的企业进行投资。数据源取自上交所所有上市公司 2015—2019 年的季报、半年报和年报数据。

任务目标

通过指标数据分析对比,筛选出表现优异的公司,供管理方进行投资选择。

任务实现

登录新道财务大数据平台,根据平台中任务指南完成操作,或参见模块二实战演练六投资者角度财报分析操作指导,完成任务操作。

任务三　大数据下投资企业决策选择

在进行投资企业决策时,通过行业内企业的指标排名,可以发现根据不同指标进行分析,企业的排名就可能不同。因此在选择 1~2 家可投资的企业时,就需要反复对比衡量,综合考虑各个相关指标数值。那如何根据指标数值对这些企业进行智能分组,快速选出要投资的目标企业呢?在大数据的算法中,有两种算法可以进行智能分组,一种是分类,另一种是聚类。

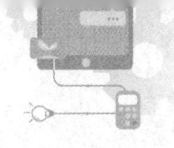

本次的智能分组将使用聚类算法来实现。

一、聚类的基本概念

聚类是把数据对象集合按照相似性划分成多个子集的过程。每个子集是一个簇，簇中的对象彼此相似，但却与其他簇中的对象不相似，聚类分布图如图 1-5-3 所示。

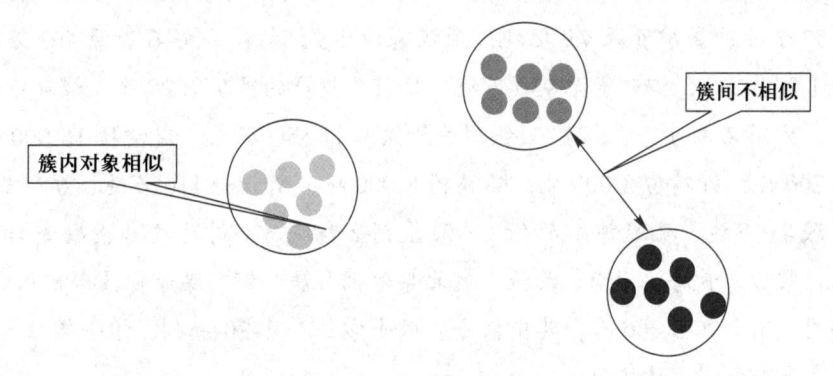

图 1-5-3 聚类分布图

聚类就像是无监督学习，因为聚类形成的子数据集没有分类标号信息，需要人们来给这些簇（组）及其特征下定义，以便更好地在具体的业务场景中应用它们。

生活中我们经常讲"物以类聚，人以群分"，说的就是不同的人和事物因特征的相似而归并成一类，形成了很多大大小小的分组或类，如图 1-5-4 所示。

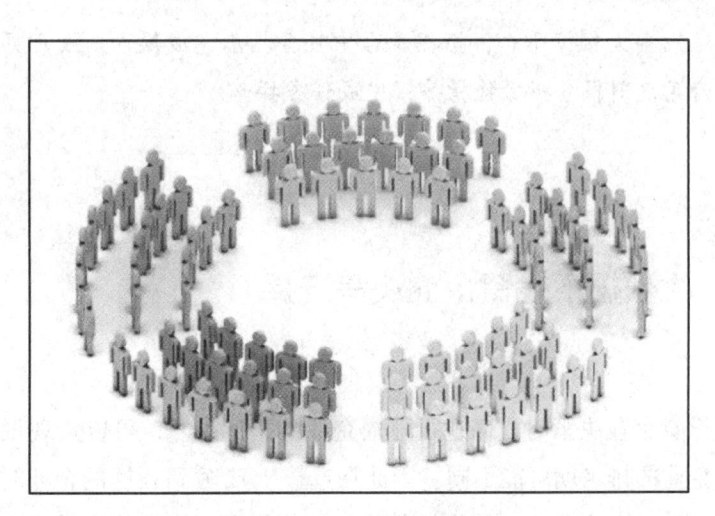

图 1-5-4 人以群分示例图

聚类与分类最大的区别就是，分类的目标事先已知，例如识别猫、狗，在分类之前我们已经预先知道要将它分为猫、狗两个种类；但在聚类之前，目标是未知的。同样以动物为例，对于一个动物集来说，我们并不清楚这个数据集内部有多少种类的动物，能做的只是利用聚类方法将它自动按照特征分为多类，然后人为给出这个聚类结果的定义。例如，将一个动物集分为三簇（类），然后通过观察这三类动物的特征，为每一个簇起一个名字，如大象、狗、猫等，这就是聚类的基本思想。

二、聚类的常用算法

聚类最常用的算法是 K-Means 算法。

K-Means 算法是将数据分成 k 个簇（组），并使得在每个簇（组）中所有点与该簇（组）中心（质心）距离的总和最小。这样每个簇（组）内的数据相似性高，同时，簇（组）之间数据的相似性低，如图 1-5-5 所示。

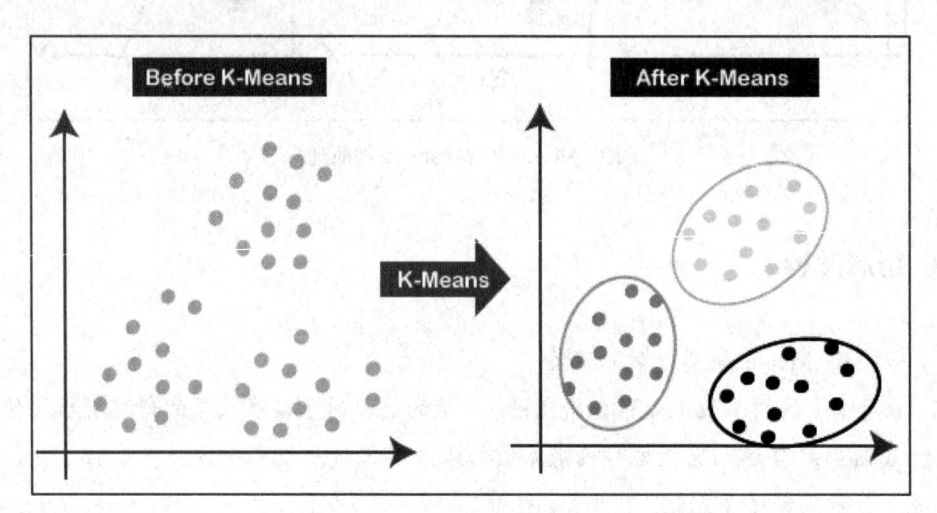

图 1-5-5　K-Means 算法分组

K-Means 算法的聚类计算过程如图 1-5-6 所示。

假设将图 1-5-6 中的数据聚成 3 个簇，则聚类过程如下：

（1）随机选择 3 个样本点作为初始簇类的中心点，如图 1-5-6 中的①图所示。

（2）将每个样本点划分到离它距离最近的簇，如图 1-5-6 中的②图所示。

（3）根据每个样本所属的簇，更新各簇类的中心点，如图 1-5-6 中的③图所示。

（4）重复（2）（3）步，直到各簇类的中心点不再改变时，得到最终的聚类结果，如图 1-5-6 中的④图、⑤图和⑥图所示。

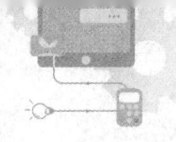

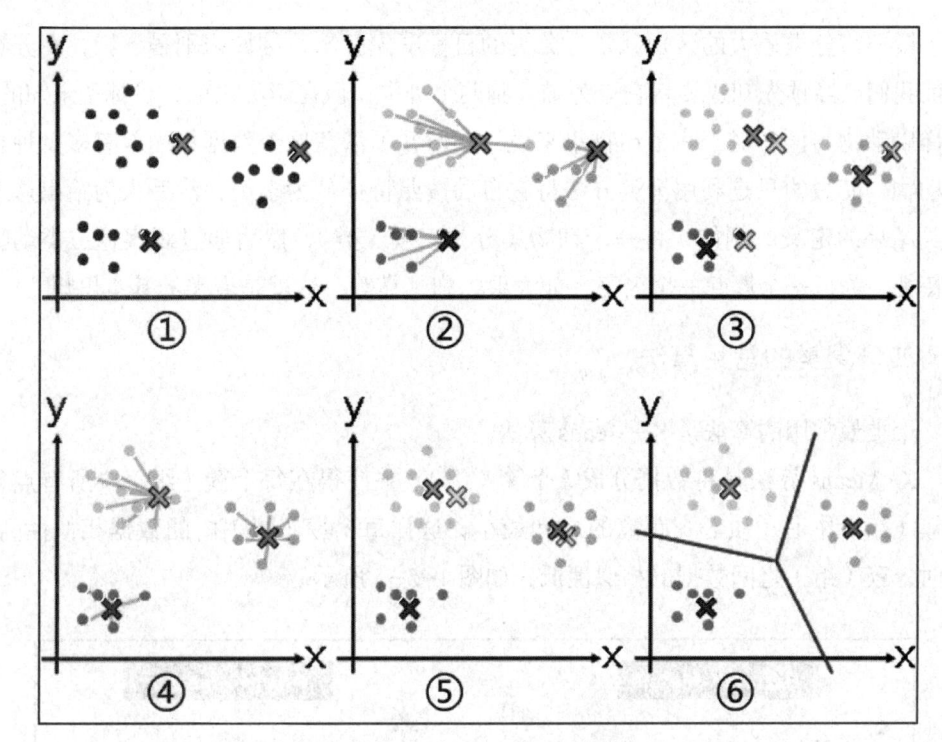

图 1-5-6 K-Means算法原理

拓展阅读

一、K-Means聚类个数的确定

由于 k（簇的个数）是事先给定的，k 值的选取对于聚类效果的好坏有很大的影响。如何确定合适的 k 值呢？确定 k 值的方法有三种：误差平方和、手肘法、轮廓系统，最常用的是手肘法。

手肘法：当选择的 k 值小于真正的 k 时，k 每增加1，聚类误差就会大幅的减小；当选择的 k 值大于真正的 k 时，k 每增加1，聚类误差的变化就不会那么明显。真正的 k 值就会在这个转折点，类似肘部的地方，如图1-5-7所示。

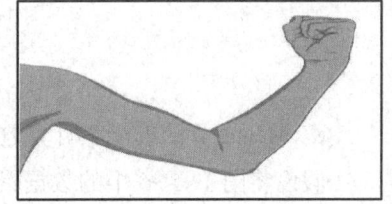

图 1-5-7 肘部图

具体做法：

让 k 从1开始取值，直到取到认为合适的上限（一般来说这个上限不会太大，这里我们选取上限为8），对每一个 k 值进行聚类并且记下对应的误差平方和，在这个误差平方和变化过程中，会出现一个拐点，即"肘"点，下降率突然变缓时即认为是最佳的 k 值。然后画出 k 和误差平方和的关系图（即手肘形图），最后选取肘部对应的 k 作为最佳聚类数，如图1-5-8所示。

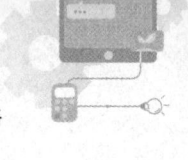

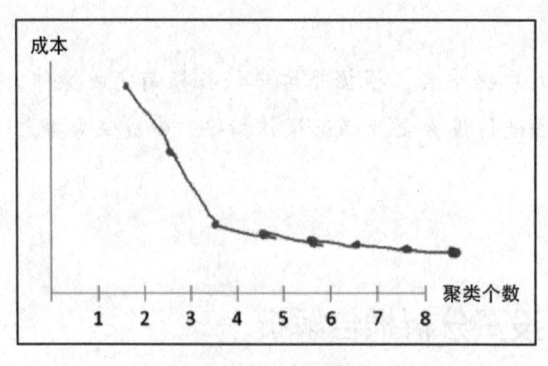

图1-5-8 最佳聚类数

二、聚类效果评价标准

聚类效果评价标准常用的有轮廓系数和戴维森堡丁指数两个指标。

（一）轮廓系数（Silhouette Coefficient）

轮廓系数，是聚类效果好坏的一种评价方式，最早由 Peter J.Rousseeuw 在 1986 年提出。轮廓系数是指任意样本到其他簇内点的平均距离的最小值与样本到同簇内点的平均距离做差，然后再除以这两个距离的最大值。

轮廓系数接近1，则说明样本聚类合理；

轮廓系数接近-1，则说明样本更应该分类到另外的簇；

若轮廓系数近似为0，则说明样本在两个簇的边界上。

（二）戴维森堡丁指数（DBI）

戴维森堡丁指数（Davies-Bouldin Index，简称DBI），又称为分类适确性指标，是由大卫L·戴维斯和唐纳德·Bouldin提出的一种评估聚类算法优劣的指标。DBI是指任意两类别（簇）的类内样本到类中心平均距离之和除以两类（簇）中心点之间的距离，取最大值，然后将所有的最大值取平均值。

DBI越小意味着类（簇）内距离越小，同时类（簇）间距离越大，即聚类效果较好。

实战演练七 利用聚类算法进行投资企业筛选

案例背景

AJHXNL 公司的财务经理对有色金属冶炼及压延加工业的指标数据进行了计算和对比，现选用盈利能力指标对行业内的企业进行分组筛选。

任务目标

利用聚类算法对选定行业的企业进行智能分组，从中筛选出表现优异的公司。

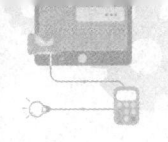

模块一　财务大数据分析基础理论

任务实现

登录新道财务大数据平台，根据平台中任务指南完成操作，或参见模块二实战演练七利用聚类算法进行投资企业筛选操作指导，完成任务操作。

任务四　企业投资分析报告解析

AJHXNL 公司投资部受公司管理层委托，要在其下游行业有色金属冶炼及压延加工业筛选出一个综合能力表现优秀的企业进行投资。

首先是对该行业 27 家企业四大能力的指标分析。

（注：以下示例图 1-5-9 和分析结果均是基于 2018 年的年报数据，学习者在分析时可选择较近的年份进行分析。本书图中有的数字后标有 B、M、K、这是系统设置形成，B 为 Billion 缩写，表示"十亿"，M 为 Million 缩写，表示"百万"，K 为 Kilo 缩写，表示"千"。）

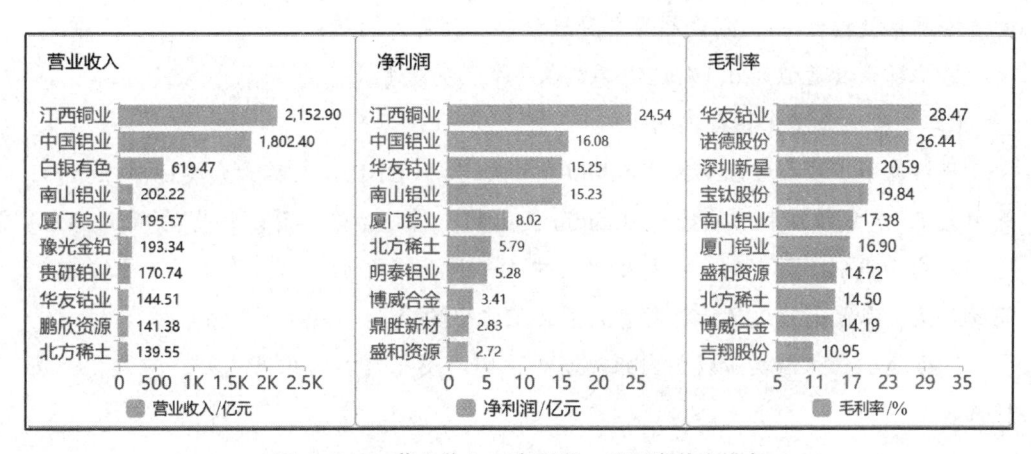

营业收入	亿元	净利润	亿元	毛利率	%
江西铜业	2,152.90	江西铜业	24.54	华友钴业	28.47
中国铝业	1,802.40	中国铝业	16.08	诺德股份	26.44
白银有色	619.47	华友钴业	15.25	深圳新星	20.59
南山铝业	202.22	南山铝业	15.23	宝钛股份	19.84
厦门钨业	195.57	厦门钨业	8.02	南山铝业	17.38
豫光金铅	193.34	北方稀土	5.79	厦门钨业	16.90
贵研铂业	170.74	明泰铝业	5.28	盛和资源	14.72
华友钴业	144.51	博威合金	3.41	北方稀土	14.50
鹏欣资源	141.38	鼎胜新材	2.83	博威合金	14.19
北方稀土	139.55	盛和资源	2.72	吉翔股份	10.95

图 1-5-9　营业收入、净利润、毛利率前十排名

一、盈利能力分析

本次盈利能力选取的指标是：营业收入、净利润、毛利率、净资产收益率（ROE）、营业利润率、总资产报酬率、营业净利率。

从营业收入和净利润的绝对值指标看，江西铜业位居榜首，但是毛利率却跌出前十名，说明该企业的经营规模比较大，但是获利能力一般。

净资产收益率（ROE）是反映公司自有资产获利的能力，"有色金属冶炼及压

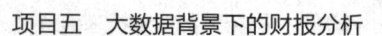

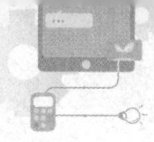

延加工"行业中,华友钴业的 ROE 遥遥领先其他企业,在行业内较为突出,如图 1-5-10 所示。

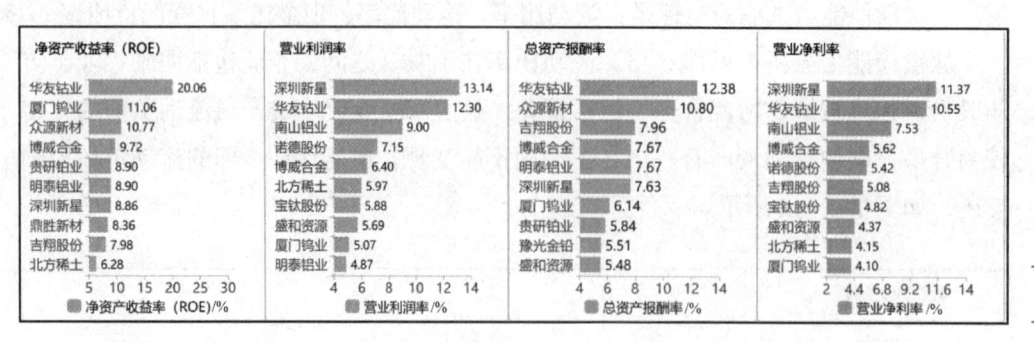

净资产收益率(ROE)		营业利润率		总资产报酬率		营业净利率	
华友钴业	20.06	深圳新星	13.14	华友钴业	12.38	深圳新星	11.37
厦门钨业	11.06	华友钴业	12.30	众源新材	10.80	华友钴业	10.55
众源新材	10.77	南山铝业	9.00	吉翔股份	7.96	南山铝业	7.53
博威合金	9.72	诺德股份	7.15	博威合金	7.67	博威合金	5.62
贵研铂业	8.90	博威合金	6.40	明泰铝业	7.67	诺德股份	5.42
明泰铝业	8.90	北方稀土	5.97	深圳新星	7.63	吉翔股份	5.08
深圳新星	8.86	宝钛股份	5.88	厦门钨业	6.14	宝钛股份	4.82
鼎胜新材	8.36	盛和资源	5.69	贵研铂业	5.84	盛和资源	4.37
吉翔股份	7.98	厦门钨业	5.07	豫光金铅	5.51	北方稀土	4.15
北方稀土	6.28	明泰铝业	4.87	盛和资源	5.48	厦门钨业	4.10

图 1-5-10 净资产收益率、营业利润率、总资产报酬率、营业净利率排名前十

再看总资产报酬率,华友钴业、众源新材、吉翔股份的总资产报酬率指标较为突出,高于总资产报酬率排名前十的平均值,说明这些企业资产利用效率越高,公司在增加收入、节约资金使用等方面取得了良好的效果,即投入产出的水平高于其他企业,如图 1-5-11 所示。

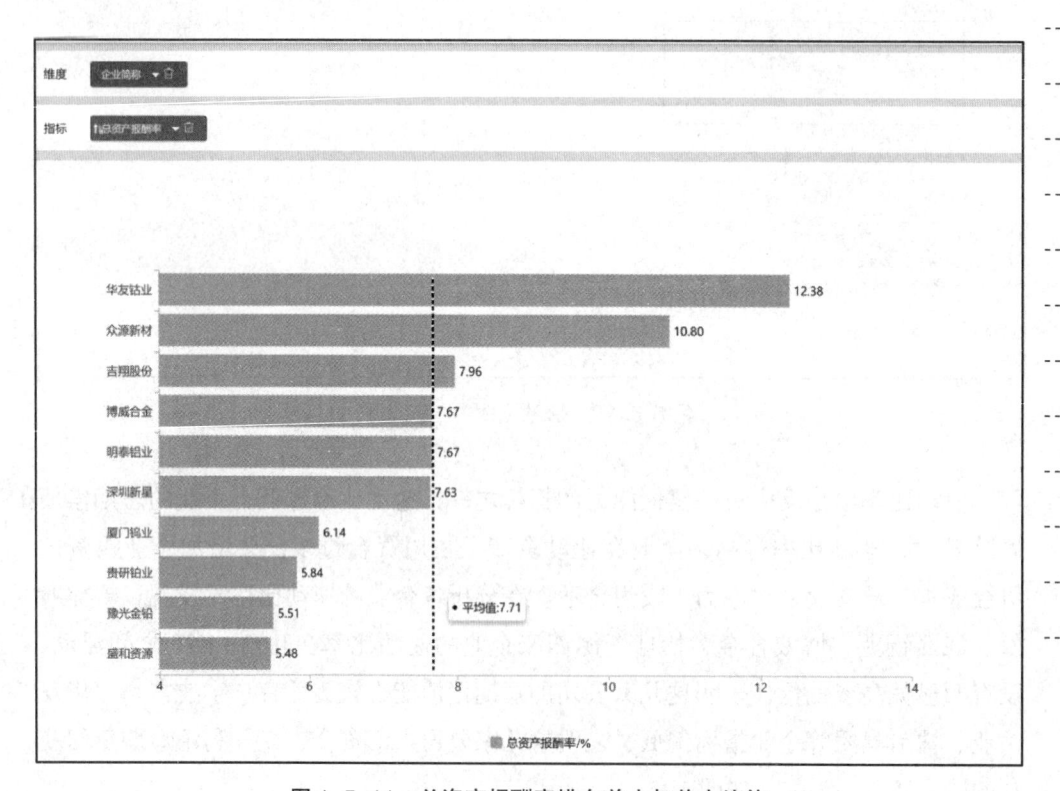

维度 企业简称
指标 总资产报酬率

华友钴业	12.38
众源新材	10.80
吉翔股份	7.96
博威合金	7.67
明泰铝业	7.67
深圳新星	7.63
厦门钨业	6.14
贵研铂业	5.84
豫光金铅	5.51
盛和资源	5.48

平均值:7.71

图 1-5-11 总资产报酬率排名前十与前十均值

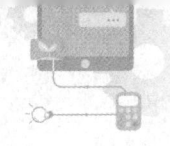

二、偿债能力分析

本次偿债能力选取的指标是：流动比率、速动比率、现金比率、资产负债率。

从偿债能力分析中可以看出，流动比率在 1.5~2 之间的企业包括明泰铝业、吉翔股份、怡球资源、博威合金、江西铜业。这五家企业流动资产与流动负债的比率较为合适，即使流动资产有一半在短期内不能变现，也能保证全部的流动负债得到偿还，如图 1-5-12 所示。

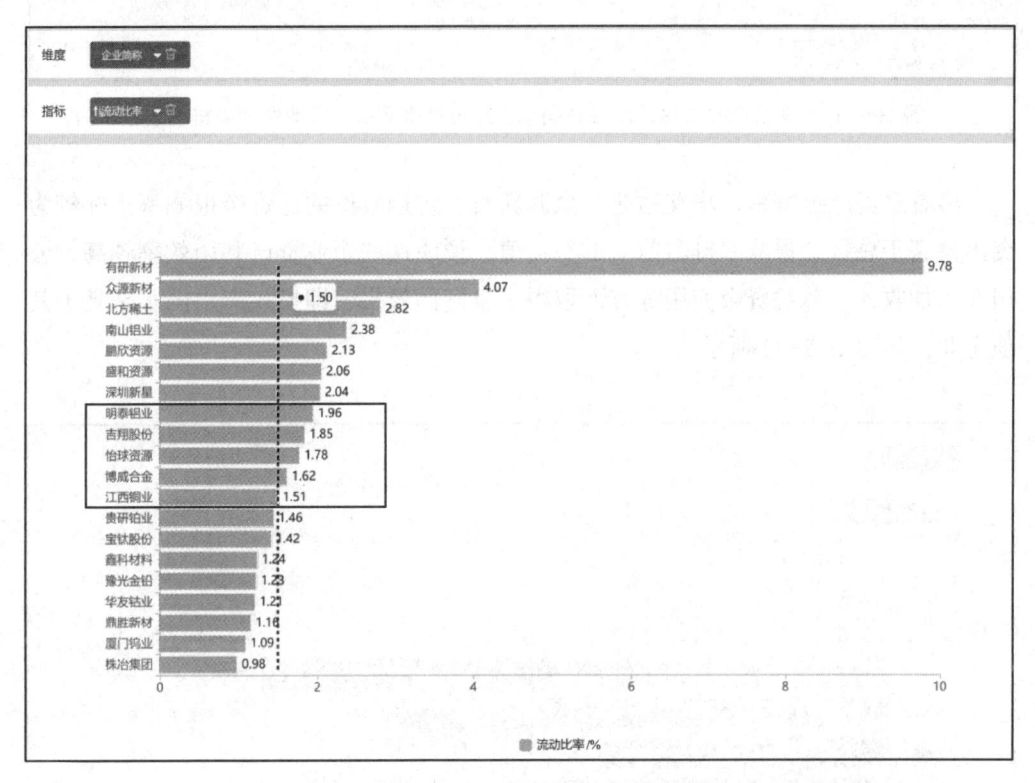

企业简称	流动比率/%
有研新材	9.78
众源新材	4.07
北方稀土	2.82
南山铝业	2.38
鹏欣资源	2.13
盛和资源	2.06
深圳新星	2.04
明泰铝业	1.96
吉翔股份	1.85
怡球资源	1.78
博威合金	1.62
江西铜业	1.51
贵研铂业	1.46
宝钛股份	1.42
鑫科材料	1.24
豫光金铅	1.23
华友钴业	1.22
鼎胜新材	1.16
厦门钨业	1.09
株冶集团	0.98

图 1-5-12　流动比率排名前二十

速动比率也是反应短期偿债能力的指标之一，速动比率过低，企业的短期偿债风险较大，速动比率过高，企业在速动资产上占用资金过多，会增加企业投资的机会成本，通常速动比率为 1 较为合适。在分析各企业的速动比率时发现，吉翔股份、江西铜业、博威合金、怡球资源四家企业的速动比率在 0.90~1.20 之间浮动，没有明显偏高或偏低，表明这几家公司的短期偿债能力较为适宜。宁波富邦、华友钴业、株冶集团等企业指标偏低，表明这几家公司盘活资金、充分利用短期负债获利的能力还有待加强，如图 1-5-13 所示。

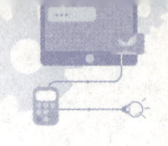

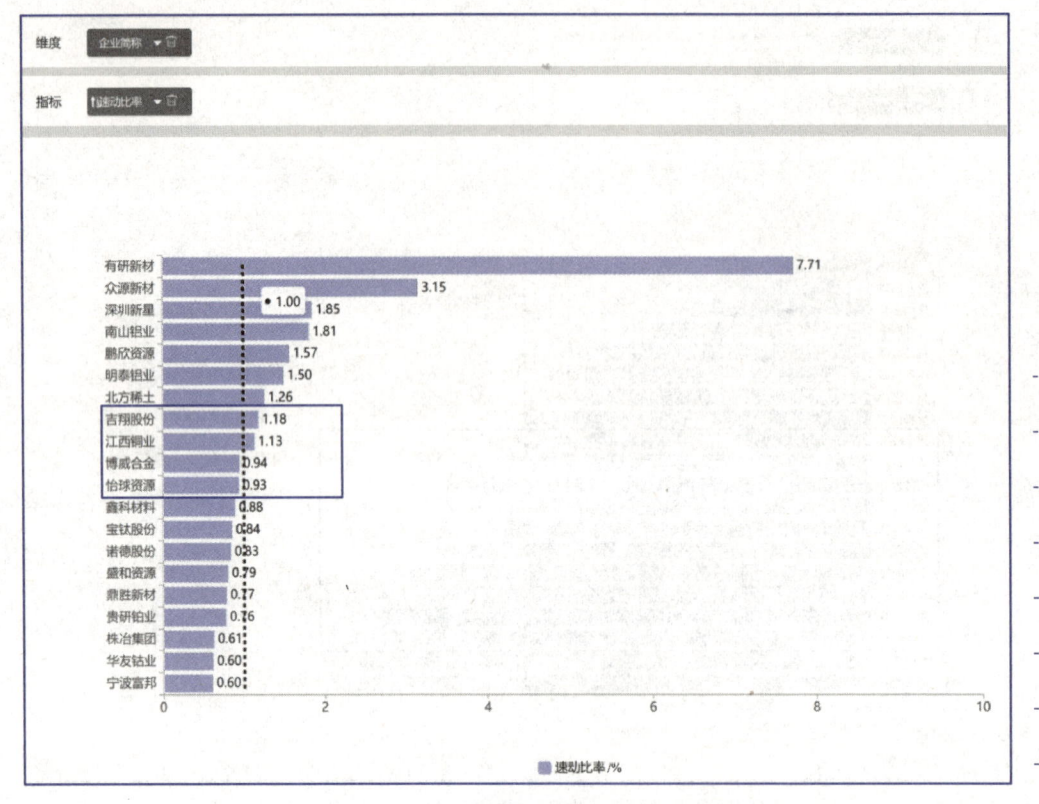

图 1-5-13　速动资产排名前二十

长期偿债能力方面，观察资产负债率指标的数据，该指标通常在 40%~60% 区间内较为合理。如图 1-5-14 所示，结合"有色金属冶炼及压延加工"行业内企业指标数据，发现以下企业的资产负债率指标在此区间范围内，这些企业分别是吉翔股份、鑫科材料、宝钛股份、北方稀土、怡球资源、江西铜业、宏达股份、华友钴业、厦门钨业、鼎胜新材。而资产负债率小于 40% 的企业，尤其是有研新材、众源新材、南山铝业这三家企业的资产负债指标小于 25%，可见这三家企业的资金充足，不需要借债经营，但同时也说明这几家企业的负债没有充足有效地利用起来，举债经营能力不足，在资金利润率一定的情况下，当举债利息低于利润率时，举债经营会有更好的收益。

三、营运能力分析

本次营运能力选取的指标是：总资产周转天数、固定资产周转天数、流动资产周转天数、应收账款周转天数，如图 1-5-15 所示。

模块一　财务大数据分析基础理论

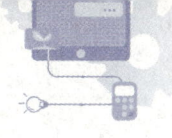

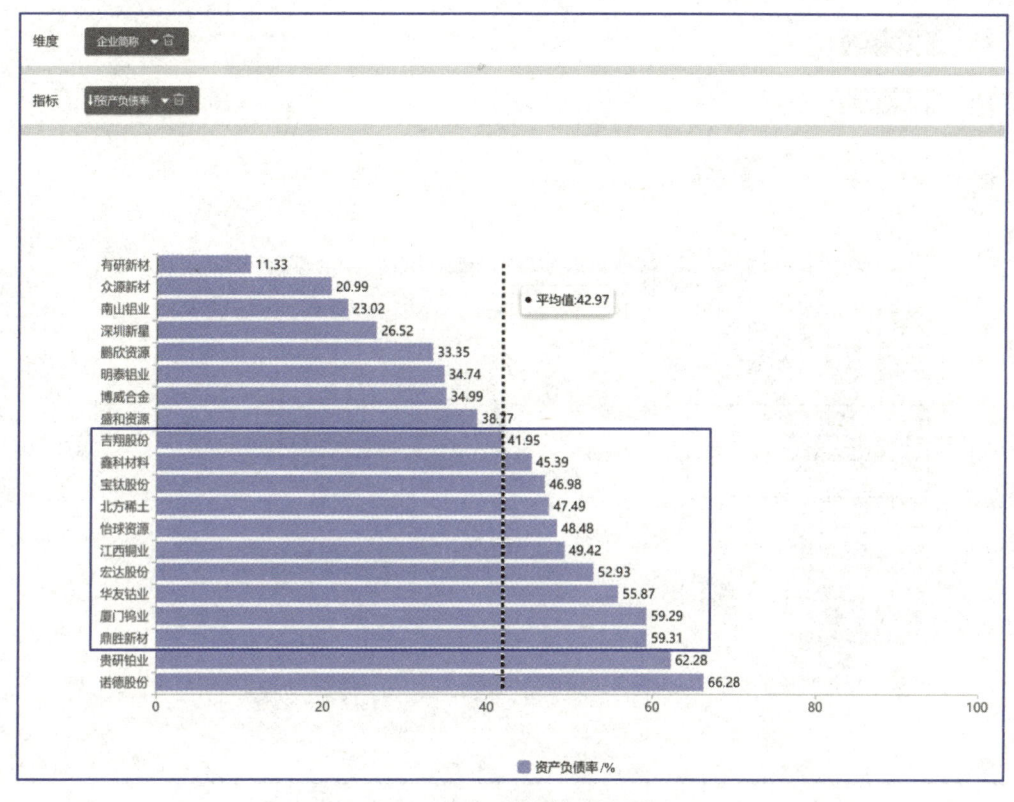

图 1-5-14　资产负债率排名

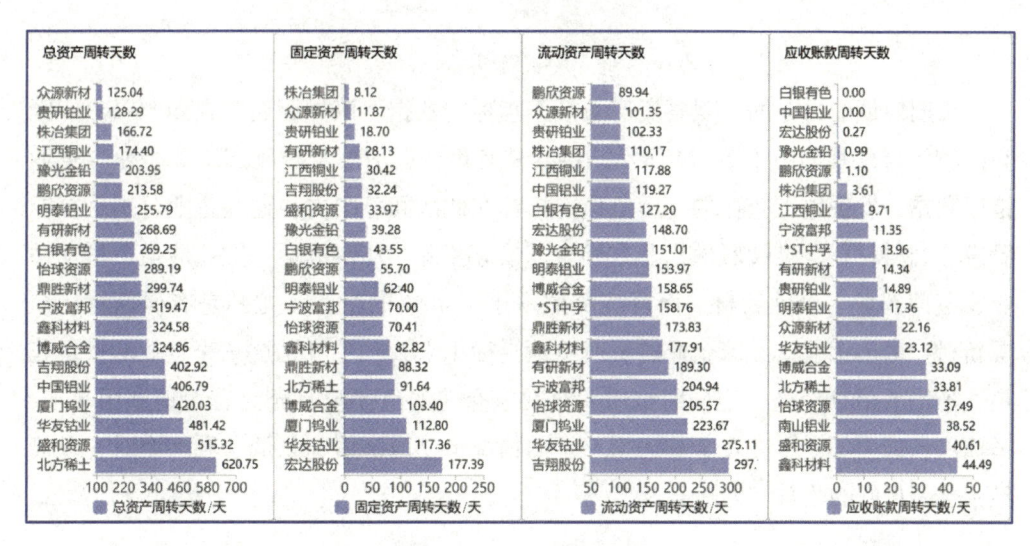

图 1-5-15　营运能力指标

从营运能力分析中可以看出，总资产周转天数、固定资产周转天数、流动资产周转天数以及应收账款周转天数较低的企业有众源新材、贵研铂业、株冶集团、江西铜业、豫光金铅、鹏欣资源、有研新材、白银有色、中国铝业、宏达股份。这些企业普遍资产流动性较高，营运能力较强，获得预期收益的可能性较大，如果选择

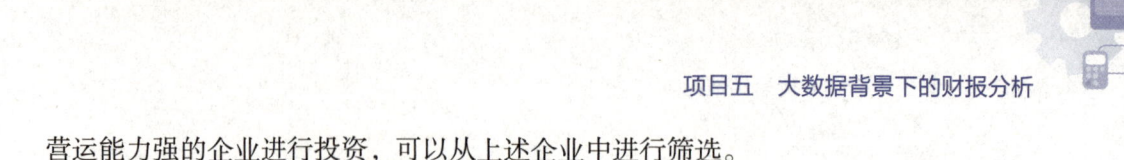

营运能力强的企业进行投资，可以从上述企业中进行筛选。

四、发展能力分析

本次发展能力选取的指标是：总资产增长率、销售收入增长率、净利润增长率、总资产增长量、销售收入增长量、净利润增长量，如图1-5-16所示。

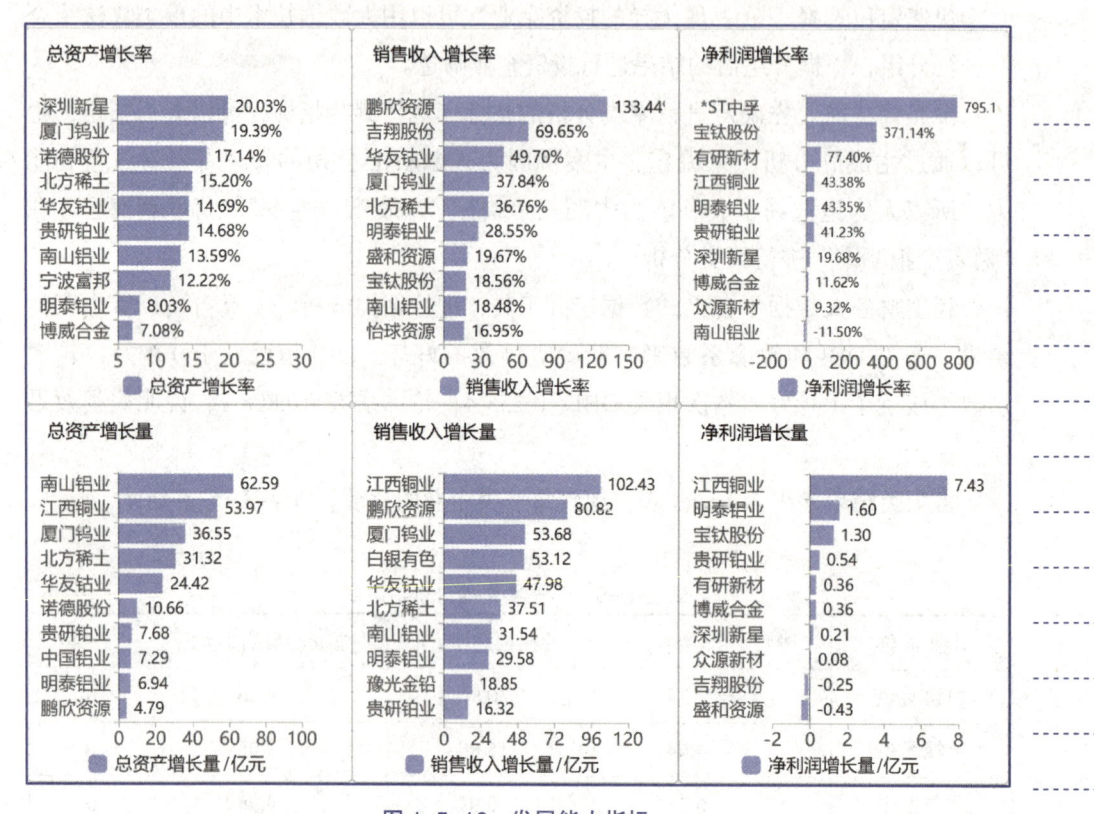

总资产增长率
企业	增长率
深圳新星	20.03%
厦门钨业	19.39%
诺德股份	17.14%
北方稀土	15.20%
华友钴业	14.69%
贵研铂业	14.68%
南山铝业	13.59%
宁波富邦	12.22%
明泰铝业	8.03%
博威合金	7.08%

销售收入增长率
企业	增长率
鹏欣资源	133.44%
吉翔股份	69.65%
华友钴业	49.70%
厦门钨业	37.84%
北方稀土	36.76%
明泰铝业	28.55%
盛和资源	19.67%
宝钛股份	18.56%
南山铝业	18.48%
怡球资源	16.95%

净利润增长率
企业	增长率
*ST中孚	795.1
宝钛股份	371.14%
有研新材	77.40%
江西铜业	43.38%
明泰铝业	43.35%
贵研铂业	41.23%
深圳新星	19.68%
博威合金	11.62%
众源新材	9.32%
南山铝业	-11.50%

总资产增长量
企业	亿元
南山铝业	62.59
江西铜业	53.97
厦门钨业	36.55
北方稀土	31.32
华友钴业	24.42
诺德股份	10.66
贵研铂业	7.68
中国铝业	7.29
明泰铝业	6.94
鹏欣资源	4.79

销售收入增长量
企业	亿元
江西铜业	102.43
鹏欣资源	80.82
厦门钨业	53.68
白银有色	53.12
华友钴业	47.98
北方稀土	37.51
南山铝业	31.54
明泰铝业	29.58
豫光金铅	18.85
贵研铂业	16.32

净利润增长量
企业	亿元
江西铜业	7.43
明泰铝业	1.60
宝钛股份	1.30
贵研铂业	0.54
有研新材	0.36
博威合金	0.36
深圳新星	0.21
众源新材	0.08
吉翔股份	-0.25
盛和资源	-0.43

图1-5-16 发展能力指标

从绝对值的指标看，资产规模增长最大的是南山铝业，销售收入规模增长最大的是江西铜业，净利润增长最多的是江西铜业。

从相对值的指标看，总资产增长率较大的是深圳新星和厦门钨业，销售收入增长率较大的是鹏欣资源和吉翔股份。值得注意的是吉翔股份，其销售收入增长率较大，而净利润却出现负增长，说明其收入的增长并没有带来利润的增加，可以进一步分析其营业成本和期间费用，找出净利润大幅下降的原因；江西铜业、明泰铝业、贵研铂业各项发展能力指标值基本均保持在中等偏上水平，个别甚至可达行业最高，表明这几家公司发展能力强劲，具备较强的扩大规模、壮大实力的潜能。注：江西铜业的销售收入增长量位居第一，其销售收入增长率虽然没有位居前十，但排在前20位，且增长率也是正的；江西铜业的总资产增长量位居第二，总资产增长率也排在前15位。贵研铂业的销售收入增长量与增长率都排在前15位。

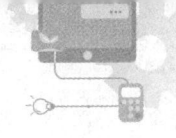

想一想

通过以上的分析，可以看出每个指标企业的表现都各不相同，那如何快速定位选择出一家表现优异的企业进行投资呢？

快速定位选择一家表现优异的投资企业，可以用大数据技术中的聚类算法给企业进行分组，根据分组后的结果进行投资企业筛选。

聚类算法需要先确定进行聚类分析的指标，选择哪些指标，可以人为指定，也可以通过主成分分析法来确定，本案例因为 AJHXNL 公司的管理者最看重盈利能力，所以人为地选择了盈利能力中的三个指标"净资产收益率""营业利润率"和"总资产报酬率"进行聚类分析。

利用财务大数据平台上的数据挖掘工具，进行聚类分析，工具自动计算出聚类结果。通过 DBI 和轮廓系数来判断聚类结果的好坏。DBI 越接近于 0 越好，轮廓系数越接近于 1 越好。本次聚类 DBI = 0.255 4，轮廓系数 = 0.808 1，说明聚类效果较好。

将聚类结果导出为 Excel 表，观察每一类企业的特征，如表 1-5-5 所示。

表 1-5-5 第一次聚类分析结果表

企业简称	净资产收益率 /%	营业利润率 /%	总资产报酬率 /%	分类
白银有色	2.34	0.90	4.56	0
宝钛股份	4.64	5.88	3.96	0
北方稀土	6.28	5.97	4.96	0
博威合金	9.72	6.40	7.67	0
鼎胜新材	8.36	3.45	5.47	0
贵研铂业	8.90	1.19	5.84	0
华友钴业	20.06	12.30	12.38	0
吉翔股份	7.98	0.94	7.96	0
江西铜业	4.93	1.52	3.99	0
明泰铝业	8.90	4.87	7.67	0
南山铝业	3.98	9.00	4.01	0
宁波富邦	−29.51	−3.89	−2.89	0
诺德股份	5.90	7.15	5.29	0

续表

企业简称	净资产收益率/%	营业利润率/%	总资产报酬率/%	分类
鹏欣资源	3.71	0.91	3.22	0
厦门钨业	11.06	5.07	6.14	0
深圳新星	8.86	13.14	7.63	0
盛和资源	5.24	5.69	5.48	0
旭升股份	20.32	31.23	13.78	0
怡球资源	3.79	2.04	5.02	0
有研新材	2.80	1.94	2.92	0
豫光金铅	3.98	0.84	5.51	0
中国铝业	3.07	1.35	3.44	0
众源新材	10.77	3.29	10.80	0
株冶集团	−3 218.57	−12.80	−24.39	1
*ST 中孚	−126.19	−30.21	−10.51	2
宏达股份	−120.50	−40.74	−54.78	2
梦舟股份	−55.38	−24.02	−25.12	2

从表 1-5-5 可以看出，株冶集团为一类，特点是指标值都为负值，净资产收益率异常低；*ST 中孚、宏达股份、梦舟股份为一类，特点是指标值都为负值，净资产收益率在 −50～−150 之间；其他公司归为一类，指标值大部分为正数。根据聚类结果可知，若选择投资目标，可以从分类为"0"的公司中选择。但分类为"0"的企业有 23 家，如何从这 23 家企业中快速挑选出 1~2 家要投资的目标企业呢？答案是还需对这 23 家企业再次进行聚类，如表 1-5-6 所示。

表 1-5-6 第二次聚类结果表

企业简称	净资产收益率/%	总资产报酬率/%	营业利润率/%	分类
宁波富邦	−29.51	−2.89	−3.89	0
白银有色	2.34	4.56	0.90	1
贵研铂业	8.90	5.84	1.19	1
吉翔股份	7.98	7.96	0.94	1
江西铜业	4.93	3.99	1.52	1

续表

企业简称	净资产收益率/%	总资产报酬率/%	营业利润率/%	分类
鹏欣资源	3.71	3.22	0.91	1
怡球资源	3.79	5.02	2.04	1
有研新材	2.80	2.92	1.94	1
豫光金铅	3.98	5.51	0.84	1
中国铝业	3.07	3.44	1.35	1
华友钴业	20.06	12.38	12.30	2
旭升股份	20.32	13.78	31.23	3
宝钛股份	4.64	3.96	5.88	4
北方稀土	6.28	4.96	5.97	4
博威合金	9.72	7.67	6.40	4
鼎胜新材	8.36	5.47	3.45	4
明泰铝业	8.90	7.67	4.87	4
南山铝业	3.98	4.01	9.00	4
诺德股份	5.90	5.29	7.15	4
厦门钨业	11.06	6.14	5.07	4
深圳新星	8.86	7.63	13.14	4
盛和资源	5.24	5.48	5.69	4
众源新材	10.77	10.80	3.29	4

从表 1-5-6 可以看出，分类为 2 和 3 的企业即华友钴业和旭升股份指标数据表现最为突出，可以考虑把这两个企业作为投资目标企业。

提示

（1）聚类的分类数值可能每次标注的不一样，例如第一类可能标注为 1，也可能标注为 0，但这并不影响聚类的结果。

（2）旭升股份从 2020 年开始其行业更换为汽车制造业，所以如果用 2020 年的行业数据进行分析，旭升股份的数据不在其内。

本次聚类选择的是盈利能力指标，所以筛选出的企业是盈利能力比较突出的，

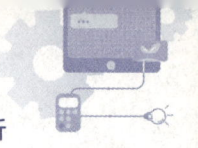

如果企业对于四大能力都比较关注，也可以每个能力都选一个指标进行聚类分析。

任务五　经营者角度的财务报表分析

一、内部经营分析方法

对于企业部分财务人员来说，进行对外财务报表分析的机会并不多，我们在网上经常看到的对上市公司财务报表的分析，是基于投资人角度对企业披露的财务及经营信息所做的分析。实际工作当中，内部经营管理分析应用更多，它主要能检查业绩完成情况，对异常情况进行追踪溯源，为经营决策提供数据支持。

内部经营分析可以分为三个步骤：

第一步：本期财务指标计算。根据报表数据进行盈利能力、偿债能力、营运能力、发展能力四大能力的本期指标计算，展示本期的经营绩效。

第二步：财务指标纵向分析。通过同比、环比、预算比等分析方法，分析出各项目增减变化的趋势，同时对成本、收入等的变化继续深入分析，发现问题，要求相关部门做出分析或解释。

第三步：财务指标横向对比。横向对比一般是和同行的竞争对手进行对比分析，或者是和行业均值进行对比，通过横向对比分析，可以知己知彼，学习别人的长处、克服自己的短处，才能使企业发展得更好。

二、纵向分析

经营者在分析企业内部财务指标时，常用的分析方法是纵向分析，即同比或环比。简单说，就是本期数据较比去年同期的情况，或本期数据较比上月的情况。通常我们会使用同比与环比的分析方法，看企业财务指标数据的趋势变化，如比较基期数据，本期数据增长还是减少，是什么原因导致的数据变化，具体变化原因还需进一步做数据动因分析。指标仅仅是一个数值，作为一个经营者，找出指标变化背后的真正原因更为重要。

同比分析一般是指本期水平与上年同期水平对比分析，也就是与历史同期比较。同比增长率是指与去年同期相比较的增长率，公式如下：

$$同比增长率 =（本期数 - 同期数）/ 同期数 \times 100\%$$

环比分析是指与上一期对比分析。环比增长率是指与上期相比较的增长率，公式如下：

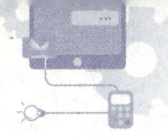

环比增长率 =（本期数 - 上期数）/ 上期数 × 100%

三、横向分析

横向分析是指一个企业与其他企业在同一时点（或时期）进行比较。对比企业的选择需要按照一定的标准进行。

对比企业的选择从业务可比性与财务可比性两方面进行筛选。业务可比性是指该公司与可比公司属于同一行业，提供的产品与服务相同或类似，并且累计经营当前业务已经有一定的年限，有着相同的客户与终端市场。财务的可比性主要是指该公司与可比公司在财务各方面能力上具有可比性。

AJHXJL 公司属于黑色金属采选业，非上市公司。我们从业务可比性和财务可比性两方面选择的对比公司为在深圳证券交易所（简称"深交所"）上市的"金岭矿业"。

金岭矿业始建于1948年，2006年在深交所上市，公司全资控股金召矿业、金钢矿业，控股喀什球团，参股金鼎矿业、山钢财务公司，拥有员工2 800余人。

金岭矿业属于黑色金属采选业，主营业务是铁矿石开采，铁精粉、铜精粉、钴精粉、球团矿的生产、销售及机械加工与销售。该公司主要产品包括铁精粉、铜精粉、钴精粉、球团矿。全资子公司金召矿业以铁矿石开采与销售、对外工程施工为主，控股子公司金岭球团以生产、销售球团矿为主，其经营业务和 AJHXJL 公司基本相同。

金岭矿业是在深交所上市的企业，其财报数据可以直接从深交所官网或新浪财经上下载获取。

实战演练八　经营者角度的财报分析

案例背景

AJHXJL 公司的董事会要求总经理对公司2019年的财务数据进行分析，与行业内标杆企业进行对比分析，了解企业在行业中的地位，做出2020年经营管理决策规划，并提供相关经营数据。

任务目标

2019年10月8日，财务大数据分析师对 AJHXJL 公司四大能力进行分析，利用财报数据与业务数据，计算盈利能力、偿债能力、营运能力和发展能力的指标，通过纵向分析与横向对比发现差距，通过数据溯源找到问题，为经营决策提供数据支撑。

项目五　大数据背景下的财报分析

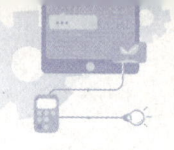

任务实现

登录新道财务大数据平台,根据平台中任务指南完成操作,或参见模块二实战演练八经营者角度的财报分析操作指导,完成任务操作。

任务六　企业经营分析报告解析

AJHXJL 公司 2019 年 9 月财务分析如下:

一、盈利能力分析

(一)指标选择

本次盈利能力分析选择如下指标:营业收入、营业成本、营业利润和息税前利润。时间维度是在 2019 年 10 月,分析前三季度的指标值。结果如图 1-5-17 所示,2019 年前三季度的营业收入 17.38 亿元、营业成本 17.20 亿元、营业利润 0.91 亿元和息税前利润 0.96 亿元。

2019年前三季度营业收入	2019年前三季度营业成本	2019年前三季度营业利润	2019年前三季度息税前利润
营业收入(亿元)	营业成本(亿元)	营业利润(亿元)	息税前利润(亿元)
17.38	17.20	0.91	0.96

图 1-5-17　指标结果展示 1

(二)环比分析

分别将营业收入、营业成本、营业利润及息税前利润四个指标数据进行 2019 年 9 月与 2019 年 8 月环比分析。结果如图 1-5-18 所示,营业收入环比增长率为 0.58%、营业成本环比增长率为 0.47%、营业利润环比增长率为 -83.92% 和息税前利润环比增长率为 -82.92%。

环比分析			
营业收入	营业成本	营业利润	息税前利润
0.58%	0.47%	-83.92%	-82.92%

图 1-5-18　指标结果展示 2

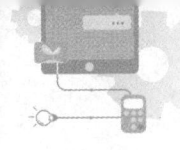

由图 1-5-18 可见，2019 年 9 月比 8 月营业利润下降 83.92%，但营业收入与营业成本均为正增长，增长比率仅相差 0.1% 左右，较为接近；说明在营业收入增长的同时，营业成本正比例同等增长，营业成本的增长对营业利润的影响并不大。查找 2019 年 9 月与 8 月环比值下降的原因。考虑到营业利润受收入、成本、费用及投资收益等财务指标的影响，依次从指标里选择所需指标数据，与营业利润折线图进行匹配，找到一条曲线与营业利润曲线趋势一致的指标，视该指标为影响营业利润变动的主要原因。如图 1-5-19 所示，投资收益曲线与营业利润曲线的趋势基本吻合，可以说明本期营业利润受投资收益影响较大。

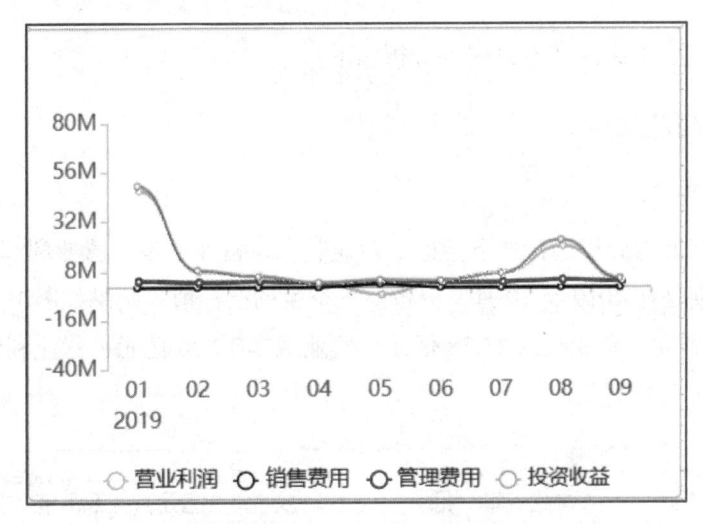

图 1-5-19　环比值下降原因洞察

（三）同比分析

分别将营业收入、营业成本、营业利润及息税前利润四个指标数据进行 2019 年 9 月与 2018 年 9 月同比分析。同比分析结果如图 1-5-20 所示。

营业收入	营业成本	营业利润	息税前利润
43.45%	43.72%	-108.52%	-108.78%

图 1-5-20　同比分析结果

从指标里选择所需指标数据（影响利润的因素，如费用、投资收益等），直到找到一条曲线与营业利润曲线一致的，就是主要影响利润下降的原因。从指标看，投资收益为影响营业利润下滑的主要原因，而销售费用与管理费用对营业利润下滑

的影响基本无关，如图 1-5-21 所示。

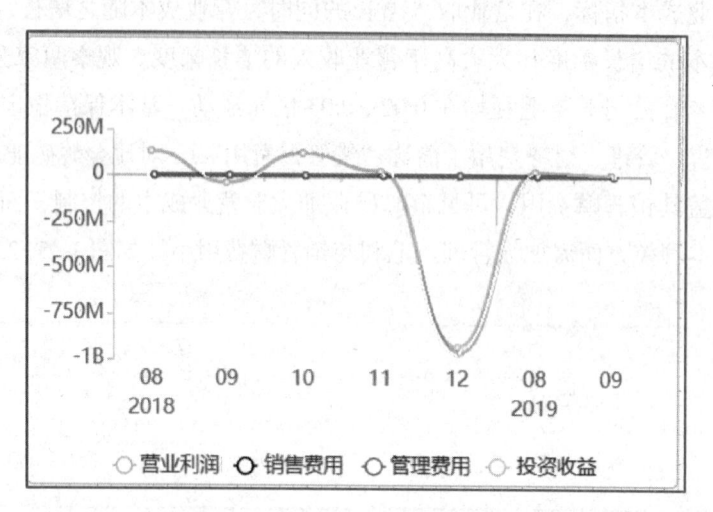

图 1-5-21　同比下降原因洞察

（四）横向分析

与金岭矿业进行对比，分别将营业成本、营业利润、投资收益做横向对比，结果如图 1-5-22 所示。

指标横向对比——营业利润					
年_报表日期	2015	2016	2017	2018	2019
AJHXJL公司	11.00	3.45	13.89	1.66	0.91
金岭矿业	-0.92	-6.10	-2.48	1.31	2.19

指标横向对比——投资收益					
年_报表日期	2015	2016	2017	2018	2019
AJHXJL公司	12.08	4.88	14.86	2.48	1.07
金岭矿业	0.31	0.02	0.36	0.15	0.35

指标横向对比——营业收入					
年_报表日期	2015	2016	2017	2018	2019
AJHXJL公司	14.86	12.28	21.61	19.27	17.38
金岭矿业	7.86	6.26	10.44	10.41	10.19

指标横向对比——营业成本					
年_报表日期	2015	2016	2017	2018	2019
AJHXJL公司	14.46	11.92	21.32	19.04	17.20
金岭矿业	7.02	5.84	6.84	7.90	7.31

图 1-5-22　横向分析结果（单位：亿元）

观察营业收入指标，AJHXJL 公司历年营业收入指标均大幅度高于行业内对标公司金岭矿业。纵观其五年变化趋势，2016 年 AJHXJL 公司与金岭矿业营业收入均小幅度下滑（AJHXJL 公司下滑 17%，金岭矿业下滑 20%），可见 AJHXJL 公司 2016 年营业收入下滑的主要原因是受市场环境影响的行业趋势为主。2017 年 AJHXJL 公司与金岭矿业营业收入均大幅攀升（AJHXJL 公司增长 76%，金岭矿业增长 67%），可见采矿业出现回暖。随后两年，AJHXJL 公司营业收入虽呈下滑趋势，但都大幅度高于对标企业金岭矿业的营业收入。从营业收入角度看，AJHXJL 公司

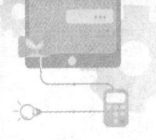

明显优于金岭矿业。

观察营业成本指标，在营业收入增长的同时，营业成本随之增长，但AJHXJL公司营业成本的增长幅度却大大高于营业收入的增长幅度。观察两家公司的毛利，可发现AJHXJL公司五年毛利均在0.02~0.03亿元浮动，基本保持稳定，但毛利无法覆盖其销售、管理、财务费用（简称"销管财费用"）。对比金岭矿业，2017年之后毛利可覆盖其销管财费用，可见金岭矿业加大对营业成本的控制，而AJHXJL公司在营业成本管控方面需加强管理。毛利与销管财费用小计如图1-5-23所示。

指标横向对比——毛利						指标横向对比——销管财费用小计					
年_报表日期	2015	2016	2017	2018	2019	年_报表日期	2015	2016	2017	2018	2019
AJHXJL公司	0.03	0.03	0.02	0.02	0.02	AJHXJL公司	0.14	0.16	0.10	0.09	0.03
金岭矿业	0.84	0.42	3.59	2.51	2.88	金岭矿业	1.82	1.68	2.21	1.45	0.72

图1-5-23　毛利与销管财费用小计

观察营业利润与投资收益指标，投资收益只是影响营业利润的一个科目，最终影响营业利润的，不仅只有投资收益，还有很多的损益类科目，例如营业利润还受公允价值变动损益、资产减值损失、管理费用、财务费用、销售费用、营业收入、营业成本等的影响。在本案例中，营业成本与销管财费用均合理浮动下，投资收益对营业利润的影响尤为突出。2016年、2018年与2019年，三年的投资收益下滑严重导致营业利润的下降，其营业利润过多依赖于投资收益，而不是从主营业务中获利，投资失利的发生对公司整体利润的影响较大，AJHXJL公司应该及时调整公司战略，减少投资收益对营业利润的影响占比。

二、偿债能力分析

（一）指标选择

本次偿债能力分析选择如下指标：资产负债率、流动比率、速动比率、现金比率。2019年度的计算数值如图1-5-24所示。

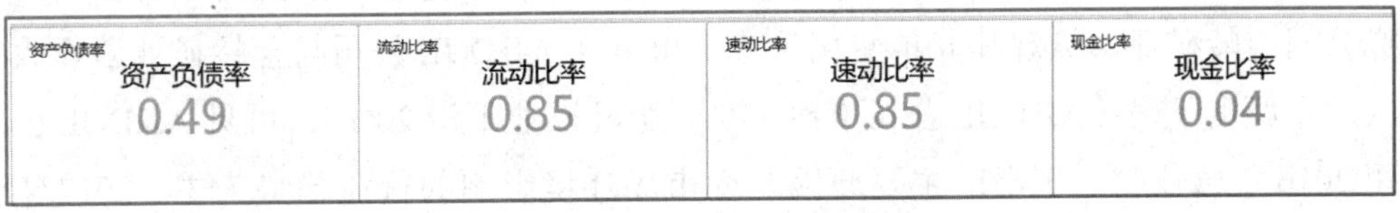

资产负债率	流动比率	速动比率	现金比率
0.49	0.85	0.85	0.04

图1-5-24　偿债能力指标

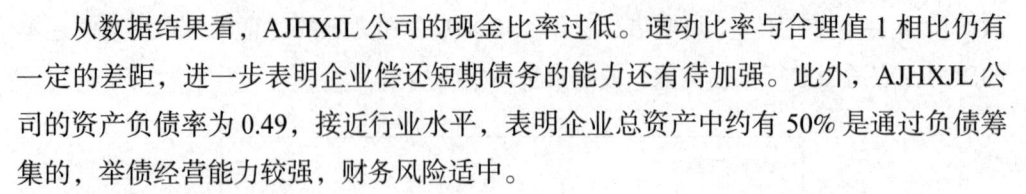

从数据结果看，AJHXJL 公司的现金比率过低。速动比率与合理值 1 相比仍有一定的差距，进一步表明企业偿还短期债务的能力还有待加强。此外，AJHXJL 公司的资产负债率为 0.49，接近行业水平，表明企业总资产中约有 50% 是通过负债筹集的，举债经营能力较强，财务风险适中。

(二) 行业均值对比

AJHXJL 公司属于采矿业，我们需要从 XBRL 表内选取所有采矿业的公司，计算其均值与 AJHXJL 公司的资产负债率做对比。可参考的行业均值数据如图 1-5-25 所示。

资产负债率行业均值	流动比率行业均值	速动比率行业均值	现金比率行业均值
资产负债率 0.46	流动比率 0.92	速动比率 0.65	现金比率 0.33

图 1-5-25 行业均值

对比行业均值数据，可以发现 AJHXJL 公司的现金比率 0.04 严重低于行业均值 0.33，一般认为，现金比率在 0.2 以上为好，但 AJHXJL 公司的现金比率不仅低于行业均值，还低于 0.2，具体原因是什么，需要进一步挖掘。

由现金比率的公式可以看出，影响现金比率的因素是货币资金和流动负债，下面我们逐步分析这两个指标历年的情况，找出具体的影响因素。通过分析云计算我们可以看出，2015—2018 年，AJHXJL 公司的流动负债总体呈上升趋势，最高甚至达 356.55 亿元，而货币资金却一路走低，2018 年时仅有 7.31 亿元，占当年流动负债的 2%。因此，两方因素共同作用导致公司的现金比率较低。

(三) 负债结构分析

了解 AJHXJL 公司的现金比率下降的原因后，再进一步了解 AJHXJL 公司的负债情况。负债对企业的财务风险影响较大，如不及时偿还，有可能使企业面临倒闭。企业的负债主要包括银行借款、发行债券、租赁、经营活动形成的负债等多个方面，如预收账款、应付账款、应付税金、应付职工薪酬等。有息负债即带息负债，指企业在负债当中需要支付利息的债务，如短期借款、长期借款和应付债券；与之相反，无须支付利息的债务就是无息负债，如应付账款、其他应付款等。

分析负债的结构可以看出企业自身"造血"能力与现金流好坏。AJHXJL 公司的本期负债结构如图 1-5-26 所示，有息负债结构如图 1-5-27 所示。

从图 1-5-26 可看出，AJHXJL 公司的有息负债与无息负债占比相差不大，通过进一步分析有息负债与无息负债的结构可以看出，85.37% 的有息负债来自短期借

款，如图 1-5-27 所示。短期借款会给 AJHXJL 公司一定的付息压力和短期内还本的压力，应适当进行长期借款，缓解资金的需求压力。

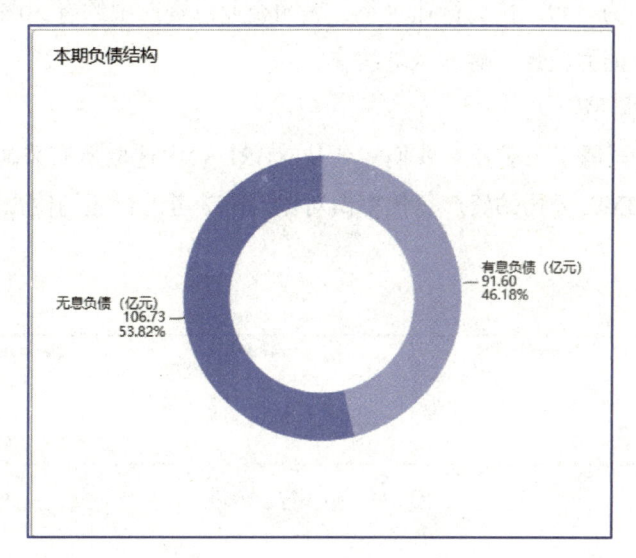

图 1-5-26　本期负债结构

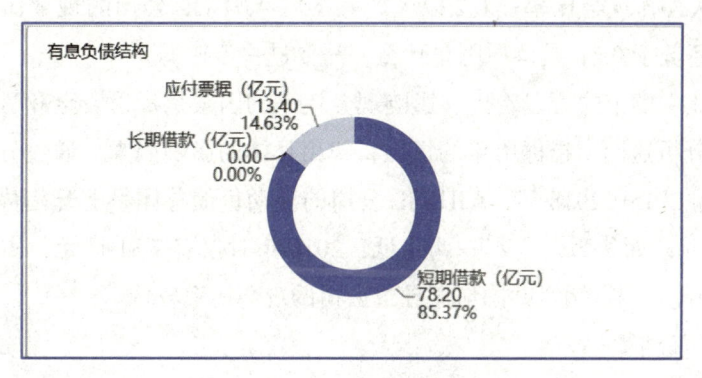

图 1-5-27　有息负债结构

三、营运能力分析

（一）指标选择

本次营运能力分析选择如下指标：应收账款周转天数、存货周转天数、流动资产周转天数、总资产周转天数。2019 年数据结果如图 1-5-28 所示。

从数据指标看，AJHXJL 公司的应收账款周转天数仅为 2.09，说明 AJHXJL 公司收回款项并转换为现金所需要的时间是 2.09 天，AJHXJL 公司的流动资金使用效率较好。

应收账款周转天数本期数	存货周转天数	流动资产周转天数	总资产周转天数
2.09	0.00	386.07	927.09

图 1-5-28　AJHXJL 公司营运能力本期指标

（二）横向对比

将应收账款周转天数、存货周转天数、流动资产周转天数、总资产周转天数与金岭矿业进行对比。指标数据如图 1-5-29 所示。

应收账款周转天数横向对比——金岭矿业	存货周转天数横向对比——金岭矿业	流动资产周转天数横向对比——金岭矿业	总资产周转天数横向对比——金岭矿业
29.59	50.00	458.57	1010.72

图 1-5-29　金岭矿业营运能力本期指标

对比 AJHXJL 公司与金岭矿业公司的营运能力指标，可以发现 AJHXJL 公司应收账款周转天数 2.09 比对标公司数据呈现过低趋势，而 AJHXJL 公司的存货周转天数为 0，更突显 AJHXJL 公司的政策较为紧缩，AJHXJL 公司在整个产业链中处于强势地位。存货周转天数为 0，比较特殊，是因为 AJHXJL 公司的存货为 0。存货为 0 的原因是 AJHXJL 公司是集团的母公司，其主要业务是负责销售、投资和管理，存货都在各个子公司处。

四、发展能力分析

（一）指标选择

本次发展能力分析选择如下指标：营业收入增长率与增长额、营业利润增长率与增长额、利润总额增长率与增长额、总资产增长率与增长额、所有者权益增长率与增长额。指标数据如图 1-5-30 所示。

营业收入增长率与增长额

营业收入	营业收入/亿元
-9.78%	-1.88

营业利润增长率与增长额

营业利润	营业利润/亿元
-45.27%	-0.75

利润总额增长率与增长额

利润总额	利润总额/亿元
-45.59%	-0.76

总资产增长率与增长额

资产总计	资产总计/亿元
-48.71%	-644.59

所有者权益增长率与增长额

所有者权益股东权益合计	所有者权益股东权益合计/亿元
-56.39%	-421.00

图 1-5-30　AJHXJL公司发展能力指标

从各项指标中可以明显看出，AJHXJL 公司 2019 年的各项财务指标均呈下降趋势。营业收入、营业利润、利润总额的增长为负，与 2019 年的数据不是全年数据、只是 1~9 月的数据有关。由营业收入增长率与增长额可知：2019 年 1~9 月的累计营业收入比 2018 年全年的营业收入少 1.88 亿元，通过可视化分析可知 2018 年第四季度的营业收入为 4.92 亿元，若 2019 年第四季度营业收入与 2018 年第四季度持平，则可以看出该公司 2019 年营业收入应有一个正增长。

总资产的增长率为负，且下降幅度较大，通过资产项目的排查对比，可以看到主要原因是长期股权投资的减少所致。资产变动原因洞察如图 1-5-31 所示。

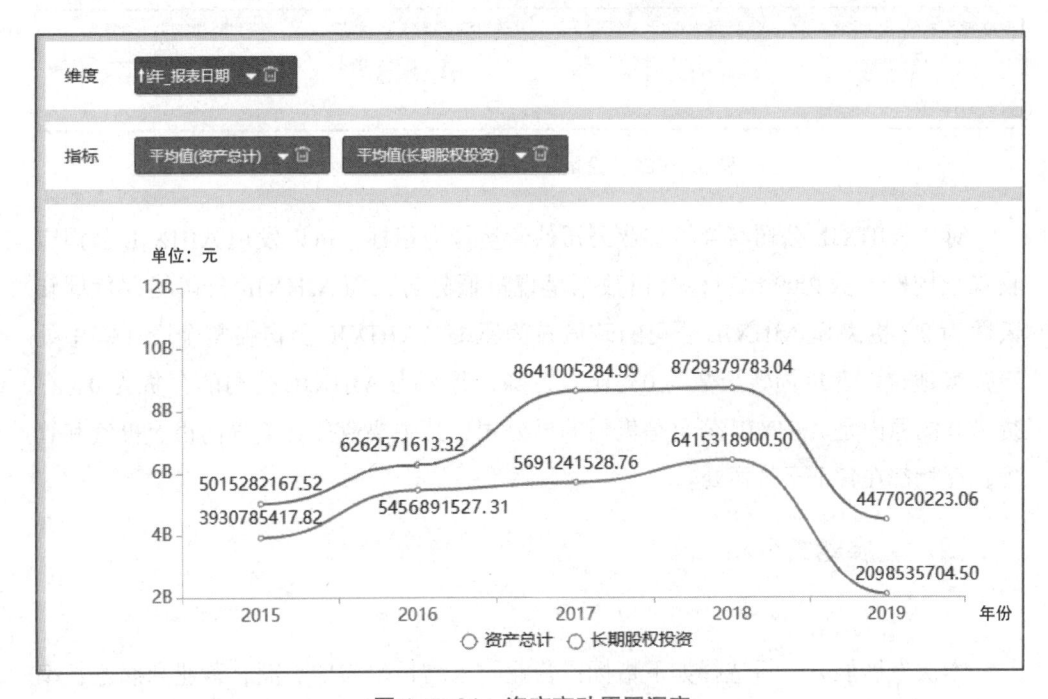

图 1-5-31 资产变动原因洞察

所有者权益的下降也比较明显，影响所有者权益变动的因素包括实收资本、资本公积、未分配利润等因素，依次将影响指标拖到指标区域内，进行原因洞察。如图 1-5-32 所示，未分配利润对所有者权益变化的影响较大，两条曲线基本一致。

（二）横向对比分析

将 AJHXJL 公司与金岭矿业各项发展指标进行对比。金岭矿业的发展能力指标如图 1-5-33 所示。

通过横向对比，可以看出金岭矿业的发展能力较好。

总结：通过以上四大能力的分析，可以看出 AJHXJL 公司的营业收入规模较大，但是盈利能力不强，其盈利能力受投资收益影响较大，净收益中投资收益占比较重，导致盈利能力风险较大。从偿债能力看，资产负债率在合理的范围内，但是

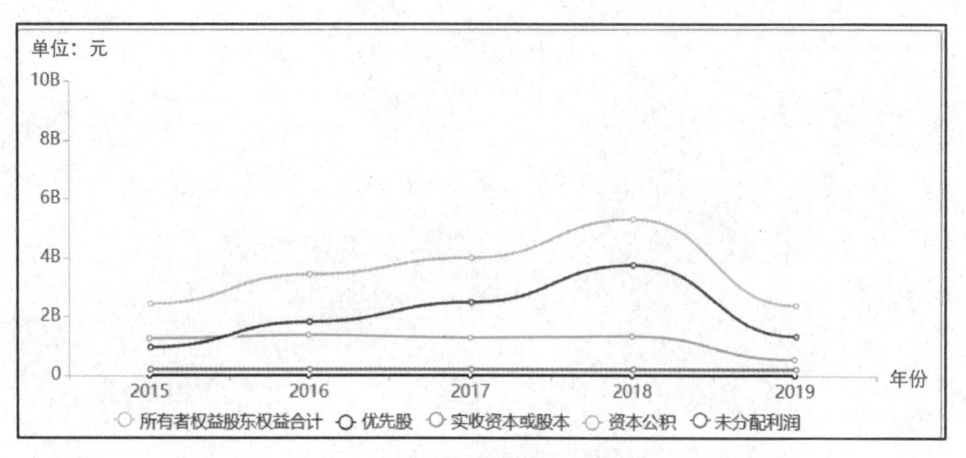

图 1-5-32 所有者权益变化原因洞察

图 1-5-33 金岭矿业发展能力指标

深入分析,可见公司长期负债较少,短期负债占比较大,公司短期内还本付息的压力较大。从营运能力看,公司的应收账款管理较好。从发展能力看,如果公司第四季度稳定增收,营业收入将有稳定的增长,增长较为正常;利润受投资收益的影响,增长能力较差;总资产增长率为负,主要原因是本期长期股权投资的大幅缩减,除去长期股权投资的影响,本期的资产规模没有明显的变化,说明企业的生产经营规模没有变化,企业在维持原状运营。

建议:公司可适当增加长期借款,优化负债结构,减轻短期内的资金支付压力。公司应将主要业务放在主营业务收入的提升上,减少收益较弱的长期股权投资。

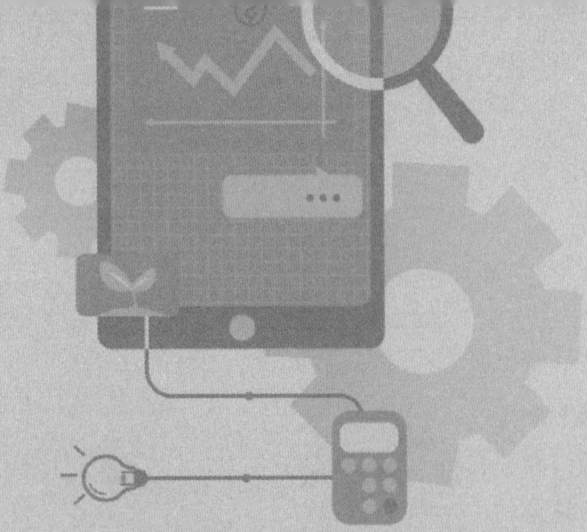

项目六
大数据背景下的资金管理

6

模块一　财务大数据分析基础理论

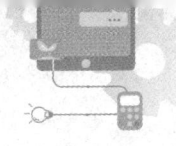

学习目标

知识目标
- 了解资金管理的重要性
- 掌握资金的相关概念
- 掌握资金分析的相关指标
- 了解资金的来源结构
- 了解债务的构成

技能目标
- 能够依据案例资料分析企业资金状况
- 能够使用数据表进行资金存量可视化分析
- 能够使用数据表进行资金来源可视化分析
- 能够使用数据表进行债务分析与预警可视化

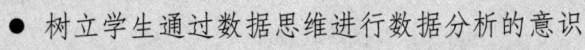

素养目标
- 树立学生通过数据思维进行数据分析的意识
- 强化学生独立钻研数据分析实操的职业素养

思维导图

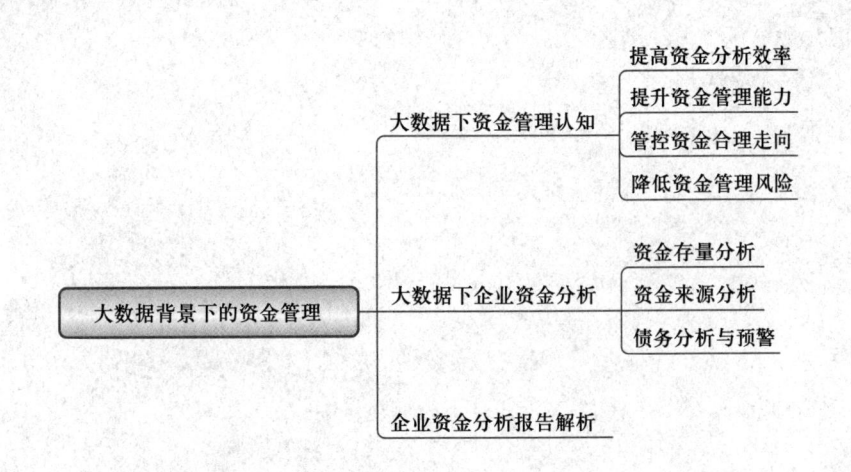

大数据背景下的资金管理
- 大数据下资金管理认知
  - 提高资金分析效率
  - 提升资金管理能力
  - 管控资金合理走向
  - 降低资金管理风险
- 大数据下企业资金分析
  - 资金存量分析
  - 资金来源分析
  - 债务分析与预警
- 企业资金分析报告解析

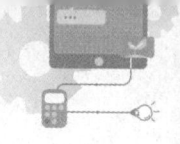

学思践行

2021年7月中共中央办公厅、国务院办公厅印发《关于进一步减轻义务教育阶段学生作业负担和校外培训负担的意见》(以下简称"双减"),引起了教育培训(简称"教培")行业的一场风暴。"双减"政策落地以来,不同于其他教培机构的倒闭、裁员、欠薪、跑路,新东方以捐赠加转型的新闻火遍全网,这个温暖又带着些许悲情的故事让昔日的教育龙头博得了大众的好感。但退学费、不欠薪,新东方的底气从何而来?

"双减"政策落地之前,作为教培行业龙头,新东方线下教学网点数量稳居行业之首,2020年新东方营业收入约43亿元,较上一年度增长20%。而自2021年9月起新东方已经全面停止中小学生招收,退租1 500个教学点,员工总量从10万人减少到6万人,股价下跌超过80%,市值缩水2 300多亿港元,新东方迎来前所未有的至暗时刻。而在这样的危机之下,新东方第一时间给予回应:坚决拥护党中央、国务院决策部署,深刻领会"双减"工作重要意义。对外宣布:对已缴费的学生家长,承诺无条件按比例退款;对已开课学生的退费要求,按照已完成课时扣除相应学费,其余全部无条件退费。消息一出,公众一方面赞叹新东方勇于担当的责任感,另一方面,面对巨大的退费金额又心生疑惑:新东方如何能做到?

事实上,新东方敢于承诺无条件退费不仅仅来自企业的良知,更得益于它对现金流的管理策略。新东方如今的资金链没有问题,源于其现金流原则,即如果有天新东方突然倒闭或不做了,账上的钱必须能够同时退还所有学生学费,并支付员工工资。对于新东方而言,在稳定的经营环境中选择了防守型的现金流战略,从而降低了在面临市场突发变化时的财务风险。据财报数据显示,2017年至2020年,新东方一直保持着高于9亿元的现金余额。

思考与践行:

(1)要有战略思维。现金流战略是当前企业财务管理工作中的关键,对企业现金的利用及经营稳定具有重要影响。在实际工作中,财务管理人员应当在了解和分析公司战略、经营理念、风险偏好的基础上制定企业发展战略,从而使企业的现金流在支撑企业长远发展、防范财务风险方面取得理想效果。

(2)要有大局意识和全局观念。企业应积极承担社会责任,服务国家发展大局,同时每个人也要有大局意识,做到正确认识大局、自觉服从大局、坚决维护大局。

(3)面对困难和挫折,应有积极乐观的态度、观念思维的转变、主动适应的能力。作为新时代的大学生,应学会实事求是地面对遇到的问题和变化,以大局为重,积极发展和努力创新,踏实做好每一件事。

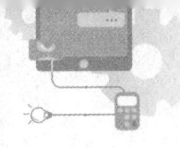

任务一　大数据下资金管理认知

麦肯锡指出："数据，已经渗透到当今每一个行业和业务职能领域，成为重要的生产因素。"企业的资金管理工作，每天都会涉及许多资金数据。企业的资金流、筹资融资数据、资金管理报告等，无一不是数据。这些数据形式多样，存在于企业的各个环节中。如何有效地使用这些数据是资金管理工作人员需要思考的问题。大数据时代的到来，无疑给数据的分析和加工提出了全新的要求，并随着新技术的发展不断影响资金管理工作。

一、提高资金分析效率

大数据的意义不仅是大量的数据，更为突出的是，大数据可以通过大规模并行处理（MPP）数据库、数据挖掘、分布式文件系统、分布式数据库、云计算平台、互联网和可扩展的存储系统等特殊技术，对收集的海量数据进行更为迅速、有效的分析。以资金管理工作中的融资分析为例，通常资金管理人员收到业务部门的资金需求后，进行相应的资金安排，利用企业内部资金或通过银行贷款、发行股票、发行债券等方式进行融资。融资人员需要根据企业自身和业务的性质、企业的现状、对应项目的资金流特征、取得融资的难易程度、融资期限的长短等各种因素决定融资方式。从提出融资需求到融资落地，通常需要一定的时间。一般来讲，即使是一项简单的项目融资业务，从提出需求到融资落地，最快也需要1个月左右的时间。而在大数据时代，通过数据的挖掘和分析，运用各种新技术，可以大为缩短融资决策时间。原先可能需要1周的工作时间，利用大数据技术可能仅用几个小时就可以完成。同时，数据的分析深度和维度也更为深入和广泛。原先可能需要依靠资深人员的经验去评判融资方式的可行性，而大数据技术通过内部和外部数据很快就能分析出哪种方式对于企业更为有利。因此，在大数据时代下，分析数据的能力、效率有极大的提高。

二、提升资金管理能力

在大数据时代背景下，大型企业管理方式不断优化，大数据技术已经逐渐融入企业资金管理工作中，有效提升企业资金管理水平。资金管理工作是所有企业管理工作中极为重要的构成内容。对于企业来说，如果资金管理存在问题，资金管理工作效率低下，很容易影响企业的整体发展，致使企业在激烈竞争中失去主动地位。

而结合现代信息技术，可以提升企业内部的数据共享能力，各业务部门及各分、子公司可以将数据上传至云端，借助大数据技术将大量信息数据迅速分类并进行综合处理，能够有效规避数据共享不到位导致的数据主体出现冲突等问题。同时，以大数据为基础，进行企业资金管理工作，能够科学管理企业资金运行。

三、管控资金合理走向

在传统企业资金管理工作中，所应用的管理模式较为传统，只能在一定阶段，对资金管理工作进行抽查与管理，对资金的监管能力较低，很容易出现管理者为了自身不正当利益损害企业利益等问题，对企业整体发展可能会带来极为不利的影响。但借助大数据管理方式及强大的网络信息技术与系统，可以随时随地对企业的资金走向进行管理与监察，并能够根据资金实际情况，对企业发展构建科学策略；同时，还能及时发现资金管理工作存在的不足之处，最大限度规避资金管理存在的漏洞，进而强化资金的管理与合理应用，增强资金管控能力。

四、降低资金管理风险

在资金管理具体工作中，首先，应根据企业实际情况，对资金流动及资金走向进行全面监控，确保企业每一笔资金都能得到合理运用，这样才能在最短时间内发现资金异常行为，从而提升资金风险防控能力。其次，要以大数据技术作为资金管理的重要工具，并对资金管理工作加以评估，最大限度降低资金管理存在的风险。

任务二　大数据下企业资金分析

资金是企业的"血液"，其能否正常循环流通，决定着企业的生存和发展。如果资金流量不足、流通不畅，资金链断裂，企业就会出现财务危机，正常的生产经营秩序就会被破坏，甚至会面临停产或倒闭清算的危险。一个企业没有利润可以存活，但是没有现金流会寸步难行，由此可见资金对于一个企业是多么重要。企业的经营活动，反映在物流和资金流两方面。企业的物流（或商流），实际上是现金流的一种变现形式。现金流是否畅通，关系着企业的运转是否正常。通过现金流，不仅可以了解企业获取现金的能力和偿债能力，还可以对企业经营收益的质量作出评价，了解投资和筹资的情况等。

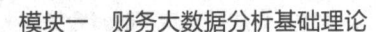

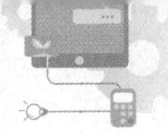

企业对资金管理需要有一个明确的目标，明确其管理的侧重点。进行资金管理时一般需要考虑三个方面：安全性、收益性和流动性。资金的安全性是指资金到期能够安全回收的可能性；资金的收益性是指资金使用后获得回报水平的高低；资金的流动性是指非现金资产在市场能够变现的能力。

站在企业经营者和管理者的角度，可以从三个方面对资金情况做分析，分别是：资金存量分析、资金来源分析及债务分析与预警。

一、资金存量分析

资金存量是指企业持有的现金量，也就是资产负债表中的货币资金量。货币资金是指可以立即投入流通，用以购买商品或劳务，或用以偿还债务的交换媒介物。在流动资产中，货币资金的流动性最强，并且是唯一能够直接转化为其他任何资产形态的流动性资产，也是唯一能代表企业现实购买力水平的资产。为了确保生产经营活动的正常进行，企业必须拥有一定数量的货币资金，以便进行购买材料、交纳税金、发放工资、支付利息及股利或进行投资等活动。企业所拥有的货币资金量是分析判断企业偿债能力与支付能力的重要指标。

（一）资金的相关概念

1. 现金

现金是指在企业生产经营过程中暂时停留于货币形态的资金，通常包括库存现金、可以随时用于支付的银行存款以及其他货币资金。在资产负债表中并入货币资金，列示为流动资产，但应注意具有专门用途的现金只能作为投资项目等列为非流动资产。

2. 货币资金

货币资金是指在企业生产经营过程中处于货币形态的资金，是资产负债表的一个流动资产项目，包括库存现金、银行存款和其他金融机构的活期存款以及本票和汇票存款等可以立即支付使用的交换媒介物。但需要注意的是，凡不能立即支付使用的（如银行承兑汇票保证金、银行冻结存款等），均不能视为货币资金。为了总括反映企业货币资金的基本情况，资产负债表上一般只列示"货币资金"项目，不再按货币资金的各组成项目单独列示。

3. 现金等价物

现金等价物是指企业持有的期限短、流动性强、易于转换为已知金额现金、价值变动风险很小的投资（通常投资日起三个月到期国库券、商业本票、货币市场基金、可转让定期存单、商业本票及银行承兑汇票等皆可列为现金等价物）。现金等价物虽然不是现金，但其支付能力与现金差不多，即可视同现金，或称"准现金"。企业为了不使现金闲置，通常会购买短期债券，在需要现金时，可以变

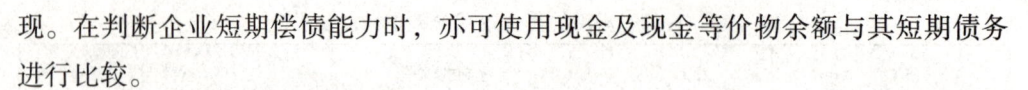

现。在判断企业短期偿债能力时,亦可使用现金及现金等价物余额与其短期债务进行比较。

4. 受限货币资金

受限货币资金主要是指保证金、不能随时用于支付的存款(如定期存款)、在法律上被质押或者以其他方式设置了担保权利的货币资金。受限资金的来源主要是各种保证金存款。在要求银行开具承兑汇票或其他票据时所支付的保证金,在票据到期之前仍然存于保证金账户,在银行保证金账户中可以查到,期末也要在报表中体现,只是使用受到限制,在开具的票据到期后自动用该部分保证金支付对价。受限货币资金不可随意使用,在分析资金存量时要重点关注。

(二)资金指标分析

资金是企业赖以生存和发展的基础,其运转不仅涉及企业生产经营活动的方方面面,还与企业的管理水平和经济效益密切相关。不同的财务指标,反映了企业资金运营的好坏。资金分析的指标主要包括企业资金存量、资金使用效率及企业偿债能力三个方面。

1. 企业资金存量

企业资金存量分析,是纵览全局首先要掌握的一个指标,反映了企业的直接支付能力。从财务管理的角度而言,货币资金过低,将影响企业的正常经营活动,制约企业发展,进而影响企业的商业信誉;货币资金过高,则意味着企业正在丧失潜在的投资机会,也可能表明企业的管理人员生财无道。常用的资金存量分析指标及公式见表1-6-1。

表1-6-1 常用的资金存量分析指标及公式

指标	公式
N_1	库存现金 + 银行存款 + 其他货币资金
N_2	N_1 + 交易性金融资产 + 应收票据

2. 资金使用效率

资金使用效率,是评价资金使用效果的一个参数,反映了资产使用的有效性和充分性。常用的分析指标为货币资金占总资产的比重。一般来说,货币资金占总资产比重越高,说明本企业的资金储备率越高,经营风险越小,偿债能力越强;货币资金占总资产比重较低,说明企业的资金链有一定风险,且偿债能力也越弱。常用的资金使用效率指标及公式见表1-6-2。

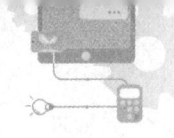

表 1-6-2　常用的资金使用效率指标及公式

指标	公式	指标较高	指标较低
$N1$ 占总资产比重	$N1$/总资产	说明可能资金使用效率低	可能导致支付风险
$N2$ 占总资产比重	$N2$/总资产	说明可能资金使用效率低	可能导致支付风险

3. 企业偿债能力

常用的反映企业偿债能力的指标是货币资金占流动负债的比重，这也是衡量企业短期偿债能力的重要指标之一。对于债权人而言，该比率越高越好。但对于经营者来说，该比率不宜过高，因为货币资金是企业资产中获利能力最差的，将资金过多地保留在货币资金上，将使企业失去很多的获利机会，从而降低获利能力。常用的偿债能力指标及公式见表 1-6-3。

表 1-6-3　常用的偿债能力指标及公式

指标	公式	指标含义	指标较高	指标较低
货币资金与流动负债的比率	$N1$/流动负债	反映现时直接偿债能力	偿债能力强	支付、偿债风险高
可用资金与流动负债的比率	$N2$/流动负债	反映企业直接偿债能力，部分货币性资金可能需要一定时间转化才能使用	偿债能力强	支付、偿债风险高

二、资金来源分析

分析现金流量及其结构，可以了解企业资金的来龙去脉和现金收支构成，评价企业经营状况、创现能力、筹资能力和资金实力等。

（一）资金的来源

从现金流量表来看，资金来源主要有三部分，一是经营活动产生的现金流量，它是企业资金的主要来源；二是投资活动产生的现金流量，它是企业长期资产（通常是指一年以上）的购建及其处置产生的现金流量；三是筹资活动产生的现金流量，它是企业资本及债务的规模和构成发生变化的活动所产生的现金流量。

（二）资金来源结构

资金的三个来源处于不同的状态，代表企业的不同经营情况。以经营活动产生的现金流量为主，看投资和筹资活动产生的现金流量的情况，对企业的经营状况做分析，可以分为如表 1-6-4 所示几种情况。

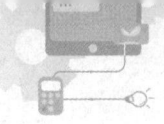

表 1-6-4　企业经营状况分析

经营活动产生的现金流量	投资活动产生的现金流量	筹资活动产生的现金流量	企业经营状况分析
+	+	+	经营和投资收益状况较好,这时仍可以进行融资,通过找寻新的投资机会,避免资金的闲置性浪费
+	+	−	经营和投资活动良性循环,筹资活动虽然进入偿还期,但财务状况仍比较安全
+	−	+	经营状况良好,在内部经营稳定进行的前提下,通过筹集资金进行投资,往往是处于扩张时期,应着重分析投资项目的盈利能力
+	−	−	经营状况良好,一方面在偿还之前债务,另一方面又要继续投资,这时应关注经营状况的变化,防止经营状况恶化导致整个财务状况恶化
−	+	+	靠借债维持生产经营的需要,状况可能恶化,应着重分析投资活动现金流是来自投资收益还是收回投资。如果是后者,则形势严峻
−	+	−	经营活动已经发出危险信号,如果投资活动现金收入主要来自收回投资,则已经处于破产边缘,应高度警惕
−	−	+	靠借债维持日常经营和生产规模的扩大,财务状况很不稳定。如果处于初创期的企业,一旦渡过难关,还可能有发展;如果是发展期或成熟期的企业,则非常危险
−	−	−	财务状况非常危险,这种情况往往发生在高速扩张时期,由于市场变化导致经营状况恶化,加上扩张时投入了大量资金,使企业陷入困境

注:"+"表示对应现金流量为正数;"−"表示对应现金流量为负数。

当然,考虑一家企业的经营情况,还需要考虑该企业处于什么发展阶段,不同发展阶段对资金的需求也是不同的,具体情况见表 1-6-5。

表 1-6-5　企业不同发展阶段对资金的需求情况

企业发展阶段	资金来源结构	企业经营状况分析
初创期	经营活动产生的现金净流量为负数 投资活动产生的现金净流量为负数 筹资活动产生的现金净流量为正数	借款人需要投入大量资金来形成生产能力、开拓市场等,其资金来源只有举债、融资等筹资活动

续表

企业发展阶段	资金来源结构	企业经营状况分析
发展期	经营活动产生的现金净流量为正数 投资活动产生的现金净流量为负数 筹资活动产生的现金净流量为正数	经营活动中产生的大量现金回笼，为扩大市场份额，借款人仍需追加投资，仅靠经营活动产生的现金流量净额可能无法满足投资，需筹集必要的外部资金作为补充
成熟期	经营活动产生的现金净流量为正数 投资活动产生的现金净流量为正数 筹资活动产生的现金净流量为负数	销售市场稳定，已进入投资回收期，但很多外部资金需要偿还
衰退期	经营活动产生的现金净流量为负数 投资活动产生的现金净流量为正数 筹资活动产生的现金净流量为负数	市场萎缩、占有率下降，经营活动产生的现金流入小于流出，同时借款人为了应付债务不得不大规模收回投资以弥补现金的不足

（三）资金管理及健康性评测

资金管理作为企业核心财务管理职能，具有非常重要的作用，并与其他职能进行密切的沟通与互动，形成互相影响、不可分割的财务管理体系。例如，资金管理依赖于财务人员提供的现金流动数据与报告；有融资规划的企业，需要从预算部门了解本企业销售业务预算情况等，以便计算资金缺口。

随着时代的发展，资金管理已经从过去的"管钱"变成现在的"风险管理"。资金管理需要考虑的三个目标是：资金安全性、资金收益性和资金流动性。企业在进行资金管理时要有所侧重。不同行业、不同管理风格，其侧重点是不一样的，但重心一定是落在三者之间的三角形区域内，形成三者之间的平衡。

? 想一想

在资金管理中，若出现筹资决策不当、投资决策失误、资金调度不合理或资金活动管控不严的情况，会导致怎样的后果呢？

三、债务分析与预警

债务分析是对企业贷款与欠款情况进行分析，对大额贷款做出预警，同时分析大额资金的使用效益，比较融资成本，为经营者做出合理的资金计划提供数据支持。

（一）企业债务的构成

企业债务一般来自三个方面：因短期资金不足而借入的短期借款；因战略性发

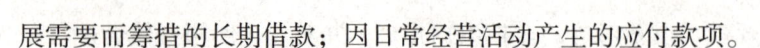

展需要而筹措的长期借款；因日常经营活动产生的应付款项。

1. 短期借款

短期借款是指企业根据生产经营的需要，从银行或其他金融机构借入的，偿还期在一年以内的各种借款，包括生产周转借款、临时借款等。

短期借款的优点是可以自由控制余额，在规定时间内可以根据自己的资金使用需求进行期限和额度的自由搭配，还款压力小。贷款归还后，还可以继续循环使用；可借款额度高，用款方式灵活，可以解决短期内急需资金周转的需要；借款周期短，可以节约利息和成本。短期借款的缺点是如果贷款的资金需要长期满足周转，这时短期借款就明显不适合了，因为它需要在短期内进行归还，如未能按期偿还，则会按罚息计算复利，当出现无法偿还时，就会发生债务状况日益恶化的局面。

2. 长期借款

长期借款是指企业因战略发展需要而对外筹措的，如从银行或其他金融机构借入的一年以上（不含一年）的借款。长期借款是项目投资中的主要资金来源之一。当一个投资项目需要大量资金时，光靠自有资金往往是不够的。从投资人角度来看，举借长期借款往往比吸引投资更为有利。一方面有利于投资人保持原有控制企业的权利，不会因为企业筹集长期资金而影响投资者本身的利益；另一方面还可能会为投资人带来获利机会。因为长期借款利息，可以计入财务费用，在税前利润列支，在企业盈利的情况下，就可少交一部分所得税，为投资人增加利润。

长期借款的优点是筹资速度快、资本成本较低、弹性较大、具有财务杠杆作用。但长期借款的缺点是财务风险较大、限制条款较多、筹资数量有限。

3. 经营性应付款项

经营性应付款项包括应付账款、应付票据、其他应付款、预收账款、应付职工薪酬和应交税费等项目，在计算时要扣除非经营活动的影响。

提示

当企业资金总额一定、负债与权益的比例关系一定时，短期负债和长期负债的比例就成为此消彼长的关系，所以在筹集资金时，必须权衡长、短期负债的优缺点。

（二）债务预警

企业在运营时要做到了解本企业的债务情况，并对其进行有效监控及预警。在大数据技术下，由于数据时效性强，数据可视化被广泛应用，可以一目了然地看到企业短期借款、长期借款的组成以及未还本金是多少，预警机制也逐渐被有效地设置。另外，除了短期借款及长期借款，还需要监控大额贷款的使用情况，形成监

控机制。根据企业的规模，设置对应的监控数据指标，并对资金使用有效性进行分析。当企业需要筹资时，筹资方案的不同，涉及的成本费用及筹资款也会不同，这就需要查询当年的贷款利率，并计算当期的净资产收益率及贷款的资本成本，最后做出融资方案建议，供管理层选择。

实战演练九　企业资金分析

案例背景

2019年10月8日，AJHXJL公司召开业务经营分析会，要求财务总监对公司的资金状况进行专项分析，从而全面深入地了解公司资金状况，为经营决策提供数据支撑。

任务目标

财务分析师从资金存量、资金来源、债务分析与预警三个角度对企业资金进行数据分析，洞察数据背后的含义，溯源分析指标增减比率的合理性与异常项，给管理层提供决策支持和重要事项预警提示。

任务实现

登录新道财务大数据平台，根据平台中任务指南完成操作，或参见模块二实战演练九企业资金分析操作指导，完成任务操作。

任务三　企业资金分析报告解析

AJHXJL公司2019年9月资金专项分析如下：

一、资金存量分析

根据分析目标，选择分析的指标分别是集团资金存量 $N1$、集团资金存量 $N2$、各机构资金存量、其他货币资金明细构成、保证金占用分析、保证金与应付票据的比率分析、银行存款流入流出对比等。

（一）集团资金存量 $N1$

2019年9月期末余额为6.18亿元，如图1-6-1所示。其中银行存款4.6亿元，占比74.43%；其他货币资金1.57亿元，占比25.42%；库存现金0.01亿元，占比0.15%，如图1-6-2所示。

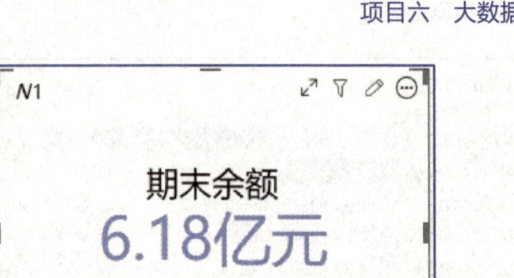

图 1-6-1　资金存量 N1

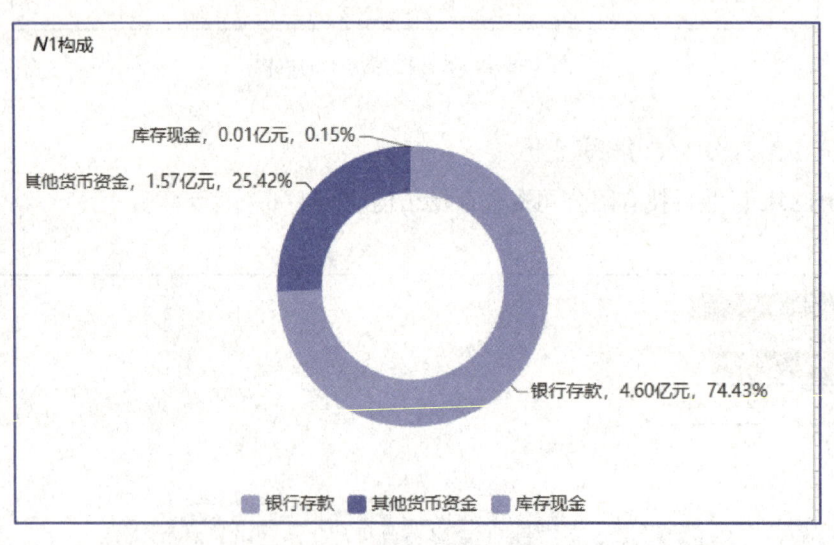

图 1-6-2　N1 中各项资金的构成比例

（二）集团资金存量 N2

集团资金存量 N2 期末余额及排名前十的机构如图 1-6-3、图 1-6-4 所示。

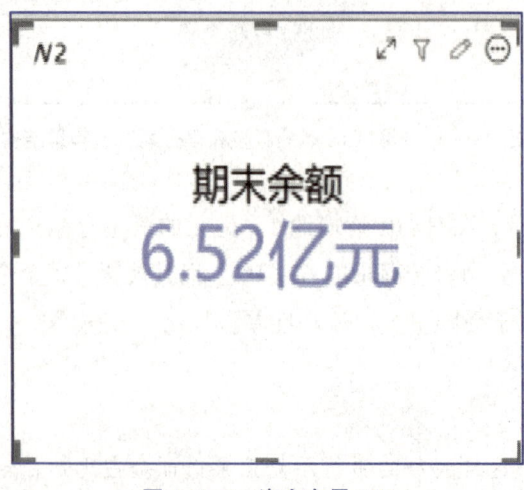

图 1-6-3　资金存量 N2

模块一　财务大数据分析基础理论

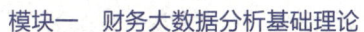

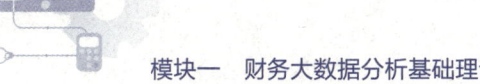

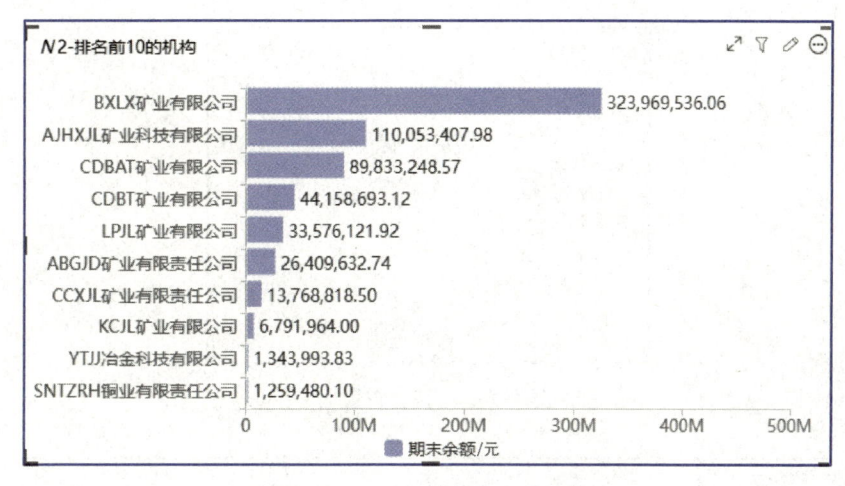

```
N2-排名前10的机构
BXLX矿业有限公司                    323,969,536.06
AJHXJL矿业科技有限公司    110,053,407.98
CDBAT矿业有限公司          89,833,248.57
CDBT矿业有限公司       44,158,693.12
LPJL矿业有限公司       33,576,121.92
ABGJD矿业有限责任公司  26,409,632.74
CCXJL矿业有限责任公司  13,768,818.50
KCJL矿业有限公司       6,791,964.00
YTJJ冶金科技有限公司   1,343,993.83
SNTZRH铜业有限责任公司 1,259,480.10
        0    100M   200M   300M   400M   500M
                       期末余额/元
```

图 1-6-4　N2 排名前十的机构

（三）AJHXJL 公司的资金构成

AJHXJL 矿业科技有限公司资金存量结构如图 1-6-5 所示。

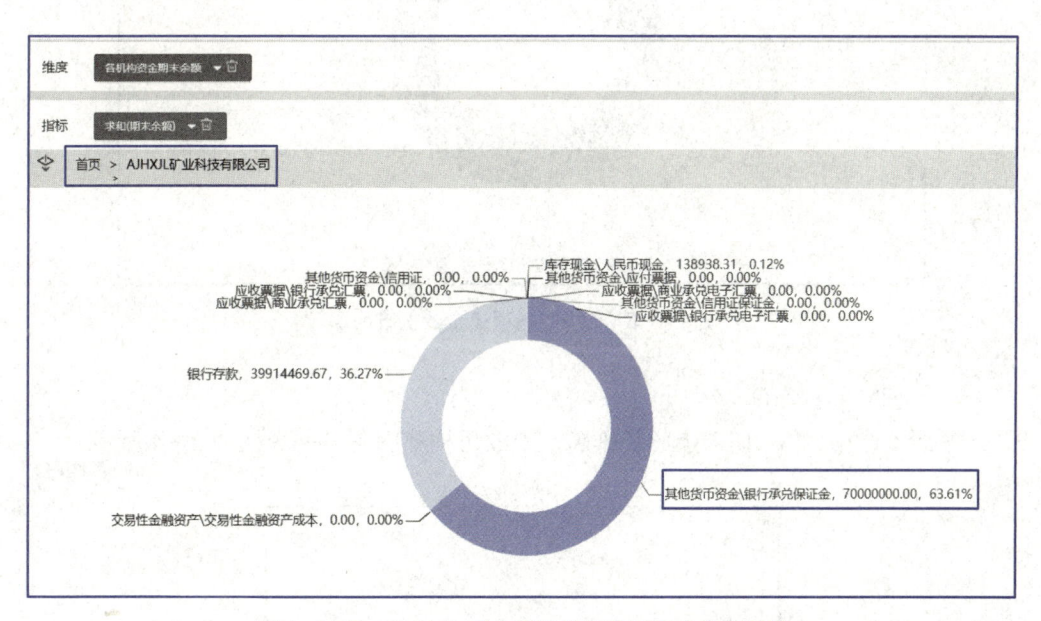

图 1-6-5　AJHXJL 矿业科技有限公司资金存量结构

由图 1-6-5 所示，AJHXJL 公司约 1.1 亿元的资金存量中有 0.7 亿元是其他货币资金，占 AJHXJL 公司资金存量的 63.61%。而其他货币资金全部来自银行承兑汇票保证金，该资金属于受限资金，流动性差。

？ 想一想

像 AJHXJL 公司这样大额的银行承兑汇票保证金占比是否合理？AJHXJL 公司

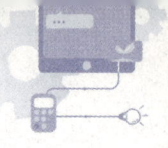

对资金效率的管理是否有改善？这还需进一步对 AJHXJL 公司历年的银行承兑汇票保证金情况进行分析。

收集 AJHXJL 公司五年银行承兑汇票保证金历史趋势数据，利用分析云，分析 2015 年至 2019 年历年的保证金占比情况。

如图 1-6-6 所示，AJHXJL 公司五年内的银行承兑汇票保证金占比呈下降趋势，由 2015 年 7.03 亿元下降至 2019 年 0.7 亿元，其中，从 2016 年 12 月开始，下降至 1 亿元以下，此后一直在 0.5 亿~0.7 亿元间浮动。

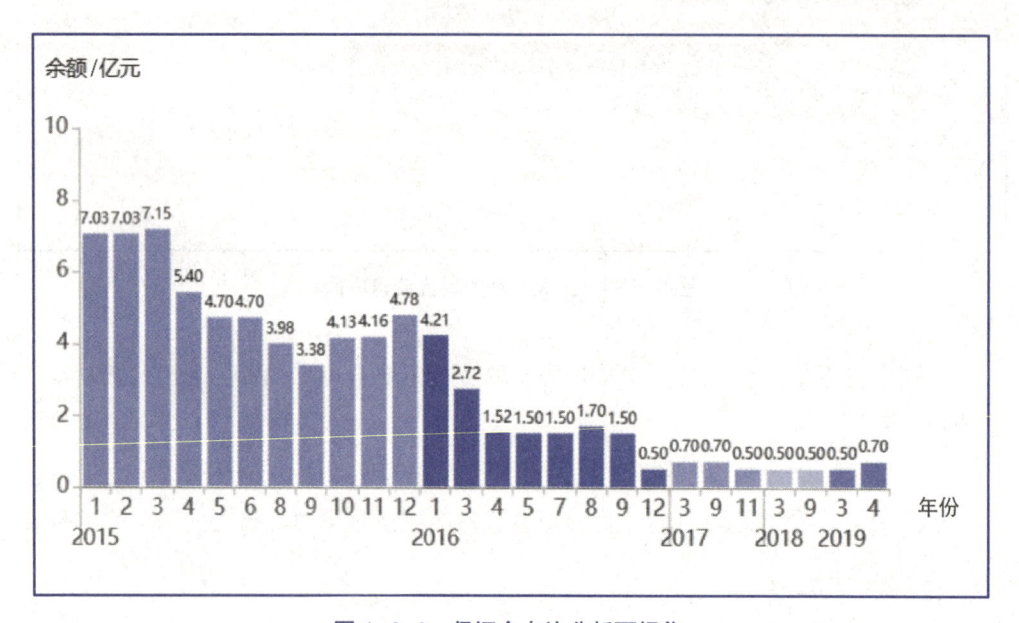

图 1-6-6 保证金占比分析可视化

下面需要进一步分析保证金下降的原因，是因为应付票据的减少，还是因为和银行关系的改善？保证金占比分析如图 1-6-7 所示。

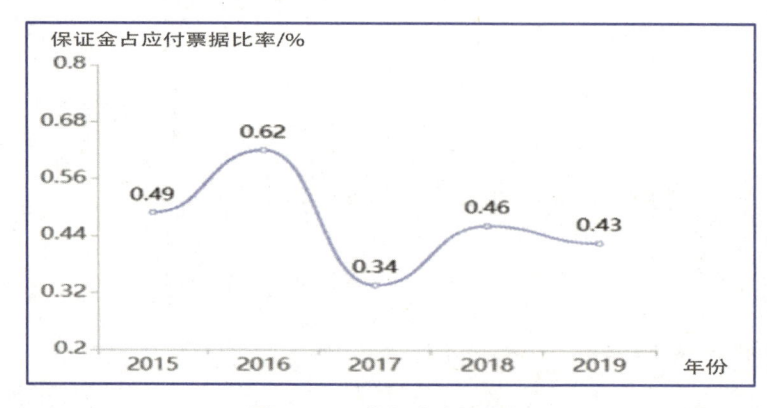

图 1-6-7 保证金占比分析

117

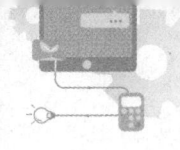

从图中可以看出保证金和应付票据比率从 2015 年至 2019 年整体有所降低，说明企业开具的应付票据在逐年减少，另一方面也表明企业和银行关系的改善。

二、资金来源分析

AJHXJL 公司在 2019 年 9 月，三大活动（经营活动、投资活动和筹资活动）产生的现金流量净额如图 1-6-8 所示。

年_日期	月_日期	经营活动产生的现金流量净额（亿元）	投资活动产生的现金流量净额（亿元）	筹资活动产生的现金流量净额（亿元）
2019	09	-0.40	0.15	0.31
合计		-0.40	0.15	0.31

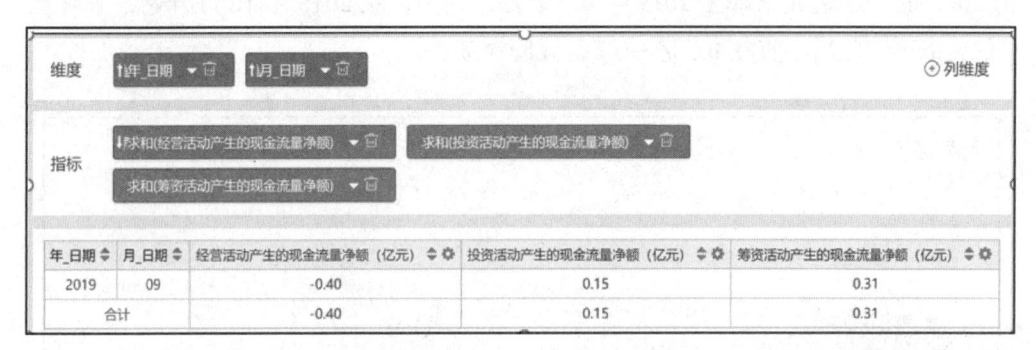

图 1-6-8　三大活动的现金流量净额

从图中可以看出，本月 AJHXJL 公司的资金主要来源于投资活动和筹资活动产生的现金流量净额。

进一步分析该公司历年的三大活动流量净额趋势，如图 1-6-9 所示。

从图中可以看出经营活动产生的现金流量净额持续下滑；投资活动产生的现金

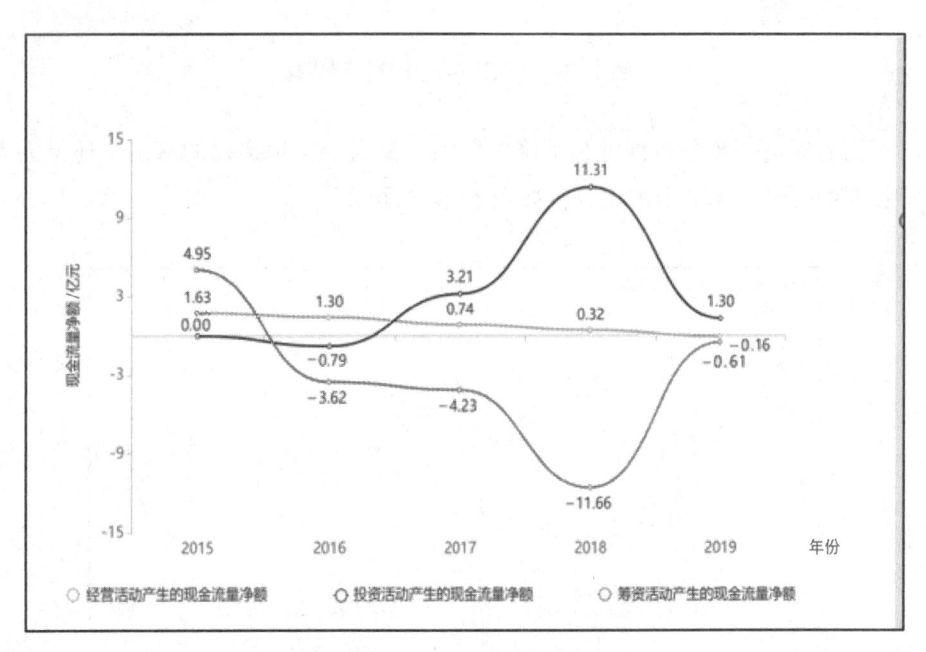

图 1-6-9　三大活动流量净额趋势

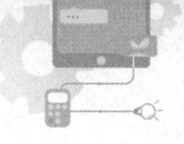

流量净额波动较大，2015年为零，2016年为 -0.79 亿元，但从 2017 年开始，逐渐上升，最高值是 2018 年 11.31 亿元，但 2019 年大幅下滑，跌至 1.30 亿元，可见投资活动产生的现金流量来源并不稳定；筹资活动产生的现金流量净额从 2016 年开始为负值，说明公司连续数年或是偿还了大量债务，或是进行了利润分配。综合来看，2019 年开始，AJHXJL 公司的经营活动产生的现金流量净额已经变为 -0.16 亿元，投资活动产生的现金流量净额下滑至 1.3 亿元，筹资活动产生的现金流量净额为 -0.61 亿元，经营活动已经发出危险信号。

怎样判定企业资金管理的成效如何呢？

这就需要通过分析"销售获现比率"和"盈利现金比率"来判定企业资金管理的效益。

拓展阅读

销售获现比率是对商品经营能力的补充，反映企业通过销售获取现金的能力。销售获现比率是销售商品、提供劳务收到的现金与营业收入之比。销售获现比率提高表明企业通过销售获取现金的能力有所加强。可以初步判定企业产品销售形势好，信用政策合理，能及时收回货款，收款工作得力。

销售获现比率计算公式为：

销售获现比率 ＝ 销售商品、提供劳务收到的现金 / 营业收入

盈利现金比率是反映本期经营活动产生的现金净流量和净利润之间的比率关系，一般情况下，该比率越大，企业盈利质量也就越强。当该比率小于 1 时，说明企业本期净利润中尚存在没有实现的现金收入，在这种情况下，即使企业盈利，也可能发生现金短缺，严重时会导致破产。

AJHXJL 公司的"销售获现比率"和"盈利现金比率"指标的历年数据如图 1-6-10 所示。

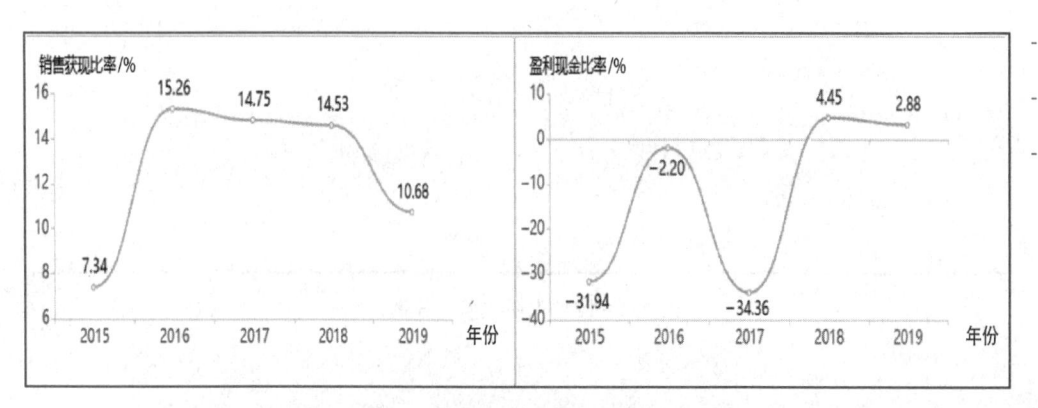

图 1-6-10 销售获现比率、盈利现金比率

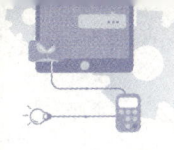

从上图可以看出，AJHXJL 公司的销售获现比率和盈利现金比率在 2019 年有较大幅度下降，应关注应收账款的回收，保证资金回流，提升收益质量。

三、债务分析与预警

分析 AJHXJL 公司的债务情况，主要是从该企业的短期借款、长期借款、未还本金情况等方面，对企业的债务进行全面了解和分析。另外，还需了解各银行借款的还款期限，对于大额未还款项进行预警，例如对大于 1 亿元的未还款项设置预警提示，以便企业预留出充足的资金进行债务还款。

2019 年 9 月 AJHXJL 公司债务情况如图 1-6-11 所示。

短期借款	长期借款	未还本金
8.79亿元	0.00	8.14亿元

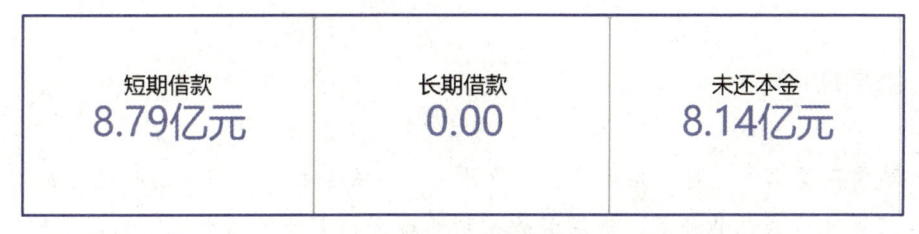

图 1-6-11　AJHXJL 公司的债务情况

从以上的指标卡数据可以看出，该公司债务全部为短期借款，暂无长期借款，未还本金 8.14 亿元，占短期借款金额的 93%。

其中，未还款项涉及的银行及金额如图 1-6-12 所示。

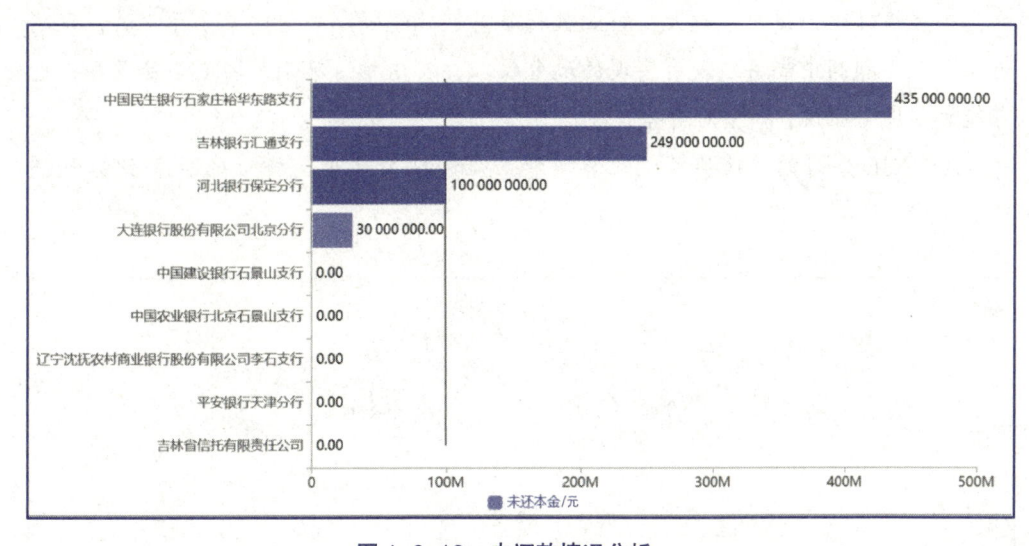

银行	未还本金/元
中国民生银行石家庄裕华东路支行	435 000 000.00
吉林银行汇通支行	249 000 000.00
河北银行保定分行	100 000 000.00
大连银行股份有限公司北京分行	30 000 000.00
中国建设银行石景山支行	0.00
中国农业银行北京石景山支行	0.00
辽宁沈抚农村商业银行股份有限公司李石支行	0.00
平安银行天津分行	0.00
吉林省信托有限责任公司	0.00

图 1-6-12　未还款情况分析

从上图可以看出，AJHXJL 公司目前涉及四笔贷款，其中有三笔贷款大于或等于 1 亿元，共约 7.84 亿元，占未还款金额的 96%，且全部为短期借款，可见 AJHXJL 公司未来一年内还款压力非常大。

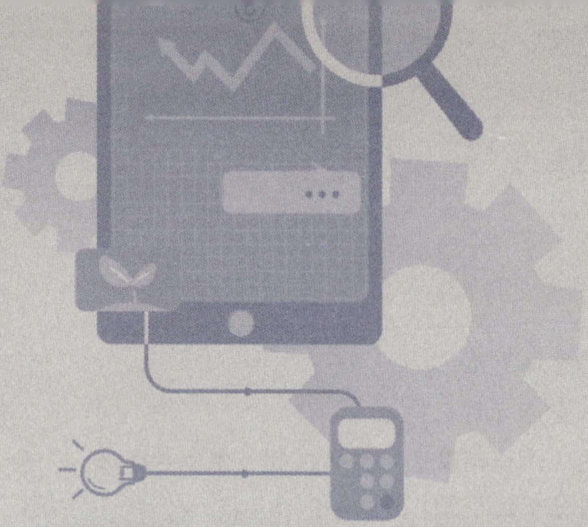

项目七
大数据背景下的销售分析与预测

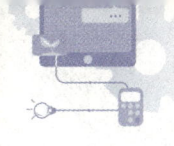

学习目标

知识目标
- 理解销售分析整体思维
- 掌握销售收入整体分析指标
- 了解客户维度、产品维度、价格维度相关概念和意义
- 理解多元回归分析的概念
- 掌握销售价格预测的基本环节

技能目标
- 能够根据案例资料进行销售收入整体情况分析
- 能够使用数据表进行销售收入客户维度分析
- 能够使用数据表进行销售收入产品维度分析
- 能够使用数据表进行销售收入价格维度分析
- 能够根据收集的信息运用多元回归法对销售价格进行预测
- 能够运用分析云进行销售分析及预测

素养目标
- 树立学生通过数据思维进行销售分析与预测的意识
- 提高学生善于运用数据进行分析预测的职业素养

思维导图

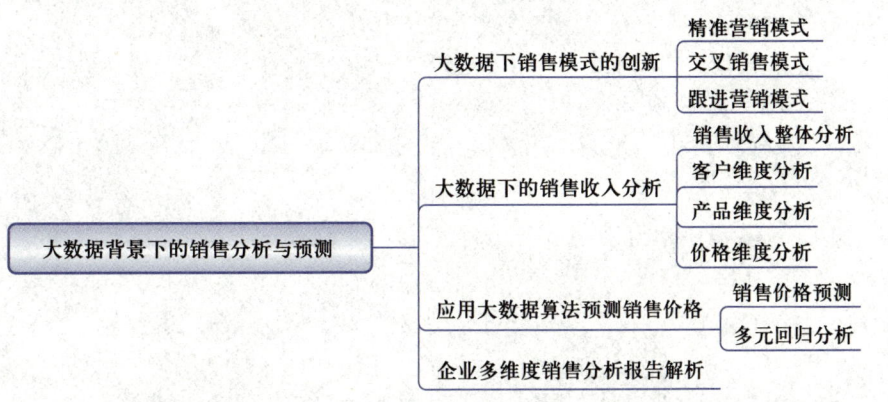

大数据背景下的销售分析与预测
- 大数据下销售模式的创新
  - 精准营销模式
  - 交叉销售模式
  - 跟进营销模式
- 大数据下的销售收入分析
  - 销售收入整体分析
  - 客户维度分析
  - 产品维度分析
  - 价格维度分析
- 应用大数据算法预测销售价格
  - 销售价格预测
  - 多元回归分析
- 企业多维度销售分析报告解析

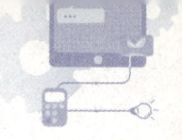

学思践行

华丰皮具制造公司 2018—2020 年企业收入构成情况如表 1-7-1 所示。

表 1-7-1 企业收入构成情况表

项目	2018 年比重 /%	2019 年比重 /%	2020 年比重 /%
收入合计	100	100	100
主营业务收入	80	90	60
其中：女鞋	45	55	36
男鞋	28	29	18
童鞋	7	6	6
其他业务收入	10	7	4
其中：余料销售	5	2	2
运输业务	2	2	0
出租包装物	3	3	2
营业外收入	10	3	36
其中：政府补助	8	2	30
接受捐赠	2	1	6

从总体来看，华丰皮具制业公司 2018—2020 年收入的主要来源是主营业务收入，分别占收入的 80%、90% 和 60%。由表 1-7-1 可以看出 2019 年的主营业务收入较 2018 年有所增加，女鞋所占比重由 2018 年的 45% 上升到 2019 年的 55%，经分析，该公司生产的女鞋款式新颖、价格适中，深受年轻顾客欢迎，市场潜力较大。童鞋所占比重下降，经分析，童鞋的设计一直没有创新，价位较高，销量降低，公司应有针对性地研究对策，改变这种局面。从其他业务收入和营业外收入来看，2019 年比 2018 年分别下降了 3% 和 7%，对收入总体的影响不大。从收入统计表里看到 2020 年的营业收入锐减，这是由于新冠疫情造成的，人们居家隔离，对企业销售业绩造成巨大的影响，但是我们欣喜地看到，企业的营业外收入大幅度增加，有 30% 来源于政府补助。

思考与践行：

企业必须要可持续发展才有活力，要有稳定的经营收入来源。华丰皮具制业公司主营业务收入主要来源于女鞋，这是因为企业技术创新，女鞋款式新颖。只有不断开发新产品，企业才有生命力。

企业营业外收入的稳定性较差，营业外收入占总收入的比重不应过高，投资

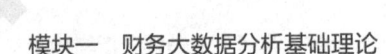

者不能根据这部分收益来预测企业未来的利润水平。2020年企业营业外收入占比36%，其中主要来源于政府补助，说明新冠疫情期间政府扶持企业发展，共克时艰。

任务一　大数据下销售模式的创新

一、精准营销模式

传统营销活动面对的是大众，目标不明确，沟通效果不明显。大数据时代下的营销活动，能充分利用大数据技术，根据消费者行为、心理、消费偏好的分析，推测其消费目标，对其需求进行精准的定位，从而推送符合目标客户切实需求的产品，这样的营销方式被称为精准营销模式。

精准营销为客户提供增值服务，为客户细致分析，量身定做，避免了客户对商品的挑选，节约了客户的时间成本和精力，同时满足客户的个性化需求，增加了顾客让渡价值。

精准营销运用先进的大数据技术等手段，使企业和客户能够进行长期个性化的沟通，从而让企业和客户达成共识，为企业建立稳定忠实的客户群奠定坚实的基础。

二、交叉销售模式

海量数据中含有大量的信息，通过对客户关系管理数据的有效分析，企业可以发现客户的其他需求，为客户制订套餐服务，还可以通过互补型产品的促销，为客户提供更多更好的服务，这就是交叉销售模式，如银行和保险公司的业务合作，通信行业制订手机上网和短信包月的套餐等。

三、跟进营销模式

在大数据时代的市场营销，由传统的单向营销转变为企业和客户双方适时反馈的跟进营销模式，这一模式也是大数据营销一个重要的良性转变。

单向营销，顾名思义，就是企业单向进行市场营销。传统单向营销时，企业产品从设计到投入市场，期间完全处于"自我封闭式"的状态。当市场发生波动时，无法得到实时信息，只能在产品投入市场后再次调研、更改产品，如此循环往复，消耗大量人、财、物，而企业的盈利也无法达到预期。

在大数据时代,企业的营销模式转变为双向跟进营销模式,产品数据实时更新,可以随时接收市场和消费者的信息反馈,从而能及时调整修改,减少企业不必要的人、财、物消耗。

任务二 大数据下的销售收入分析

大数据时代下,内部经营管理者分析销售收入,一方面要分析收入的整体增长率与增长额,另一方面要深入分析销售增长或下降的具体原因,要对客户、产品、价格进行多维度分析。

客户分析的目标是找出那些企业的重要客户,从而制订针对不同客户的服务策略。产品分析引入波士顿矩阵模型,利用该模型找出明星产品、金牛产品、问题产品和瘦狗产品,从而为后续资金投向和产品发展战略提供数据支持。价格分析通过价格弹性的分析,确定产品是否有价格弹性,从而确定相应策略。

对于数据分析的数据源,可以从企业财务报表中获取,也可以从企业内部管理报告中获取,同时,还可以从外部网站搜索分析所需信息。

一、销售收入整体分析

日本松下电器的创始人松下幸之助先生曾说:衡量一个企业经营的好坏,主要是看其销售收入的增长情况和市场占有率的提高程度。而分析一个企业的销售收入,首先要了解销售收入的整体情况,如本期销售收入总额,本季度销售收入总额,累计销售收入总额,同比去年同期或环比上月的销售收入是增加还是减少,这些数据对比同行业其他企业的销售收入数据是高是低。这些数据指标都是需要分析的。

企业销售分析,还需要分析其他相关性指标,例如销售收入增长率与其他财务指标增长率(如净利润增长率、应收账款增长率以及预收账款增长率等)的关系。全面了解销售收入指标,才能作出正确的经营决策,从而提高销售收入以及市场占有率。

(一)总量分析

销售收入是衡量企业经营状况和市场占有能力、预测企业经营业务拓展趋势的重要标志。不断增加的销售收入,是企业生存的基础和发展的条件。销售总额与增长速度是表明企业整体实力的重要标志,增长速度越快,企业抵御风险的能力越强。销售总额分析不仅仅是分析企业本期收入总额,还需要对各产品以及各区域的

销售总额进行详细分析。

（二）增长性分析

企业要了解本期指标的好坏，需要对本期指标做同比与环比分析。同比分析是指本期数据与历史同期数据进行比较，侧重反映长期的大趋势，也就规避了季节性因素。环比分析是指本期数据与相邻两个月进行比较，显示数据的短期趋势，会受到季节等因素的影响。

（三）纵向对比分析

纵向对比分析反映企业现在与过去的增减变化趋势，通过纵向分析可以分析出销售收入的季节因素，与销售数据中的销售组成进行对比，分析淡旺季发展规律。纵向对比可以分析影响企业发展的潜在因素，进行前瞻性预测。一般的纵向对比可以按月、按季度或按年比较。

（四）横向对比分析

横向对比分析指本企业与其他企业的比较。如果想获悉本企业的真实情况，就需要对本企业与行业内标杆企业或行业均值做一个比较分析。通过横向对比，就能了解企业在行业中的地位及与标杆企业的差距。

🔧 拓展阅读

标杆企业指的是行业内代表性的企业，一般为知名度高、信誉好、有发展潜力、综合实力强的企业。行业标准是以一定时期一定范围的同类企业为样本，采用一定的方法对相关数据进行测算而得出的平均值。

（五）相关性分析

与企业收入相关的还有许多财务指标，只有综合分析这些指标，管理者才能清楚影响企业销售收入的真实情况，做出决策时才能做到有的放矢。

1. 销售收入增长率与净利润增长率

与收入关联性最紧密的是利润，本期收入与本期利润的关联性，可以反映很多问题。例如净利润增长率反映了企业的利润增长速度，若净利润增长速度高于销售收入增长速度，说明企业的盈利能力增强。而销售收入增长率明显高于净利润增长率，可以反映毛利率变化的趋势或企业成本与费用的变化趋势。

❓ 想一想

了解数据变化背后的原因至关重要，分析销售收入增长率与净利润增长率变化趋势的原因，也是必不可少的分析环节。导致净利润增长率高于销售收入增长率的

因素，可能是产品销售结构的变化，如高毛利率产品的销售占比较高等，也可能是企业对成本及费用的控制，还可能是企业保持了持续的核心竞争力和行业景气度。你还能想到哪些原因呢？

2. 销售收入增长率与应收账款增长率

一般来说，应收账款与销售收入存在一定的正相关关系。在较好的经营状况下，应收账款增长率往往小于销售收入增长率，当应收账款增长率大于销售收入增长率时，说明销售收入中的大部分属于赊销，资金回笼较慢，企业的资金利用效率有所降低，影响了企业的资产质量，从而加大了经营风险，应收账款的变现速度仍有待加强。

想一想

在日常经营中，往往会出现应收账款增长率与销售收入增长率不配比的现象，原因往往有以下几点：企业更改赊销政策，销售额虽然有所增长，但增长幅度小于应收账款的增长幅度；关联方销售占总销售的比例较高，收款无规律；企业管理不善，原有应收账款无法收回，又盲目发展新客户；市场形势变得异常火爆，出现客户先付款后提货的局面；企业无法适应市场变化，销售业务锐减，应收款收不回来。你还能想到哪些原因呢？

3. 销售收入增长率与预收账款增长率

预收账款是企业下游议价能力的体现，也是收入的先行指标。预收账款大幅增加的企业，未来销售收入大概率也会增加。但考虑预收账款时必须区分行业，常见的采用预收账款模式的行业有：地产、白酒、科技类企业等。

二、客户维度分析

企业经营的目标是盈利，因此，它不会以同一标准对待所有客户。企业要将客户按客户价值分成不同的等级和层次，这样企业就能将有限的时间、精力、财力放在高价值的客户身上。客户分类的依据可以采用客户采购额或者毛利贡献额为指标。根据分类，对不同客户做不同层级的关系维护，定制专属的销售策略方案，从而达到销售目标。

拓展阅读

根据二八原则，20%的高价值客户创造的价值往往占企业利润的80%。只有找

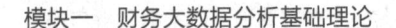

到这些最有价值的客户,提高他们的满意度,同时剔除负价值客户,企业保留最有价值的客户,才会永远充满生机和活力。

企业不仅仅要给客户做标签区分客户优先级,还需要按照客户属性,划分为商业客户或零售客户,也就是常说的 B2B 或 B2C。B2B 是 Business-to-Business 的缩写,指的是一个企业将产品或服务销售给另一个企业,供其自行使用或销售给其他企业使用。B2C 是 Business-to-Customer 的缩写,指的是直接面向消费者销售产品和服务,也就是通常说的商业零售。

进行数据分析时要注意客户属性不同,数据呈现的特点也不同,其差异主要表现在以下几个方面:

(一)客户规模不同

B2C 业务由于直接面向最终消费者,如果将消费者按照性别、年龄、购买能力等分类集中,往往购买者很多。因此,对企业来说,与自身产品相关 B2C 业务的整个市场体量难以精准统计和预测。

与 B2C 业务相比,B2B 业务主要针对企业、组织、政府等机构型客户,客户面相对较窄。一旦产品参数、用途确定,其对应的市场体量基本就固定了,因此 B2B 业务比较容易对目标客户群进行精准定位,宏观上有利于把控市场规模、市场分布、行业趋势,微观上有利于专注产品价值、进行个性化营销。

(二)交易过程不同

交易支付环节存在差异。B2C 简单,一对一,结算单一无风险,效率高。B2B 业务需签订合同,都要经过合同的审批流程、付款流程。以最简单的一次性付款合同为例,单从付款这一环节来说,就涉及采购申请、领导审批、财务付款三个环节。如果涉及定金生产、批交批结合同,整个交易周期可能包括工厂制样、样品确认、大货出产、验货出厂、质保期限等,过程复杂而漫长。

B2C 业务由于交易单价低,风险较小,例如客户购买一件 300 元的衬衫,企业的风险比较低,最多损失 300 元。而 B2B 交易金额大,B2B 业务中企业购买几十万元,甚至上百万元的设备是存在很大风险的,一是设备本身的性能和品质是否达到合同标准,二是运输、装卸货等环节也可能损坏设备,更为严重的是可能碰到不诚信的企业,钱货两空。

(三)决策方式不同

B2C 场景下,消费者个人购买产品或服务,不一定会有很明确的购买计划,有可能是根据自己的消费经验、看见的广告、身边亲朋的意见,充满感性因素。B2B 采购产品与服务主要用于企业生产、消耗或者贸易,按照计划进行,有明确的决策依据,是理性的决策过程。

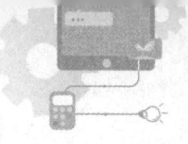

基于这一特点，在进行 B2B 业务营销时，要着眼于促进客户做出理性购买决策这一目标，通过独特的产品卖点、优质的客户评价、针对性的营销活动来突出产品的价值。相反，在进行 B2C 业务时，要着眼于从感官冲击、情感共鸣上促进客户消费。

（四）关注角度不同

B2B 业务往往客户数量有限，大部分客户都希望能够长期合作下去，因为 B2B 企业更换供应商风险较高，客户也不会轻易换供应商。更多侧重于互惠互利，长期合作。

B2C 业务大多数客户对价格有较高的敏感度，如果能够有很好的策划促销政策，配合新颖的活动推广，比如限时秒杀、助力砍价等形式确实能短期内促进销售。

（五）购买流程不同

B2C 业务使用、决策、买单是一个人，在销售过程中涉及这项业务的一般是一个人。B2B 采购行为是一个过程，购买量较大，购买决策受众多人员影响，有时候甚至是企业多个部门多个组织。

（六）成交周期不同

B2C 业务大多是最终消费者，能做到一手交钱一手交货，非常灵活。B2B 业务营销的滞后性非常明显，不管是推广还是销售，当期的努力不会立即见效，要滞后一段时间。一个推广活动，如参加展会，可能要在展会结束后的几个月才能慢慢产生效果，营销人员拜访客户，从初次拜访到最后成交，可能要经过几个月甚至几年的时间。

三、产品维度分析

产品是企业赖以生存的根本，而产品创新是企业的生命线，产品的优劣对于一个企业是至关重要的。销售收入的增长分析，可以按照客户多维度分析，还可以按照产品多维度分析。在大数据时代，最常用的产品分析方法是利用波士顿矩阵法模型来做产品预测。

想一想

一个企业旗下产品那么多，为了实现品牌的差异化必然要不断推出新品，这就带来了问题：是应该大量投入新品还是旧品呢？毕竟资源是有限的，如果投入的产品不受欢迎，就会血本无归，这也是很多企业面临的现实问题。如果是你，你会怎么思考这个问题呢？

（一）波士顿矩阵（BCG Matrix）

波士顿矩阵，又称市场增长率—相对市场份额矩阵，由美国著名的管理学家、波士顿咨询公司创始人布鲁斯·亨德森于1970年首创。它是通过把销售增长率（反映市场吸引力的指标）和市场占有率（反映企业实力的指标）作为两个判断指标，将企业现有产品分为4类，然后针对各类产品的特点及时调整投资方向。分析的四个类型产品结构，分别是明星产品、金牛产品、问题产品和瘦狗产品，如图1-7-1所示。

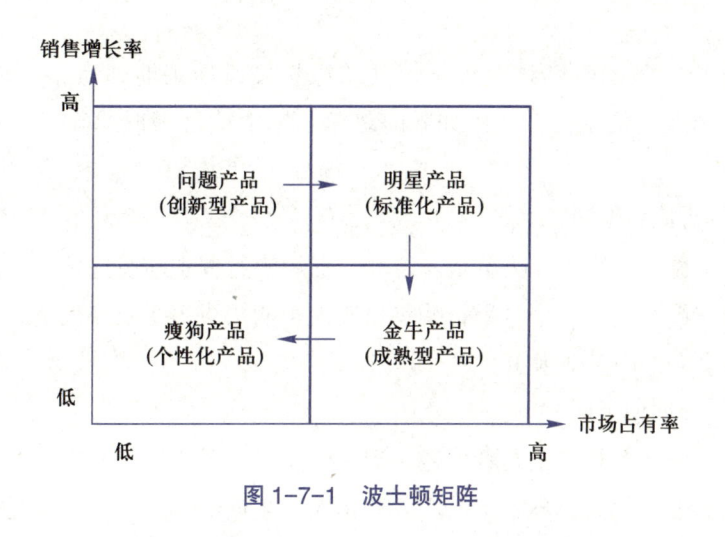

图 1-7-1 波士顿矩阵

拓展阅读

市场吸引力包括企业销售量增长率、目标市场容量、竞争对手强弱、利润高低等。其中最重要的是反映市场吸引力的综合指标——销售增长率，这是决定企业产品结构是否合理的外在因素。

企业实力包括市场占有率、技术、设备、资金利用能力等，其中市场占有率是决定企业产品结构的内在因素，直接显示出企业的竞争实力。

1. 明星产品

明星产品指高销售增长率、高市场占有率的产品，发展前景好，竞争力强，需要企业加大投资以支持其发展，常见的明星产品如阿里的盒马生鲜业务线等。

2. 金牛产品

金牛产品是指低销售增长率、高市场占有率的产品，它是成熟市场的领导者，享有规模经济和高边际利润优势，金牛产品能给企业带来大量的现金流，但未来的增长前景有限。企业应降低投资，维持市场占有率并延缓衰退。常见的金牛产品如

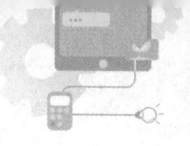

百度的搜索业务、腾讯的游戏业务、用友公司的 U8 产品线。

3. 问题产品

问题产品是指高销售增长率、低市场份额的产品，发展前景好但市场开拓不足，需谨慎投资。处在这个领域中的是一些投机性产品，带有较大的风险。这些产品可能利润率很高，但占有的市场份额很小。

4. 瘦狗产品

瘦狗产品指低销售增长率、低市场份额的产品，微利甚至是亏损，瘦狗型业务存在的原因更多是由于感情上的因素，虽然一直微利经营，但像人养了多年的狗一样恋恋不舍而不忍放弃。瘦狗型业务通常要占用很多资源，如资金、管理部门的时间等，应采取撤退战略，以便把资源转移到更有利的领域。

（二）产品维度分析指标

产品维度分析主要有产品维度的销售情况分析、产品库存分析、产品价位分析等几方面，常见的产品维度分析指标有产品销售收入排名、产品毛利率排名、产品收入增长率、产品成本增长率、产品市场占有率和产品收入增长因素等。通过这些指标的分析，找到上述四类产品，并了解企业最赚钱的产品和拳头产品，分解价格因素与销售因素对产品收入增长的影响，从而进一步做价格维度的分析。

四、价格维度分析

增加销售收入的途径之一是提高产品价格，但如何提高、提高多少是顾客可接受的？价格过高，会导致客户的流失；价格过低，会导致销售收入的减少，从而影响相关财务指标和企业的整体运营表现。可见，价格的变化会导致产品需求量的变化。

（一）价格弹性及需求曲线

价格弹性是指价格变动引起的市场需求量的变化程度。它是企业决定产品提价或降价的主要依据。一般地说，在需求曲线具有弹性的情况下，企业可以采取降价策略；反之，企业可以采取提价策略，以保证企业收益不断增加。产品本身的价格，消费者的收入，产品替代品的价格，以及消费者的喜好等因素都会影响对产品的需求量，价格弹性是指这些因素保持不变的情况下，该产品本身价格的变化引起的需求量的变化。

需求曲线通常以价格为纵轴（y 轴），以需求量为横轴（x 轴），在一条向右下倾斜且为直线的需求曲线中，在中央点的需求的价格弹性等于 1，而需求曲线上部分的需求价格弹性大于 1，而需求曲线下部分的需求价格弹性则小于 1。需求曲线可分为富于弹性、缺乏弹性、完全弹性以及完全无弹性四种，如图 1-7-2 所示。

图 1-7-2 价格弹性

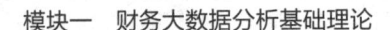

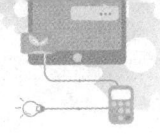

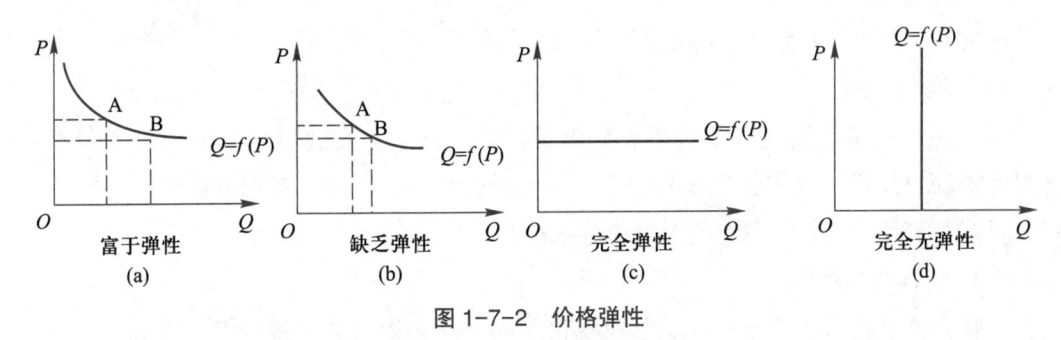

（二）影响价格因素分析

影响价格的因素有许多，不同行业内的不同产品，会因售卖区域及客户的差别，有不同定价，一般来说，产品的价格是按成本、利润和税费三部分来制订的，其中成本是一个关键因素。一般产品的销售价格以成本为最低界限，只有价格高于成本，企业才能获得一定的利润。例如，矿产品市场价格主要是受社会平均成本影响。根据统计资料显示，矿产品的成本在其出厂价格中平均约占70%，这就是说，成本是影响价格的最主要因素。

产品价格受产品供给与需求相互关系的影响。当产品的市场需求大于供给时，价格会上涨；当产品的市场需求小于供给时，价格会下跌。

产品价格受政策的影响。政策对产品价格的影响表现在许多方面，例如，国家的价格政策、进出口政策、金融政策、税收政策、产业政策等。

产品价格受市场竞争的影响。市场竞争也是影响价格制订的重要因素。一般来讲，产品的价格与竞争度成反向关系。竞争越激烈，价格越低；反之，越缺乏竞争，价格越高。根据竞争的程度不同，企业定价策略会有所不同。

想一想

据报道，2022年2月俄乌战争推涨全球小麦价格。俄罗斯、乌克兰都是小麦出口大国，在地缘冲突下，无论是小麦生产或者出口贸易都受到了极大的影响。一是黑海港口运输受限造成了运费增加，二是因冲突持续升级且短期内未有好转迹象引起的小麦短缺预期。由于俄乌小麦出口量在全球占比较大，其小麦供给受限，会引起局部价格上涨，进而引起全球小麦价格上涨，甚至带动玉米等农产品的价格上涨。请分析这则报道中哪些因素影响了小麦价格。

（三）价格维度分析的指标

通过对企业内部数据和外部数据的分析，企业可以从多个视角来判断产品的市场地位，从而分析产品价格的未来趋势。

价格多维度分析的指标有主营产品的销售价格历史趋势、市场价格历史趋势（市场价格可以从相关网站上采集爬取）、采购价格历史趋势、进销差价对比、厂商数量、国内外政策影响等。比较产品价格与市价的关系，从而判断该产品在其市场的地位；比较产品进销差价，判断其盈利区间；比较厂商数量，判断竞争程度；分析政策，可判断政策对价格的影响。

实战演练十　多维度销售分析 >>>

案例背景

2019年10月8日，AJHXJL公司（简称AJ公司）的业务经营分析会，要求财务总监对企业的销售情况进行专项分析，全面深入分析企业的销售收入状况，为经营决策提供数据支撑。

任务目标

财务分析师从销售收入整体、客户维度、产品维度、价格维度四个方面展开分析，洞察数据背后的含义，溯源分析指标增减比率的合理性与异常项，给管理层后续决策提供支持。

任务实现

登录新道财务大数据平台，根据平台中任务指南完成操作，或参见模块二实战演练十多维度销售分析操作指导，完成任务操作。

任务三　应用大数据算法预测销售价格

一、销售价格预测

（一）价格预测的意义

价格预测是根据各种价格资料，运用科学方法，对市场价格波动状况及其变化趋势做出符合客观规律的判断和推理，为销售预测、利润预测、资金需要量预测及价格决策提供依据。价格预测从范围上，可分为宏观预测和微观预测。宏观预测以社会全部商品价格变动情况为对象；微观预测以某种或某类商品价格变动情况为对象。

（二）价格预测的基本环节

首先需要确定预测目标，即通过对各种因素的通盘考虑，正确选择所要了解的情况和所要解决的问题。其次，收集预测资料，即通过价格信息系统和其他各种渠

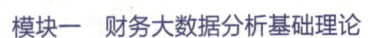

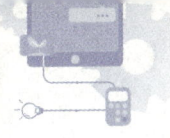

道，尽可能全面、真实、系统、具体地掌握预测所需要的精确数据。再次，选择预测模型，即根据不同的预测目标和精确程度的不同要求，选择相应的预测方法，如时间序列、多元回归、朴素贝叶斯等。最后，作出预测结果的报告和判断，即对所预测的结果进行科学的分析、判断、论证和评论。

（三）影响价格的因素

影响价格的因素有很多，主要有国内外市场的供需状况，价格的变动趋势，所处地域对价格的影响，该产品升级换代的速度，新技术、新材料产品和新的替代产品的出现，国内外税费、利率、汇率的变化及非贸易壁垒对价格的影响，生活水平和消费习惯改变，某些因素导致生产成本的变化以及经济政策的变化等。概括成关键词就是成本、政策、产量、国际贸易价格、下游需求、替代产品、产品库存变化、宏观经济形势。

（四）价格预测模型

传统的价格预测方法有定性预测法、因果预测法、价格指数预测法、价格弹性预测法和成本利润预测法等。在大数据时代，应用大数据技术，可以选择时间序列、回归分析、决策树以及神经网络模型来做价格预测。基于多元回归分析的原理简单，序列速度快，选择多元回归模型来进行价格预测。

二、多元回归分析

（一）回归分析的概念

回归分析是研究一个变量关于另一个或者多个变量之间具体依赖关系的计算方法和理论。在大数据分析中，回归分析是一种预测性的建模技术，它研究的是因变量和自变量之间的关系，这种技术通常用于预测分析。

🔧 拓展阅读

例如，如果你近期想买房，那么就要知道需要准备多少钱买房。首先要考虑的是购房面积、地理位置、附近是否有学区房或者便民菜站，然后还要考虑最近的国家政策、税收政策等。当收集到这些信息后，才能去预测未来的房价趋势。

这些就是自变量与因变量。自变量是解释的变量，比如房屋面积、地理位置、国家政策、新增用户数、留存用户数等；因变量是被解释的变量，比如房价等。你可以研究这些自变量信息来预测房价未来变化趋势或影响房价变动的原因等。

（二）回归分析分类

按照涉及变量的多少，可分为一元线性回归和多元线性回归分析；按照自变量

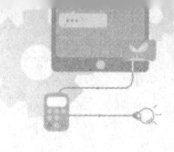

和因变量之间的关系类型，可分为线性回归分析和非线性回归分析，如图 1-7-3 所示。

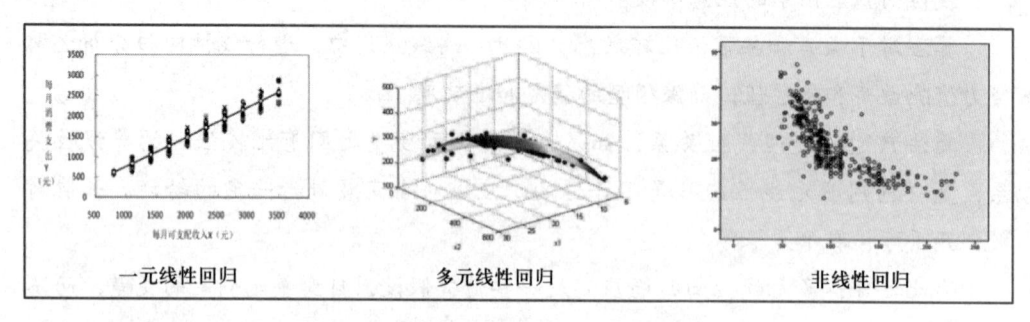

图 1-7-3　线性回归分析和非线性回归分析

（三）一元线性回归分析

一元线性回归是描述两个变量之间相关关系的最简单的回归模型。自变量与因变量间的线性关系的数学结构通常用下面公式表达：

$$y=\beta_0+\beta_1 x+\varepsilon$$

其中两个变量 y 与 x 之间的关系用两部分描述。一部分是由于 x 的变化引起 y 线性变化的部分，即 $\beta_0+\beta_1 x$；另一部分是由其他一切随机因素引起的，记为 ε。β_0 和 β_1 是未知参数，β_0 为回归常数（又称截距），β_1 为回归系数（又称斜率）。ε 表示其他随机因素的影响。一般假定 ε 是不可观测的随机误差，它是一个随机变量。若随机误差 $\varepsilon \sim N(0, \sigma^2)$，称为一元线性正态回归模型。

若需要对模型中的参数 β_0、β_1 进行确定，可以使用最小二乘法进行求解。即找出一组对因变量的相应参数，以使因变量的实际观测值与回归方程的预测值之间的总方差减到最小。最理想的回归直线应该尽可能从整体来看最接近各实际观察点，即散点图中各点到回归直线的垂直距离。

（四）多元线性回归分析

多元线性回归是描述多个变量之间相关关系的回归模型。自变量与因变量间的线性关系的数学结构通常用下面公式表达：

$$y=\beta_0+\beta_1 x_1+\beta_2 x_2+\beta_3 x_3+\cdots+\beta_x x_x+\varepsilon$$

这里把 β_0，β_1，β_2，$\cdots$，β_k 称为回归参数。回归分析的基本任务是：

任务 1：训练集——用来训练与拟合模型，数据量大概占总样本的 50%～70%；

任务 2：验证集——用于调整模型的参数和用于对模型的能力进行评估；

任务 3：测试集——用来检验最终选择最优的模型的性能如何。

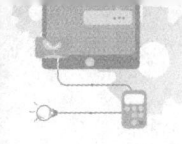

拓展阅读

线性回归应用中的注意事项：

算法对噪声和异常值比较敏感，因此，实践应用中，进行线性回归分析之前努力消除噪声和异常值，确保模型的稳定和准确度。

算法只适合处理线性关系，如果自变量和因变量之间有比较强烈的非线性关系，直接利用多元线性回归是不合适的。应该对自变量进行一定的转换，如取对数、开平方、取平方根等。

除此之外，多元线性回归还应满足一些前提假设，自变量是确定的变量，而不是随机变量，并且自变量之间没有线性相关性，随机误差项具有均值为 0 和等方差性，随机误差呈正态分布等。

实战演练十一　多元回归预测销售价格

案例背景

2019 年 10 月 8 日，AJHXJL（简称 AJ）公司的业务经营分析会，管理层要求财务总监预测下一期其主营产品铁精粉的销售价格，为编制下一期的销售收入预算提供数据支持。

任务目标

财务分析师利用多元回归算法预测铁精粉的销售价格。

任务实现

登录新道财务大数据平台，根据平台中任务指南完成操作，或参见模块二实战演练十一多元回归预测销售价格操作指导，完成任务操作。

任务四　企业多维度销售分析报告解析

财务分析师按照管理层要求，根据集团企业 2015—2019 年的数据，做出销售收入分析报告。

一、企业销售收入整体情况分析

AJ 集团的销售收入整体情况如图 1-7-4 所示。

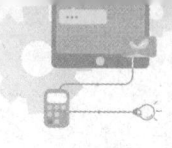

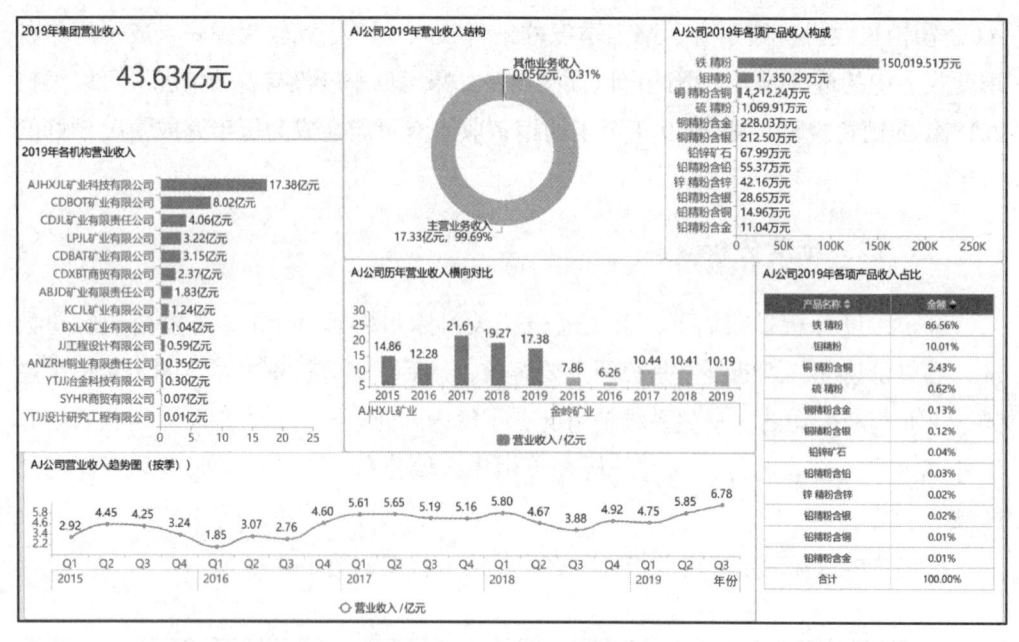

图 1-7-4 销售收入整体情况

（一）销售收入基本分析

从图 1-7-4 的可视化结果可以看出，2019 年截止到 9 月份，集团收入为 43.63 亿元，其中 AJ 公司为集团收入贡献主力公司，营业收入 17.38 亿元，遥遥领先其他机构的营业收入。从销售收入结构看，AJ 公司的主营业务收入为 17.33 亿元，占比 99.69%，说明主营业务贡献最大。

（二）产品收入构成分析

具体分析每种产品的销售收入情况。从图 1-7-4 可以看到，AJ 公司前 2 名的产品为：第一名铁精粉，销售收入约 15 亿元，占 AJ 公司收入的 86.56%；第二名钼精粉，销售收入近 1.74 亿元，占 AJ 公司收入的 10.01%；其余各类产品销售收入合计约 0.59 亿元，仅占 AJ 公司收入的 3.43%。说明铁精粉和钼精粉是企业的金牛产品，其他产品需要努力开拓市场。

（三）收入横向分析

我们选择金岭矿业为对标公司，AJ 公司历年收入均高于对标公司，可见 AJ 公司营业收入规模与同行相比较为优秀。

（四）收入纵向分析

从 2015 年到 2019 年公司历年各季度销售收入趋势分布图来看，收入曲线比较平缓，说明公司销售没有明显的淡季旺季之分。

（五）每个季度销售情况分析

下钻继续分析每个季度的销售情况，从季度销售趋势图中，可以看到 2019 年

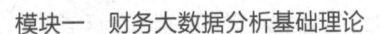

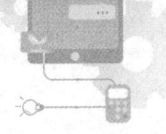

AJ 公司销售收入一路攀升，第三季度的销售收入 6.78 亿元较为领先，成了历年各季度收入中的最高收入。据此可以预测出，如果第四季度没有特殊情况，可以维持 2018 年的销售规模，则 2019 年全年的销售收入有可能会成为历年完成情况最好的一年。

二、客户维度分析

客户维度分析思路如下：首先通过相关指标和数据的分析，了解公司客户数量、客单价情况，判断哪些是公司重要客户，然后详细分析重要客户的历年销售趋势，进而判断公司的客户关系维护情况；了解内外部客户占比，判断公司收入是源于外部还是内部。此外，通过分析客户销售区域分布，确定重点区域和可开拓的区域。

根据分析目标确定分析的指标，客户维度分析图如图 1-7-5 所示。

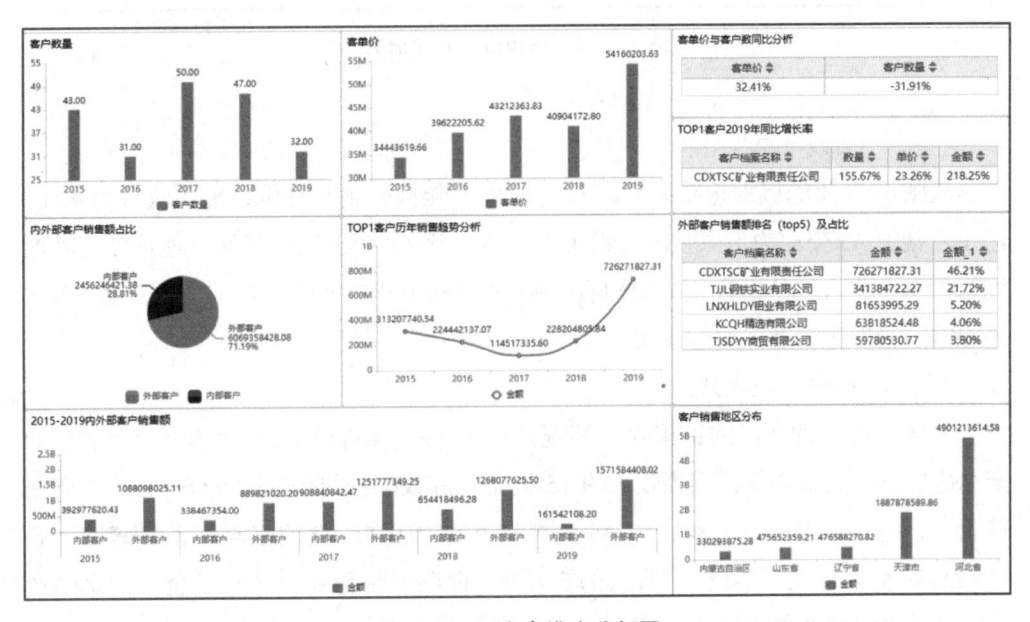

图 1-7-5　客户维度分析图

（一）客户基本情况分析

从图 1-7-5 可以看出，AJ 公司是典型的 B2B 商业模式，客户数量维持在 30~50 个之间，客单价在 3 000 万元以上。

（二）客户数和客单价同比分析

观察客户数量和客单价 2015—2019 年的数据，客户数量 2016 年减少，之后呈先增后减趋势，客单价除 2018 年有所下降外呈一路走高的趋势。

(三)客户来源分析

从内外部客户占比来看,外部客户占比 70% 以上,且近 5 年来外部客户贡献金额一路攀升,可见,公司的销售收入主要由外部客户贡献。

(四)客户销售地域分析

客户主要分布在华北地区,河北省占比 60.72%,是最主要销售区域,其次是天津,占比 23.39%。

(五)TOP 客户销售分析

在外部客户排名中,排名第一的客户是 CDXTSC 矿业有限责任公司,该公司 2019 年销售收入约 7.26 亿元,占 AJ 公司全部销售收入的 46.21%,排名前七位客户的销售收入占比合计 79.34%,前七位客户占 2019 年总客户数量的 22%,基本符合 20% 客户贡献 80% 销售收入的二八原则。但外部客户排前两名客户占比高达 61.61%,若有其中一位客户流失或减少与 AJ 公司的交易,都会对 AJ 公司销售收入造成严重影响,所以维护企业和这些大客户的稳定关系极为重要。

三、产品维度分析

对产品维度分析的思路如下:首先根据产品销售收入、销量、毛利率排名来判断出公司的金牛产品、明星产品、问题产品与瘦狗产品,然后再下钻细分金牛产品,分析其历年销售趋势、销售同比增长情况及增长原因,最后分析产品毛利趋势变动,如图 1-7-6 和图 1-7-7 所示。

(一)销售收入等指标分析企业金牛产品

从图 1-7-6 和图 1-7-7 可以看出,铁精粉的销售收入、销售量遥遥领先其他产品,是 AJ 公司的主营产品。从公司营业收入增长趋势和铁精粉增长趋势对比可以看出,公司的销售收入主要由铁精粉贡献。从产品毛利来看,硫精粉毛利最高,钼精粉次之,铁精粉排第三。由此可见,铁精粉是公司的主要收入来源,但不是公司最赚钱的产品,可以判定铁精粉是公司的金牛产品。

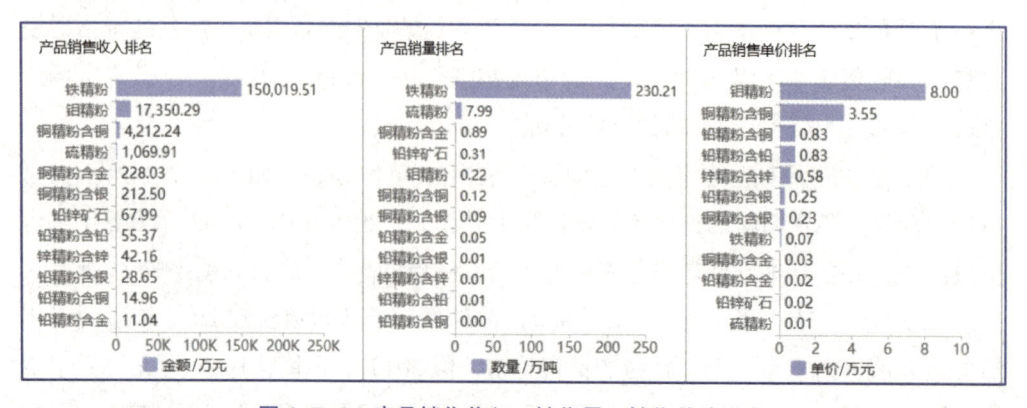

产品销售收入排名		产品销量排名		产品销售单价排名	
铁精粉	150,019.51	铁精粉	230.21	钼精粉	8.00
钼精粉	17,350.29	硫精粉	7.99	铜精粉含铜	3.55
铜精粉含铜	4,212.24	铜精粉含铜	0.89	铅精粉含铜	0.83
硫精粉	1,069.91	铅锌矿石	0.31	铅精粉含铅	0.83
铜精粉含金	228.03	钼精粉	0.22	锌精粉含锌	0.58
铜精粉含银	212.50	铜精粉含金	0.12	铜精粉含银	0.25
铅锌矿石	67.99	铜精粉含银	0.09	铜精粉含银	0.23
铅精粉含铅	55.37	铜精粉含铜	0.05	铁精粉	0.07
锌精粉含锌	42.16	锌精粉含锌	0.01	铅精粉含铜	0.03
铅精粉含银	28.65	铅精粉含银	0.01	铅精粉含金	0.02
铅精粉含铜	14.96	铅精粉含铅	0.01	铅锌矿石	0.02
铅精粉含金	11.04	铜精粉含铜	0.00	硫精粉	0.01
0 50K 100K 150K 200K 250K ■金额/万元		0 50 100 150 200 250 ■数量/万吨		0 2 4 6 8 10 ■单价/万元	

图 1-7-6 产品销售收入、销售量、销售单价排名

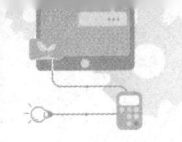

钼精粉的销售收入位居第二，销售单价最高，毛利率近五年也一路飙升，可以判定钼精粉是公司的明星产品，如果资源投入得当，很可能会成为公司创收的主要产品，成为公司的下一个金牛产品。

（二）产品历年销售趋势分析

铁精粉的销售收入在 2019 年有所下降，细分其下降的原因，单价上升了 22.51%，销量下降了 21.99%，如图 1-7-7 所示。

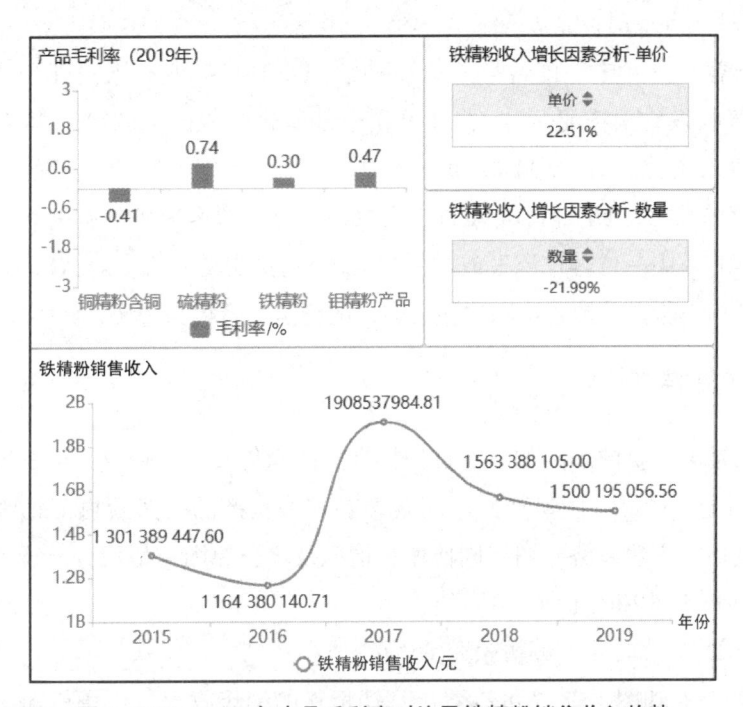

图 1-7-7　2019 年产品毛利率对比及铁精粉销售收入趋势

四、价格维度分析

对产品价格维度分析的思路如下：首先了解 AJ 公司的各类产品情况，还需要进一步对各类产品做价格维度的分析。重点要掌握金牛产品和明星产品的价格历史趋势，并收集金牛产品与明星产品的市场销售价格（2015—2019 年），做成市场价格表，与 AJ 公司的产品价格做对比分析。

（1）金牛产品销售单价分析。观察产品销售单价趋势，如图 1-7-8 所示，可以看出金牛产品铁精粉的销售单价整体呈上升趋势，2019 年以 647.43 元为五年来历史最高值，并且基本价格走势与铁精粉市场价格趋势基本一致，如图 1-7-9 所示。

（2）明星产品销售单价分析。明星产品钼精粉的销售单价在 2018 年达到五年历史最高值，高于市场上钼精粉的销售价格，但 2019 年下滑至 10.44 万元，低于市场价格。观察钼精粉的市场销售单价，可以发现其市场价格是稳定上升趋势，但 AJ

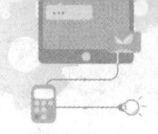

公司的钼精粉销售单价增长趋势并没有与市场单价走势吻合，可见 AJ 公司还需要对钼精粉的销售单价做把控，根据市场价格合理调控。

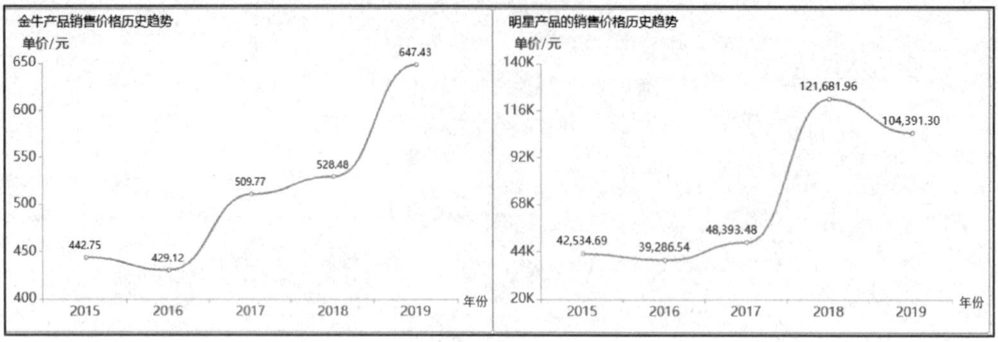

图 1-7-8　金牛产品和明星产品销售单价趋势

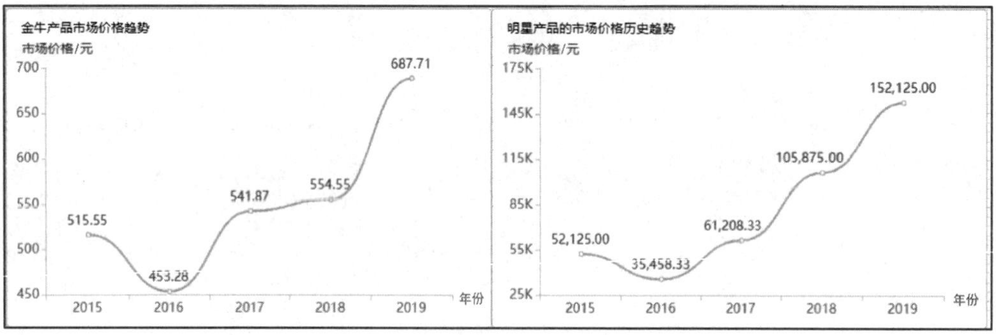

图 1-7-9　金牛和明星产品市场价格趋势

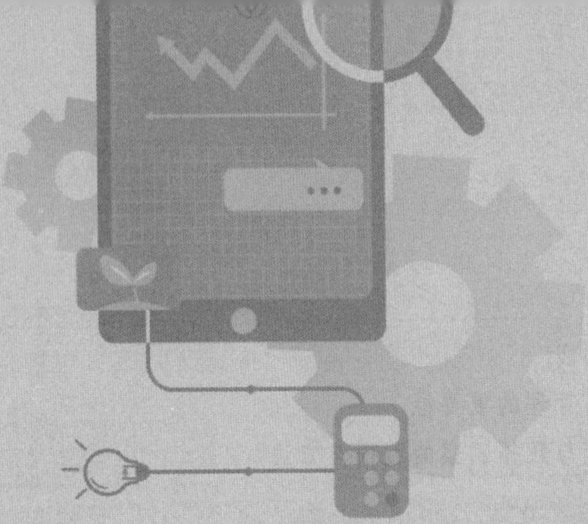

项目八
大数据背景下的费用分析

8

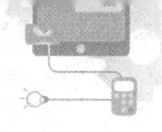

学习目标

知识目标
- 了解费用的构成
- 了解企业费用管理的重要性
- 掌握费用分析与数据洞察的过程与方法

技能目标
- 会创建费用整体分析管理驾驶舱
- 会创建可视化图表进行数据的同比分析
- 能够对异常费用项目分析其发生的部门和人员,要求给出费用发生的解释,并通过财务收集信息验证其解释的真实性
- 能够将需要分析的数据进行指标分析并形成分析报告

素养目标
- 培养学生具备基本的费用分析素养,为企业运营提供可视化的费用数据操作、分析和讨论的基本素质支撑
- 拓宽智能化费用管理在实际业务中的应用,提高学生知行合一的能力

思维导图

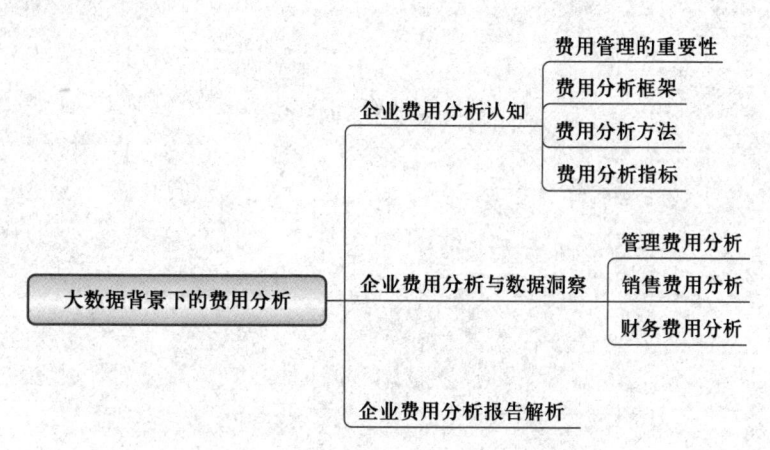

大数据背景下的费用分析
- 企业费用分析认知
  - 费用管理的重要性
  - 费用分析框架
  - 费用分析方法
  - 费用分析指标
- 企业费用分析与数据洞察
  - 管理费用分析
  - 销售费用分析
  - 财务费用分析
- 企业费用分析报告解析

学思践行

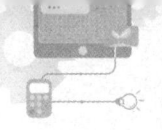

中国的科技公司，每年都在研发上投入几十亿元甚至是几千亿元，但是依旧面临"卡脖子"等难题无法解决。在此对2018—2020年华为和联想的营业收入、研发费用和净利润的数据进行了对比，如表1-8-1所示。

表1-8-1 华为与联想数据对比

年份	公司名称	营业收入/亿元	净利润/亿元	研发费用/亿元	研发费用占营业收入比例/%
2018年	华为	7 212	593	1 015	14.07
	联想	2 852	44	85.27	2.99
2019年	华为	8 588	627	1 317	15.34
	联想	3 436	57	94.64	2.75
2020年	华为	8 924	646	1 418.93	15.90
	联想	4 116	80	92	2.24

华为发布的2018年年度报告显示，华为2018年实现全球营业收入7 212亿元人民币，同比增长19.5%；净利润593亿元人民币，同比增长25.1%。值得一提的是，华为坚持每年将10%以上营业收入投入研发支出，2018年华为研发费用达1 015亿元，占营业收入的14.07%，同比增长13.2%，其中从事研发的人员有8万多名，约占总人数的45%。截至2018年12月31日，华为在全球累计获得授权专利87 805件。华为2019年年度报告显示，整体实现全球营业收入8 588亿元，同比增长19.1%，净利润627亿元，经营活动现金流量914亿元，同比增长22.4%。2019年华为持续投入技术创新与研究，研发费用达1 317亿元，占全年营业收入15.3%。华为2020年年度报告显示，华为研发费用支出为人民币1 418.93亿元，约占全年营业收入的15.90%。华为表示，未来将坚持对5G、云计算、人工智能及智能终端等面向未来的技术创新，持续增加研发费用的比重。

联想研发费用低是被市场重点吐槽的问题之一。据Wind数据显示，联想集团2018—2020年，研发费用分别为85.27亿元、94.64亿元和92亿元，研发费用占营业收入比重分别为2.99%、2.75%和2.24%。从趋势分析，2018—2020年联想的研发费用占比逐年降低。反观销售费用和管理费用占营业收入比重却逐年上涨。从表1-8-1可以看到，2020年联想全年营业收入达到4 116亿元，首次突破4 000亿元大关，净利润80亿元，同比增长了40.35%，但是研发支出仅为92亿元，同比下

降 2.79%。

思考与践行：

创新是高科技企业之魂，研发费用对创新科技企业来说是非常重要的一项支出。它是衡量高新技术企业发展后劲的重要指标。华为依靠研发投入开拓市场，创造社会价值，而联想却是依靠降费实现"久日子"，这种方式最终将失去技术优势。

任务一 企业费用分析认知

一、费用管理的重要性

企业的费用控制是企业增加收益、提高市场竞争力的重要手段。生产企业的费用总体上主要包括生产成本费用和期间费用两部分。其中生产成本费用主要涉及企业生产过程的料工费等内容，对企业正常生产过程的影响比较大，从而使得生产成本费用的压缩空间相对有限。而期间费用包括销售费用、管理费用和财务费用三个方面，相对弹性较大。因此在通常情况下，企业通过对销售费用、管理费用和财务费用这三个方面的费用管控来实现以下价值：

（1）准确的费用数据是制订价格的依据，便于企业提高市场竞争能力；

（2）费用的降低能够提高企业的利润，直接影响企业经济效益；

（3）费用关联到公司每个部门、员工，通过规范库存材料的核算管理，减少资金占用等，减少浪费，进而提高经济效益；

（4）费用管理水平的提高可以带动和促进整个公司管理水平的提高。

想一想

企业对成本费用的控制为什么主要针对期间费用，而不是生产成本费用？通过对费用的管控，对企业的发展还有哪些帮助？

二、费用分析框架

本项目主要的分析对象是期间费用，也就是管理费用、财务费用、销售费用三大费用，分析框架是先整体后专项的模式，先对期间费用的整体状况进行分析，再分项目进行管理费用的分析与数据洞察、销售费用的分析与数据洞察、财务费用的

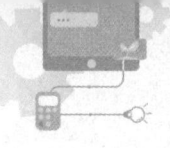

分析与数据洞察。

费用分析的目标：

（1）分析费用形成原因；

（2）研究影响费用升降的各种因素；

（3）寻找降低费用可以采取的措施和途径。

> **注意**
> 本企业行业特征比较特别，销售费用占比较少，在分析时我们以管理费用和财务费用的数据为主进行分析。

三、费用分析方法

从费用数据分析中发现问题，核心分析方法是对比。首先要明确分析目标，其次是确定数据范围，也就是所要对比的数据，最后了解如何进行对比，即对比的方法。下面简单介绍对比分析的方法。

（一）历史对比

历史对比可通过同比与环比的方式，也就是分析要素相同，但分析时间不同。例如：将本月费用合计数与上月费用合计数做比较，或将本月费用合计数与上年同期费用合计数做比较；该分析方法可以判断出费用浮动的合理性。当然，为了给出准确的分析结果，我们还需要了解数据背后的实际意义，做深入的数据洞察溯源分析。

（二）横向对比

将本企业费用数据指标与同行业均值数据指标做对比，或将本企业费用数据指标与行业内对标企业数据指标做对比，这样可以更好地了解本企业费用指标在行业内的排名，及时优化高于行业均值的费用指标，从而进一步提高企业的利润。

（三）结构百分比

由于行业不同，每家公司产生的管理费用、销售费用、财务费用也有所不同，如何判断企业相关费用的合理性，可以参考结构百分比分析法，找到利润表中较为重要的一项。如将营业收入数据作为100%，然后分别找到销售费用、管理费用以及财务费用与营业收入的比重关系。结构百分比法排除了规模的影响，使不同比较对象建立起可比性。

（四）多维度分析

我们分析的数据项越多，可以发现的问题及洞察的机会也就越多。比如本月与上月销售费用总量对比没有太大异常，但对比各部门费用分析就会发现异常，总量不变的情况下，各部门费用是不同的；或者各部门费用分析没有异常，但单一的报销科目有异常，如发生大额异常业务招待费等。多维度的分析，要求使用的分析指

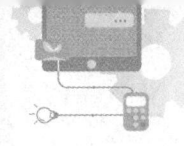

标也是不同的，如平均数、中位数、最大值、最小值以及各个比率。

想一想

费用分析的多种方法各有优点，以企业案例为例，如果要想知道本企业的费用管控在整个相同行业环境中所处的地位，应用哪种分析方法？

四、费用分析指标

在做企业费用分析时，我们最关心的是本期费用总额和年累计费用总额。在对费用有一个整体的把控之后，我们还会关注费用的结构，以及结构内各项占比，找出最影响费用总额变动的项目；同时，我们也会按照费用的发生频率对费用做一个划分，例如哪些费用是固定性费用，也就是日常经营所需固定发生的费用（如办公室租赁费），哪些费用是偶发性费用（如因特殊事件产生的一次性咨询费）。要做到了解费用背后的意义，除了对企业的业务有一定了解以外，还需要对企业费用做整体分析，以及找出费用高低的合理性，并及时对费用做支出管控，也就是费控，从而提高企业费效比及毛利率。

对一个企业的费用做整体分析时，主要是看本期公司费用、全年累计费用、固定费用与变动费用分析。常见的分析指标如表 1-8-2 所示：

表 1-8-2 常见的分析指标

指标	含义	数据来源
本期费用总额	反映费用整体情况	内部数据
全年累计总额	反映费用整体情况	内部数据
费用占本季度费用比例	反映费用在本季度中的情况	内部数据
费用占全年费用比例	反映费用在本年度中的情况	内部数据
全年累计中各月费用占比	反映费用的浮动情况	内部数据
费用环比上月数值	反映本期费用变化趋势	内部数据
费用同比上年同期数值	反映本期费用与上年情况	内部数据
费用构成及占比	反映费用结构情况	内部数据
费用历史趋势	反映费用历史变动情况	内部数据
费用收入比	反映费用与收入的配比	内部数据
本期管理费用率、销售费用率、财务费用率	分解三大费用与收入的关系	内部数据
与行业均值对比	反映企业与行业均值高低	外部数据
与对标企业对比	反映企业与对标企业的高低	外部数据

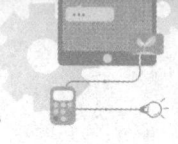

任务二 企业费用分析与数据洞察

一、管理费用分析

管理费用是指企业的行政管理部门为管理和组织经营而发生的各项费用，包括管理人员工资和福利费、公司一级折旧费、修理费、技术转让费、无形资产和递延资产摊销费及其他管理费用（办公费、差旅费、劳保费、土地使用税等）。企业应通过"管理费用"账户，核算管理费用的发生和结转情况。该账户借方登记企业发生的各项管理费用，贷方登记期末转入"本年利润"账户的管理费用，结转后该账户应无余额。该账户按管理费用的费用项目进行明细核算。管理费用核算的内容包含：

（1）企业管理人员的基本工资、工资性补贴、职工福利费。

（2）企业办公费，指企业办公用文具、纸张、账表、印刷、邮电、书报、会议、水、电、燃煤（气）等费用。

（3）差旅交通费，指企业管理人员差旅费、探亲路费、劳动力招募费、离退休职工一次性路费及交通工具油料费、燃料费、牌照费和养路费等。

（4）固定资产使用费，指企业管理用的、属于固定资产的房屋、设备、仪器等折旧费和维修费等。

（5）其他费用，如职工教育经费、业务招待费、税金、技术转让费、无形资产摊销、咨询费、诉讼费、开办费摊销、上缴上级管理费、劳动保险费、待业保险费、董事会会费、财务报告审计费、筹建期间发生的开办费等。

在企业日常运营中，管理费用的分析是必不可少的一个环节，目的是判断管理费用的合理性以及找出费用在管理中有待优化的地方。分析管理费用明细表是进行管理费用分析的一个途径，明细表记录了企业一定时期内发生的管理费用及其构成情况，是管理费用分析的基础表。通常管理费用分析为按月进行或按季度进行，定期出具管理费用报告是对管理费用管控的有效手段。

管理费用率是管理费用分析常见指标之一，管理费用率指标高，说明企业的利润被组织、管理性的费用消耗得太多，必须加强管理费用的控制才能提高盈利水平。管理费用率公式为：

$$管理费用率 = 管理费用 / 主营业务收入 \times 100\%$$

在进行管理费用率分析时，应注意以下两点：第一，因为管理费用中绝大部分属于不变成本，所以随着销售额的增长，管理费用率应呈现下降趋势。第二，一般

情况下，管理费用率会因为行业不同而存在较大差异。例如，零售行业一般较低，金融行业一般较高。

想一想

通过对管理费用的管控，就你了解的企业，哪些项目可以归集到管理费用？如果对这些项目进行分析，你认为可以从哪些内容入手？这对于企业能够提供什么样的帮助？

二、销售费用分析

销售费用是指企业销售商品和材料、提供劳务的过程中发生的各种费用。作为我们常说的三大费用之一，对销售费用进行分析的主要目的是帮助管理层了解销售费用变动趋势的对比分析，及时发现某些异常费用。了解发生费用与预算的差异，及时发现问题，从而调整管控策略。企业发生的与专设销售机构相关的固定资产修理费用等后续支出也属于销售费用。

（一）销售费用的核算内容

（1）保险费、包装费、展览费和广告费、商品维修费、预计产品质量保证损失、运输费、装卸费等；

（2）为销售本企业商品而专设的销售机构（含销售网点、售后服务网点等）的职工薪酬、业务费、折旧费等经营费用；

（3）企业发生的与销售商品和材料、提供劳务以及专设销售机构相关的不满足固定资产准则规定的固定资产确认条件的日常修理费用和大修理费用等固定资产后续支出。

（二）销售费用分析相关的指标

1. 销售费用与销售回款比

销售回款相比销售收入更能体现公司市场营销团队的工作质量，通过与竞争对手对比销售费用与销售回款的比例，分析公司的销售费用各项支出是否合理，并有助于对公司销售队伍和销售模式的持续改进。

2. "销售费用——业务招待费"占销售回款比

业务招待费取"销售费用——业务招待费"账户金额。若该项指标相比同行业较大，且市场人员人均回款和人均创收较低，首先应考虑公司的发展阶段和行业地位，其次应考虑公司销售模式、销售团队能力相比竞争对手的差异，最后再考虑公司对于业务招待费的预算、考核和内部控制是否存在不足。

3. "销售费用——差旅费"占销售回款比

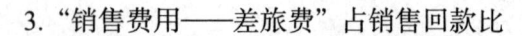

差旅费取"销售费用——差旅费"账户金额。若该项指标相比同行业较大，且市场人员人均回款和人均创收较竞争对手低，应首先考虑公司在对客户公关的资源分配是否较为分散且缺少重点，其次考虑销售分支机构的分布是否合理，最后再考虑公司对于销售费用——差旅费的预算、考核和内部控制是否存在不足。

4. "销售费用——广告费"占销售回款比

若该项指标相比同行业较大，公司应分析广告投放渠道和受众对象相比竞争对手是否存在较大差距。

5. 销售费用率

销售费用率通常体现企业为取得单位收入所花费的单位销售费用，或者销售费用占营业收入的比例，其公式为：

$$销售费用率 = 销售费用 / 主营业务收入 \times 100\%$$

通过上述公式可以计算出各行各业的销售费用率，从而对所分析的企业就本指标数据高低的合理性进行判断。

拓展阅读

新浪财经在2020年5月报道了一篇文章，题目为"A股医药公司销售费用之谜：钱都花哪了"，该文章阐述了医药行业销售费用的近况，不难看出，正是有了销售费用率这一指标，文章对A股300多家医药公司的销售费用情况做了快速分析。

然而医药公司规模差距较大，只看销售费用绝对值未免有失偏颇。从销售费用率，也就是销售费用占营业收入比重的角度来看，就能更好地理解医药公司的销售风格。根据不完全统计的数据，在上市公司层面，2011年至2016年，生物医药行业的销售费用率在13%~19%之间，2017年增至21.4%，2018年中期跃升至31.03%，2018年全年为32.66%，2019年中期是32.67%。2019年，A股医药公司的最高销售费用率达96.5%，这也意味着每赚一块钱进账，就有0.96元是要作为销售费用花出去的，收益微薄。据投中健康统计，近36%的医药公司销售费用率在50%以上。

想一想

通过对销售费用的学习，判断是不是销售费用越大，企业的利润也就越大呢？如何将企业的销售费用控制在一个合理的区间？

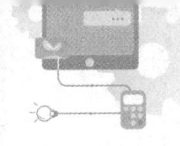

三、财务费用分析

财务费用是指企业为筹集生产经营所需资金等而发生的费用。具体项目有：利息净支出（利息支出减利息收入后的差额）、汇兑净损失（汇兑损失减汇兑收益的差额）、金融机构手续费以及筹集生产经营资金发生的其他费用等。在企业筹建期间发生的利息支出，应计入开办费；为购建或生产满足资本化条件的资产发生的应予以资本化的借款费用，在"在建工程""制造费用"等账户核算。通过对财务费用分析能够评价资金管理成效，主要针对公司业务的特殊性，对pos机刷卡手续费、汇兑损益和利息支出等进行明细分析，从而实现对企业财务和资金规范、科学、合理的管理。

可以通过财务费用率这个指标的计算，分析企业的财务负担，调整筹资渠道，改善资金结构，提高盈利水平，其公式为：

$$财务费用率 = 财务费用 / 主营业务收入 \times 100\%$$

例如2020年，万科和保利地产的财务费用率分别为0.85%和1.63%，而阳×股份的财务费用率为44.73%，2021年更是增长到50%以上。从融资结构来看，阳×股份公司债务主要是长期债务，每年需要承担高昂的资金成本，却无法实现足够的营业收入来分摊财务费用。

? 想一想

很多企业说现在的经营都是在给银行打工，这句话恰恰说明了财务费用的支出在企业的利润中占比太多。应该如何将企业的财务费用控制在合理的区间，不造成过多的费用负担呢？

实战演练十二　企业费用分析 ▶▶▶

案例背景

2019年10月8日，AJHXJL公司的业务经营分析会，管理层要求财务总监汇报三大费用的分析报告。

任务目标

财务大数据分析师对企业的整体费用、管理费用、销售费用以及财务费用进行分析，对费用的异常项做洞察与溯源，深度挖掘，查明原因，为后续的经营决策提供数据支持。

任务实现

登录新道财务大数据平台，根据平台中任务指南完成操作，或参见模块二实战演练十二企业费用分析操作指导，完成任务操作。

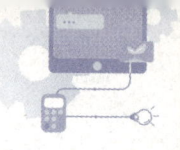

任务三 企业费用分析报告解析

财务分析师根据管理层要求，所做的费用分析报告如下：

一、整体费用分析

AJ 公司与金岭矿业 2019 年 9 月的费用结构及三大费用同比分析见图 1-8-1。

AJ公司2019年费用结构
- 财务费用 530.73万元 16.87%
- 销售费用 180.11万元 5.72%
- 管理费用 2,435.89万元 77.41%

对标金岭矿业2019年费用结构
- 财务费用 -699.39万元 -4.63%
- 销售费用 2,253.58万元 14.93%
- 管理费用 13,545.00万元 89.71%

AJ公司三大费用同比分析

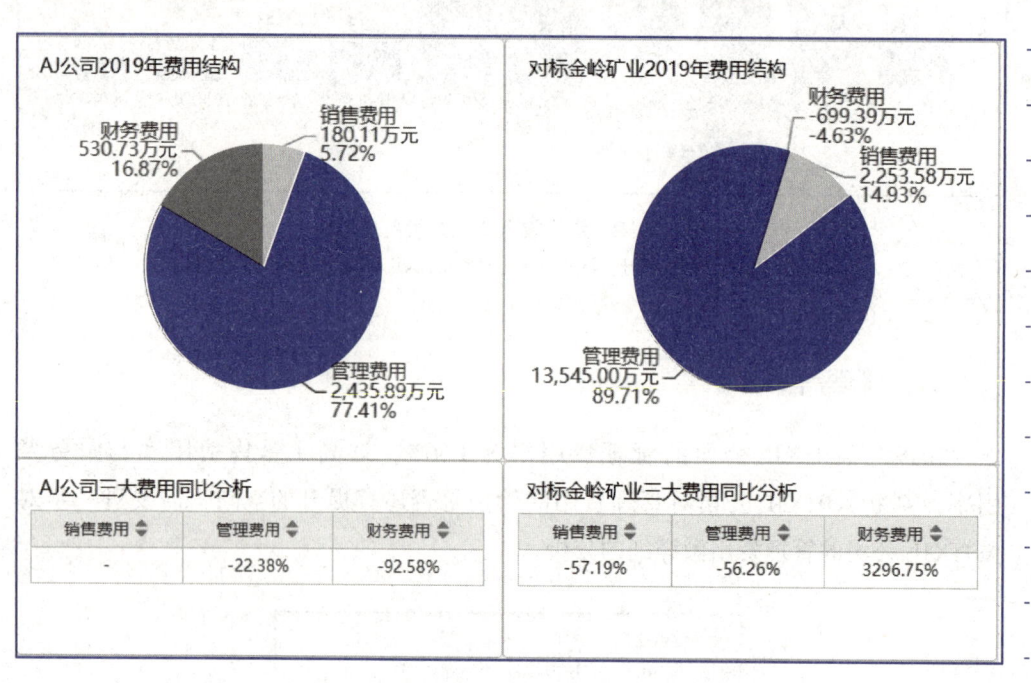

销售费用	管理费用	财务费用
-	-22.38%	-92.58%

对标金岭矿业三大费用同比分析

销售费用	管理费用	财务费用
-57.19%	-56.26%	3296.75%

图 1-8-1　AJ 公司与金岭矿业费用结构、三大费用同比分析

从图 1-8-1 可以看出，无论是 AJHXJL 公司还是金岭矿业，其费用占比最大的都是管理费用。销售费用占比都不大，这也反映了"黑色金属采选业"行业的费用特点，该行业的客户比较稳定，不需要耗费资金去开拓和维护客户关系。

通过对比 2018 年数据，发现两家公司各项费用都在递减，说明为了提高利润空间，两家公司都对费用做了控制。

再看 AJHXJL 公司的各项费率比，并将其与金岭矿业做对比。从分析云可视化计算结果可以看出，AJHXJL 公司各项指标均好于金岭矿业，说明 AJHXJL 公司的费用控制与同业比较还是不错的，如图 1-8-2 所示。

模块一　财务大数据分析基础理论

2019年AJ公司总费用收入比与各项费用收入比				2019年金岭公司总费用收入比与各项费用收入比			
费用收入比	管理费用率	销售费用率	财务费用率	费用收入比	管理费用率	销售费用率	财务费用率
4.08	3.66	0.45	-0.04	4.74	4.40	0.55	-0.22

费用收入比趋势与横向对比

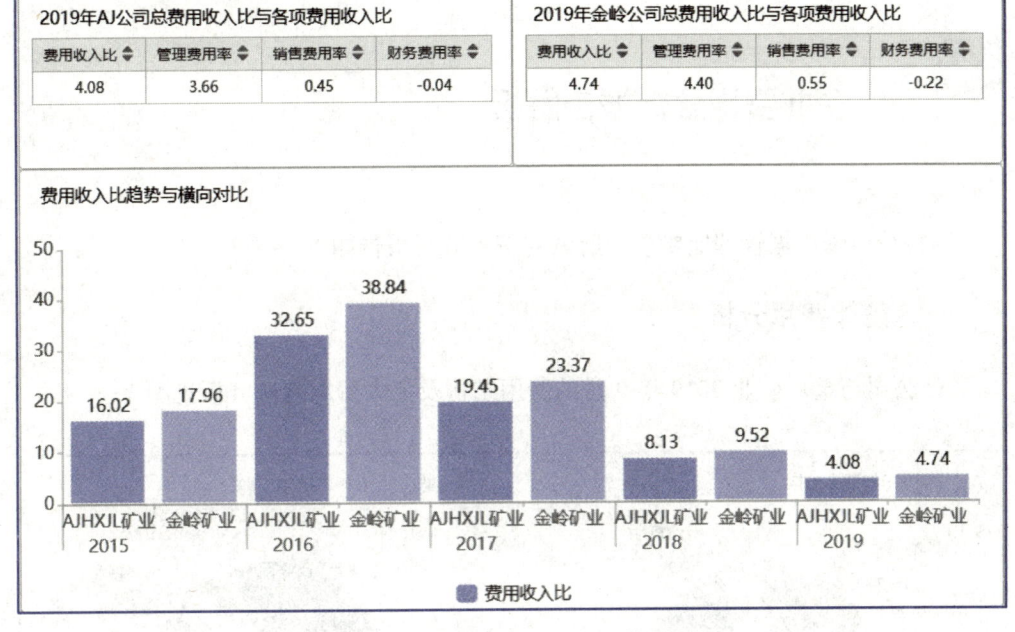

	AJHXJL矿业	金岭矿业
2015	16.02	17.96
2016	32.65	38.84
2017	19.45	23.37
2018	8.13	9.52
2019	4.08	4.74

图 1-8-2　费用收入比及各项费用率比

注：图中数字均为百分比数据；AJ 公司、AJHXJL 矿业即 AJHXJL 公司。

二、管理费用分析

2019 年 AJHXJL 公司的管理费用率为 3.66%，远高于销售费用率与财务费用率，判断 AJHXJL 公司对管理费用的管控是否还有提升的空间，需要进一步对 AJHXJL 公司的管理费用做详细的分析。

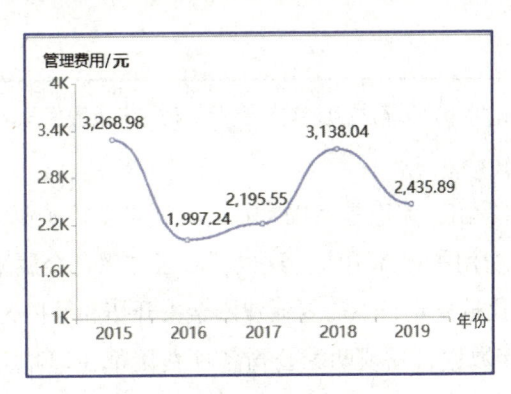

管理费用/元

年份	管理费用
2015	3,268.98
2016	1,997.24
2017	2,195.55
2018	3,138.04
2019	2,435.89

图 1-8-3　管理费用历年趋势

从 AJHXJL 公司历年管理费用趋势图 1-8-3 可以看出，AJHXJL 公司从 2016 年开始实行了管理费用控制，所以 2016 年与 2017 年管理费用总额在 2 000 万元上下浮动，2016 年比 2015 年下降了 39%，虽然 2017 年小幅度回升，但考虑到市场通

货膨胀的影响，2017 年增长 11% 是在可以接受范围以内。但 2018 年突增至 3 000 万元以上，增长比率为 42%，该指标变动较为异常，需要进一步分析其原因。2019 年 AJHXJL 公司的管理费用比 2018 年下降 22%，下降至 2 400 万元左右，但相比 2016 年和 2017 年的数据，该公司管理费用仍然有紧缩的空间。

管理费用子项数据如图 1-8-4 所示。

年_日期	2015	2016	2017	2018	2019	金额合计
折旧摊销	116万元	81万元	76万元	130万元	113万元	516万元
税金	154万元	153万元	-	-	-	308万元
中介机构费用	173万元	70万元	176万元	449万元	497万元	1,365万元
日常办公费用	610万元	474万元	653万元	599万元	382万元	2,719万元
其他费用	747万元	131万元	56万元	120万元	11万元	1,066万元
人力资源费用	1,470万元	1,087万元	1,246万元	1,827万元	1,432万元	7,062万元
合计	3,270万元	1,997万元	2,208万元	3,125万元	2,436万元	13,036万元

图 1-8-4　管理费用子项数据

从图 1-8-4 可以看出，2018 年各项管理费用中，增量较大的是中介机构费用和人力资源费用，尤其是中介机构费用，到 2019 年仍是上升趋势，需要进一步分析中介机构管理费用构成，了解具体是哪项费用的增加。中介费用构成如图 1-8-5 所示。

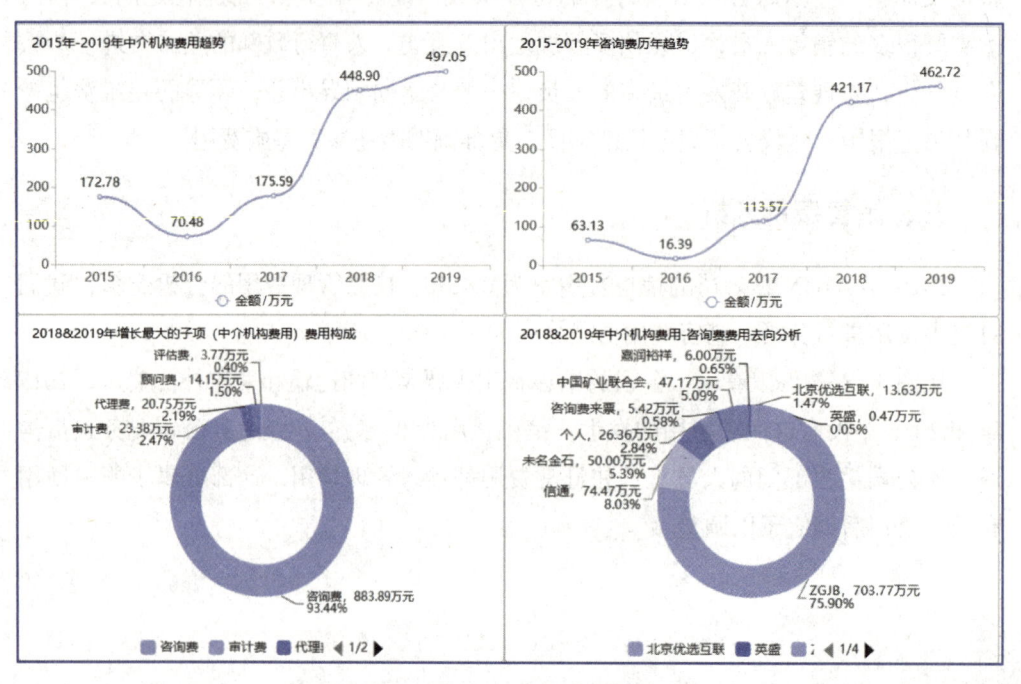

图 1-8-5　中介费用构成

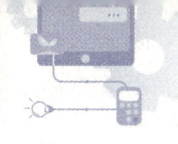

从图1-8-5可以看出，中介费用中占比最大的是咨询费，而且从2015—2019年，咨询费的增长趋势和中介费用的增长趋势基本吻合，可以判定，中介费用的变动的主要因素就是咨询费。再看咨询费的支付对象，支出占比最大的是ZGJB，通过查看下载资源中提供的资料，ZGJB是一家提供安全咨询培训的公司，AJHXJL公司的下属矿山在2018年6月份发生了爆炸事故，AJHXJL公司为了认真汲取这次重大爆炸事故教训，于2018年6月15日，与ZGJB签订了安全风险管控与文化品牌工程建设咨询服务项目。矿山安全关系到人的生命安危，AJHXJL公司在这块的投入合乎国家政策的要求，这块的费用增长是合理的。

差旅费情况分析如图1-8-6所示。

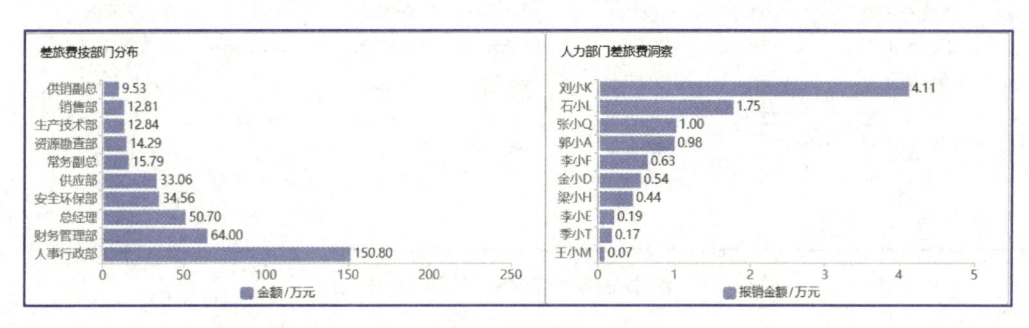

图1-8-6 差旅费情况分析

从图1-8-6可以看出，该公司发生差旅费最多的是人事行政部，销售部门的差旅费反而很少，这跟公司所属行业的特性所致，该公司的客户都是稳定的大客户，不需要很多的销售人员，也无须多频次地出差拜访。人事行政部的差旅费进一步按人员分析，发现差旅费发生最多的人员，一般是陪同领导出差，领导的差旅费也摊到其头上报销，建议公司规范报销制度，更准确明晰地核算差旅费用。

三、销售费用分析

2019年AJHXJL公司的销售费用率为0.45%，按照管理费用的分析逻辑，我们对销售费用进行分析。销售费用情况分析如图1-8-7所示。

从图1-8-7可以看出：公司的销售费用主要是装卸运输和采矿外协费用，2017年和2018年没有这两项费用的发生，销售费用率为0。另外，经过和公司业务人员沟通，该公司销售部门的人员工资和日常费用都计入管理费用，这部分属于账户使用有误，公司后期应予以调整。

项目八 大数据背景下的费用分析

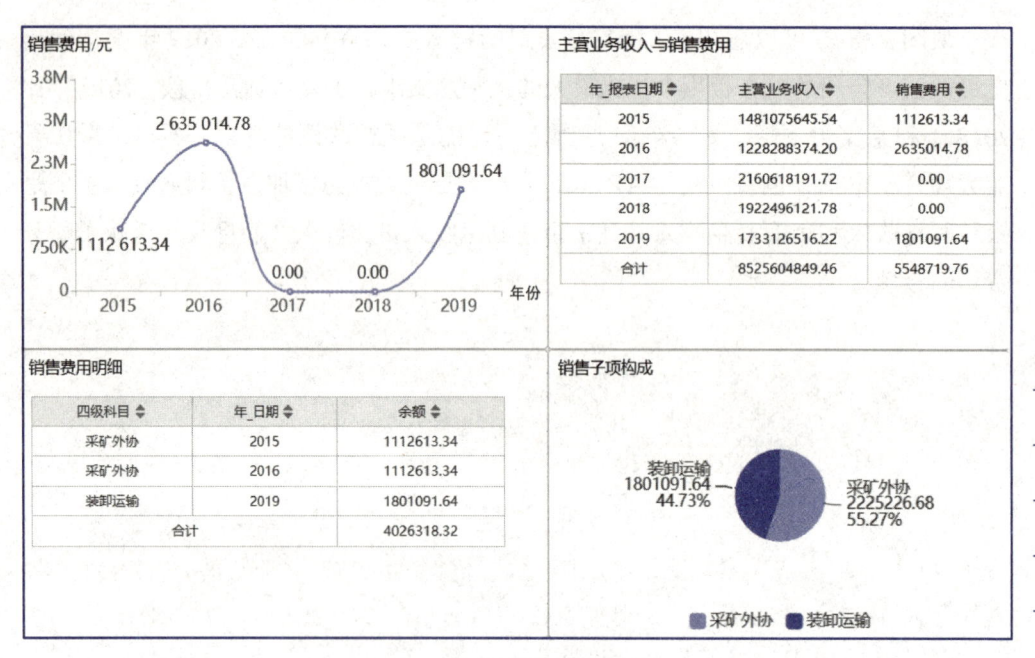

销售费用/元			

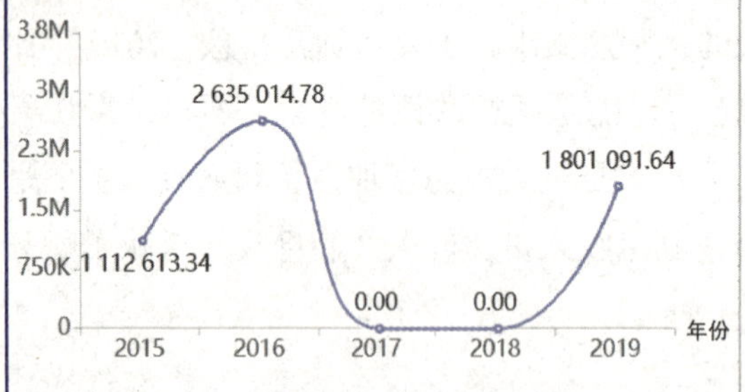

主营业务收入与销售费用

年_报表日期	主营业务收入	销售费用
2015	1481075645.54	1112613.34
2016	1228288374.20	2635014.78
2017	2160618191.72	0.00
2018	1922496121.78	0.00
2019	1733126516.22	1801091.64
合计	8525604849.46	5548719.76

销售费用明细

四级科目	年_日期	余额
采矿外协	2015	1112613.34
采矿外协	2016	1112613.34
装卸运输	2019	1801091.64
合计		4026318.52

销售子项构成：装卸运输 1801091.64 44.73%；采矿外协 2225226.68 55.27%

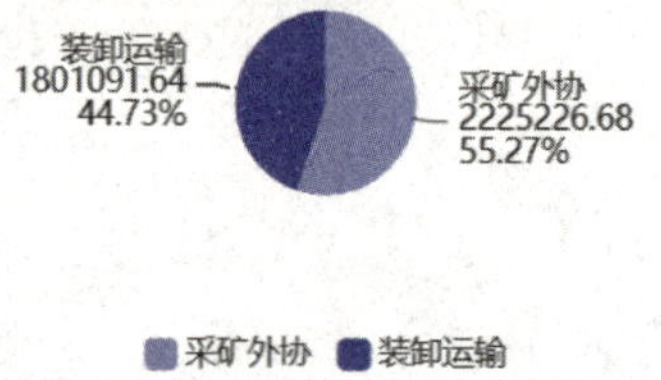

图 1-8-7　销售费用情况分析

四、财务费用分析

通过财务费用的历年趋势、子项构成、子项的同比增减等来分析公司的财务费用状况。财务费用情况分析如图 1-8-8 所示。

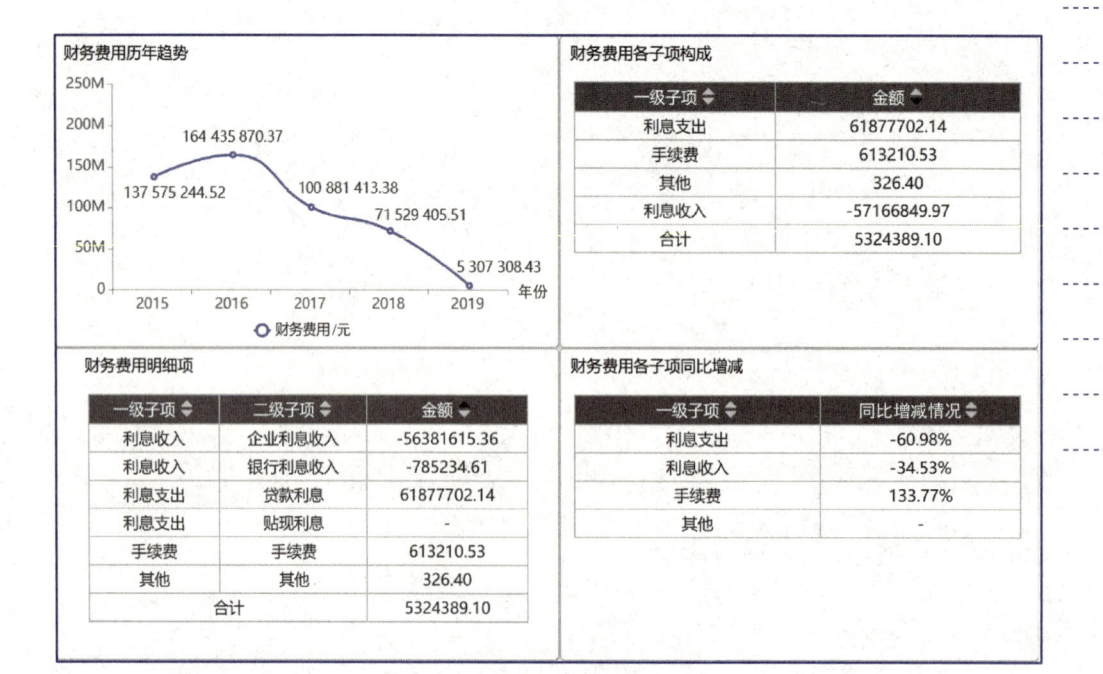

财务费用历年趋势：2015年 137 575 244.52；2016年 164 435 870.37；2017年 100 881 413.38；2018年 71 529 405.51；2019年 5 307 308.43

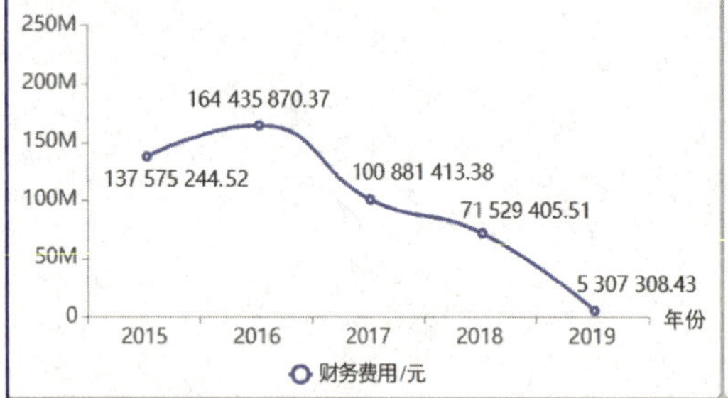

财务费用各子项构成

一级子项	金额
利息支出	61877702.14
手续费	613210.53
其他	326.40
利息收入	-57166849.97
合计	5324389.10

财务费用明细项

一级子项	二级子项	金额
利息收入	企业利息收入	-56381615.36
利息收入	银行利息收入	-785234.61
利息支出	贷款利息	61877702.14
利息支出	贴现利息	-
手续费	手续费	613210.53
其他	其他	326.40
合计		5324389.10

财务费用各子项同比增减

一级子项	同比增减情况
利息支出	-60.98%
利息收入	-34.53%
手续费	133.77%
其他	-

图 1-8-8　财务费用情况分析

159

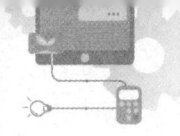

从图 1-8-8 可以看出：AJHXJL 公司的财务费用逐年下降，2019 年度达到历史最低值。公司的财务费用中占比最大的是利息支出，主要是贷款利息，2019 年比 2018 年利息支出下降了 60.98%，原因之一可能是银行政策的收紧，不再给采矿行业大额贷款审批，也有可能是 AJHXJL 公司对贷款管控力度加强。利息收入主要是银行利息收入和企业利息收入，其中企业利息收入占比较大。利息收入抵减了财务费用的金额。

模块二
实战演练操作指导

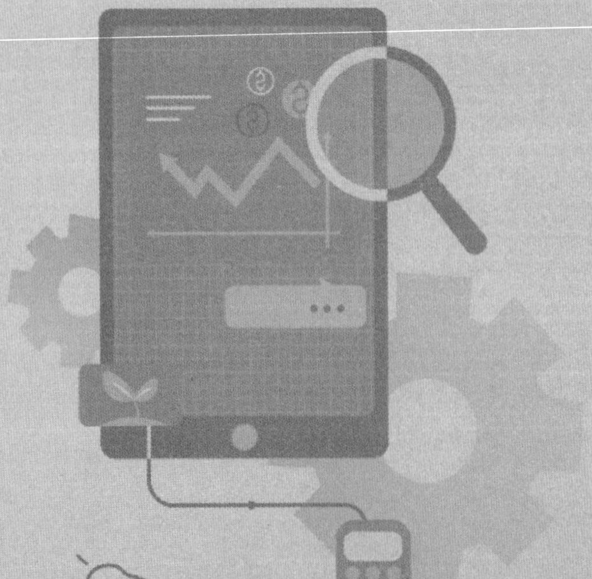

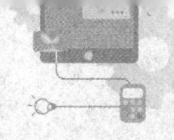

实战演练一
客户流失分析 »»»»»»

【任务要求】

梳理客户购油动态,精确定位流失客户,为江汉公司挽回部分流失客户。

【操作指导】

(1)登录课程平台。进入新道财务大数据平台,单击【大数据在财务领域中的应用】,查看"大数据技术及其在财务中的应用"课程资源,体会大数据在业务、财务分析中的作用。

(2)客户流失分析。阅读案例资料,整理江汉公司挽回部分流失客户的方法。

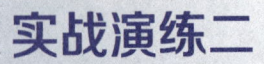

实战演练二
上交所财报数据采集 》》》》》》

一、单企业财报数据采集

【任务要求】

采集江西铜业 2020 年的年报数据,报表类型为基本信息。

【操作指导】

(1)数据采集。登录新道财务大数据平台,打开训练计划【数据采集实战演练】,单击【单企业财报数据采集】-【任务:单企业数据采集】-【开始任务】,进入数据采集页面。

(2)修改程序参数。修改程序参数,完成江西铜业 2020 年企业基本信息的采集。在平台提供的代码页面,修改第 7 行代码中的企业信息、第 9 行代码中的年份信息,代码如下:

```
code = [("600362"," 江西铜业 ","jxty")]
year = ["2020"]
```

界面如图 2-2-1 所示。

```
1  import json
2  import urllib.request
3  import pymysql
4
5
6  # 多企业 改为 单个企业 数据采集
7  code=[("600362","江西铜业","jxty")]
8  #定义year
9  year = ["2020"]
10
11 #report_period_id = ["5000","4400","4000","1000"]
12 #年报: 5000;  三季度报: 4400; 半年报: 1000;  一季度报: 4000;
13 report_period_id = ["5000"] #先以 年报调试
14 # 爬取链接
15 # url=["http://10.10.16.87:18118/security.info.get"]  # 采集的 请求接口,用于获取数据
16 url=["${zuullp}/security/security.info.get"]
17 # 链接sql
18 # db = pymysql.connect(host = '10.10.16.87',port = 3306,user = 'root',passwd = 'ufida!@#',db = 'spider',charset = 'utf8')
19 # 优化之后 配置不可见
```

图 2-2-1 Python 代码修改

(3)运行程序。单击【运行】按钮执行程序,Python 爬虫将从上交所仿真网站上采集江西铜业 2020 年的基础信息表。数据采集完毕后会提示采集是否成功。

163

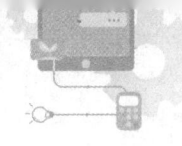

（4）查看采集结果。单击【查看数据】按钮，系统显示本次采集结果。若要将采集结果下载到本地，可单击【下载】按钮。

二、多企业财报数据采集

【任务要求】

采集多家企业的基本信息表，企业可在上交所上市公司中任选，例如选择"美克家居""柳钢股份""三一重工"和"贵州茅台"四家公司，采集它们2019年和2020年的企业基本信息。

【操作指导】

（1）数据采集。登录新道财务大数据平台，打开训练计划【数据采集实战演练】，单击【多企业财报数据采集】-【任务：多企业数据采集】-【开始任务】，进入数据采集页面。

（2）修改程序参数。在平台提供的代码页面，修改第7行代码中的企业信息、第9行代码中的年份信息，代码如下：

```
7   code = [("600337"," 美克家居 ","mkjj"),("601003"," 柳钢股份 ","lggf"),("600031"," 三一重工 ","syzg"),("600519"," 贵州茅台 ","gzmt")]
9   year = ["2019","2020"]
```

Python代码如图2-2-2所示。

```
1   import json
2   import urllib.request
3   import pymysql
4
5
6   # 多企业 改为 单个企业 数据采集
7   code=[("600337","美克家居","mkjj"),("601003","柳钢股份","lggf"),("600031","三一重工","syzg"),("600519","贵州茅台","gzmt")]
8   #定义year
9   year = ["2019","2020"]
10
11  #report_period_id = ["5000","4400","4000","1000"]
12  #年报：5000；   三季度报：4400；   半年报：1000；   一季度报：4000；
13  report_period_id = ["5000"]  #先以 年报调试
14  # 爬取链接
15  # url=["http://10.10.16.87:18118/security.info.get"]   # 采集 请求接口,用于 获取数据
16  url=["${zuullp}/security/security.info.get"]
17  # 链接sql
18  # db = pymysql.connect(host = '10.10.16.87',port = 3306,user = 'root',passwd = 'ufida!@#',db = 'spider',charset = 'utf8')
19  # 优化之后 配置不可见
```

图2-2-2 Python代码修改

（3）运行程序。单击【运行】按钮执行程序，Python爬虫将从上交所仿真网站上采集"美克家居""柳钢股份""三一重工"和"贵州茅台"四家公司2019年和2020年的企业基本信息。数据采集完毕后会提示采集是否成功。

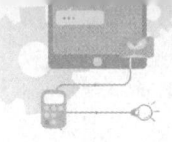

（4）查看采集结果。单击【查看数据】按钮，系统显示本次采集结果。

三、多企业多表数据采集

【任务要求】

采集 4 家企业（如"美克家居""柳钢股份""三一重工"和"贵州茅台"）2016 年至 2020 年的基本信息表资产负债表、利润表和现金流量表。

【操作指导】

由于修改的代码类似，因此下面以采集"利润表"数据为例讲解如何实现本任务，其他报表数据的采集由读者自行完成。

（1）数据采集。登录新道财务大数据平台，打开训练计划【数据采集实战演练】，单击【多企业多表数据采集】-【任务：采集利润表】-【开始任务】，进入数据采集页面。

（2）修改程序参数。在平台提供的代码页面，修改第 7 行代码中的企业信息、第 9 行代码中的年份信息，注意第 16 行的代码为采集"利润表"的 url。代码如下：

7	code = [("600337"," 美克家居 ","mkjj"), ("601003"," 柳钢股份 ","lggf"), ("600031"," 三一重工 ","syzg"),("600519"," 贵州茅台 ","gzmt")]
9	year = ["2016","2017","2018","2019","2020"]
16	url = ["${zuulIp}/security/security.incomestatement.get"]

Python 代码如图 2-2-3 所示。

```
1  import json
2  import urllib.request
3  import pymysql
4
5
6  # 多企业 改为 单个企业 数据采集
7  code=[("600337","美克家居","mkjj"),("601003","柳钢股份","lggf"),("600031","三一重工","syzg"),("600519","贵州茅台","gzmt")]
8  #定义year
9  year = ["2016","2017","2018","2019","2020"]
10
11 #report_period_id = ["5000","4400","4000","1000"]
12 #年报：5000；  三季度报：4400；  半年报：1000；  一季度报：4000；
13 report_period_id = ["5000"] # 先以 年报调试
14 # 爬取链接
15 # url=["http://10.10.16.34:18117/security.incomestatement.get"] # 采集的 请求接口,用于获取数据
16 url=["${zuulIp}/security/security.incomestatement.get"]
17 # 链接sql
18 # db = pymysql.connect(host = '10.10.16.31',port = 3306,user = 'root',passwd = 'ufida!@#',db = 'spider',charset = 'utf8')
19 # 优化之后 配置不可见
```

图 2-2-3 Python 代码修改

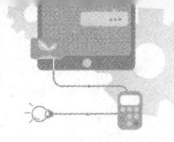

（3）运行程序。单击【运行】按钮执行程序，Python 爬虫将从上交所仿真网站上采集"美克家居""柳钢股份""三一重工"和"贵州茅台"四家公司 2016 年至 2020 年的利润表数据。数据采集完毕后会提示采集是否成功。

（4）查看采集结果。单击【查看数据】按钮，系统显示本次采集结果。

> **提示**
>
> 采集不同类型的报表数据时，其 url 的定义内容是不同的。
> 基本信息的 url = ["${zuulIp}/security/security.info.get"]
> 资产负债表的 url = ["${zuulIp}/security/security.balancesheet.get"]
> 利润表的 url = ["${zuulIp}/security/security.incomestatement.get"]
> 现金流量表的 url = ["${zuulIp}/security/security.cashflow.get"]

通过本模块的实战演练，帮助读者体验使用 Python 获取外部数据的便捷性，这种基于 Python 爬虫的数据采集方法比传统使用手工复制粘贴的效率要高很多。

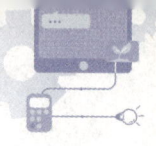

实战演练三
公司销售数据清洗 »»»»»»

一、全局清洗

【任务要求】

对给定的数据表进行全局清洗,将表格中所有值为 "-" 和空格的数据替换为 Null。

【操作指导】

(1)登录新道财务大数据平台,打开训练计划【公司销售数据清洗】,单击【任务:全局清洗规则】-【开始任务】,进入数据清洗页面。

(2)单击【选择数据源】,选择要清洗的数据。要清洗的数据表已经内置在平台中,直接单击上传数据空白框,选择内置数据表 "清洗示例-超市-1210 精简.xlsx",如图 2-3-1 所示。此处也支持上传数据表,单击【上传数据】,可以将自有的要清洗的数据表上传至平台。

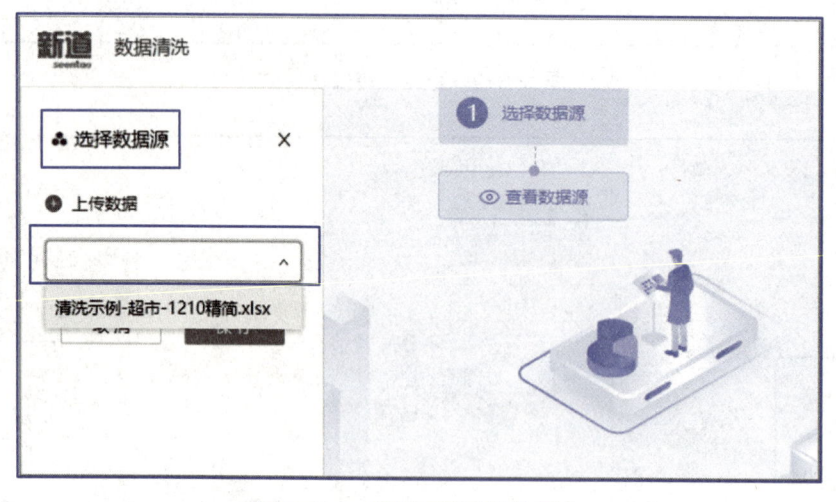

图 2-3-1 选择要清洗的数据表

(3)单击【保存】,数据上传成功,如图 2-3-2 所示。

(4)单击【查看数据源】,进入数据源预览界面。可以看到 "折扣" 列有数据值为 "-",有数据值为空。查看完毕单击左上角【返回】按钮。

(5)单击【配置全局清洗规则】,左侧出现 "配置全局清洗规则" 区,选择

模块二 实战演练操作指导

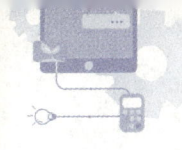

【字符替换】下的"-（仅有）替换为 Null"和"空格（仅有）替换为 Null"，单击【保存】，配置全局清洗规则显示在数据清洗界面中，如图 2-3-3 所示。此处也可以选择"-（仅有）替换为 0"和"空格（仅有）替换为 0"。

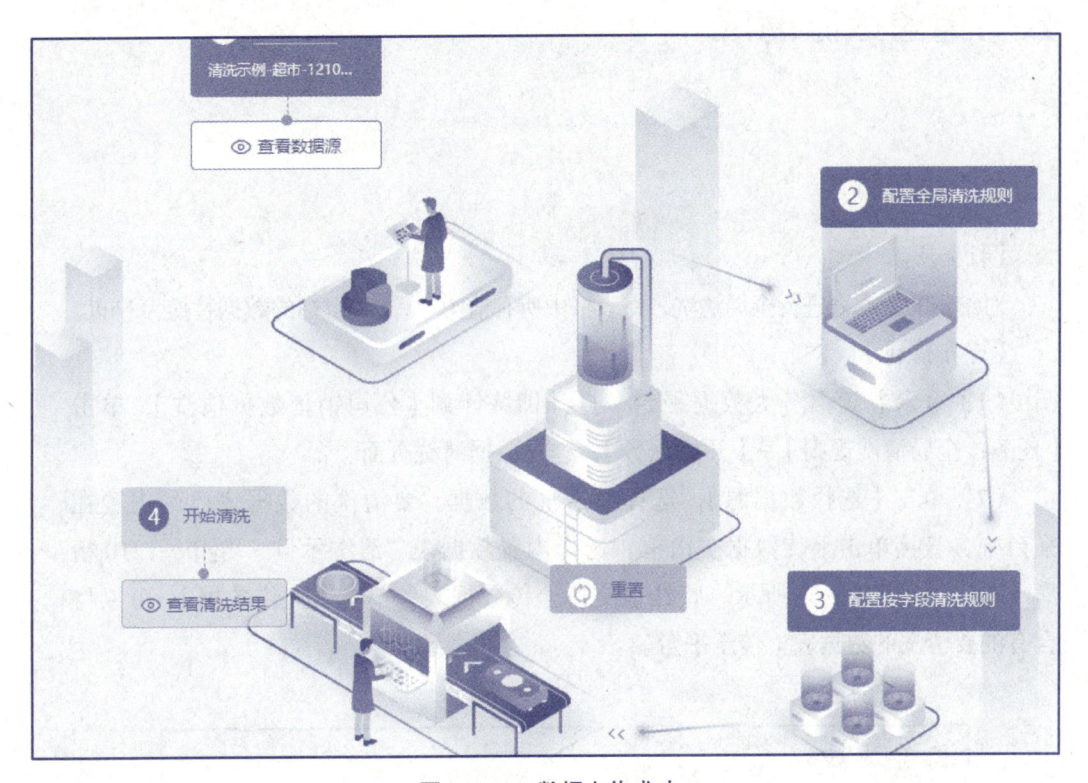

图 2-3-2 数据上传成功

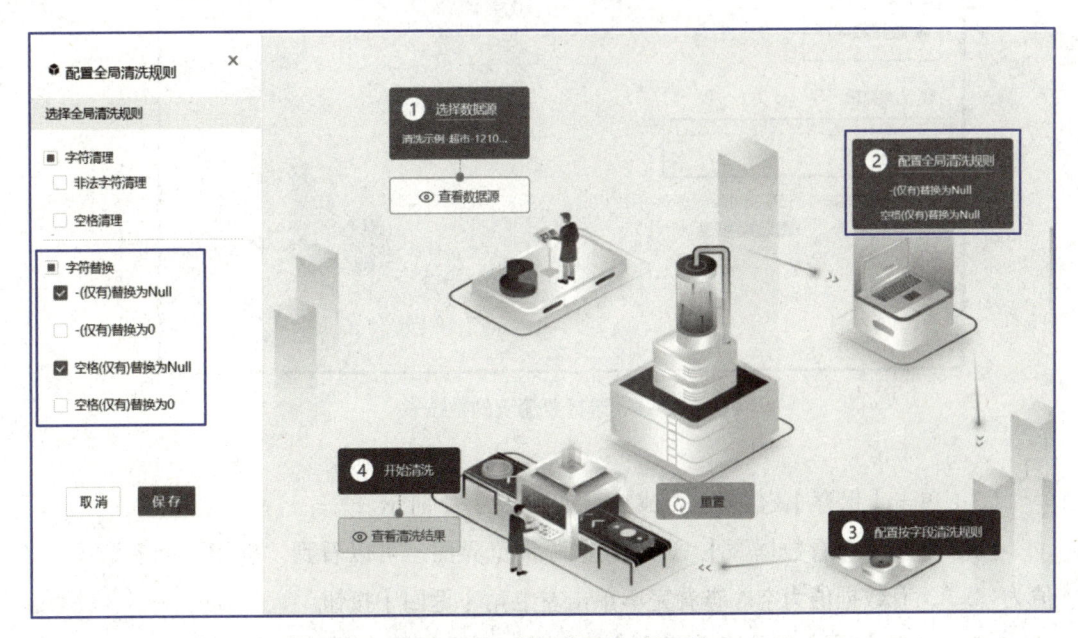

图 2-3-3 选择全局清洗规则

168

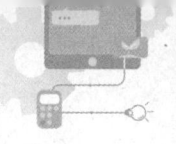

（6）单击【开始清洗】，系统弹出"确定要开始清洗吗"弹窗，单击【确定】。

（7）清洗完成，单击【查看清洗结果】，可以看到折扣列原来的"-"变成了空值 Null。

（8）单击【下载】，将该全局清洗结果保存，作为下一步清洗的数据源表。

二、字段拆分（客户）

【任务要求】

将"超市销售数据"中的"客户 ID"列拆分为"客户名称"和"客户 ID"两列。

【操作指导】

（1）登录新道财务大数据平台，打开训练计划【公司销售数据清洗】，单击【任务：客户分布分析】-【开始任务】，进入数据清洗页面。

（2）单击【选择数据源】，下拉选择"超市销售数据"（注：也可以将上一步清洗后的结果在此处上传），单击【保存】。

（3）单击【配置按字段清洗规则】-【添加规则】。

（4）选择"字段切分"，如图 2-3-4 所示。

（5）单击【+】，弹出"选择字段"窗口，将"客户 ID"移到右侧，单击【确定】，如图 2-3-5 所示。

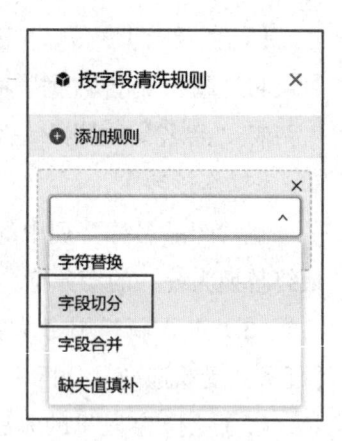

图 2-3-4　选择清洗规则

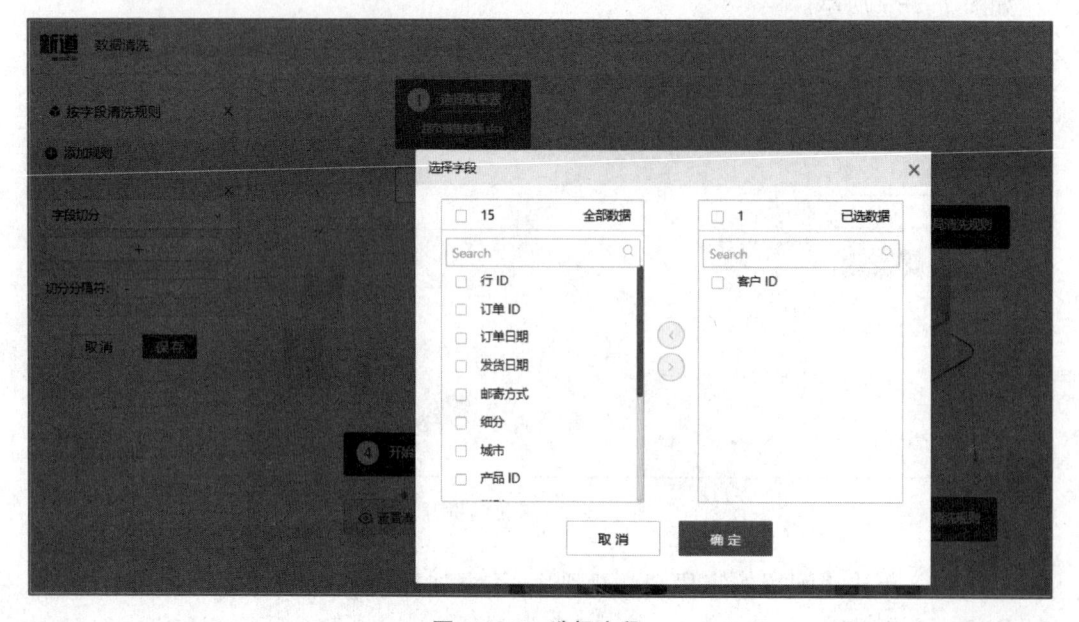

图 2-3-5　选择字段

169

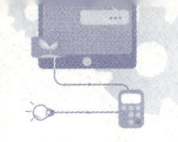

（6）在"字段清洗规则"区，设置切分分隔符为"-"，客户ID切分后的字段名分别设为"客户名称"和"客户ID"，如图2-3-6所示。单击【保存】，显示"配置规则成功"。

（7）单击【开始清洗】，系统自动按清洗规则执行清洗任务，清洗完毕。

（8）单击【查看清洗结果】，可以看到原"客户ID"列，变为"客户名称"和"客户ID"两列。

三、字段拆分（产品名称）

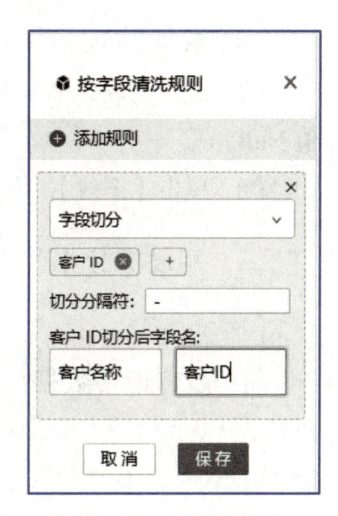

图2-3-6 添加规则

【任务要求】

将"超市销售数据"中的"产品名称"列拆分为"品牌""品名""规格"三列。

【操作指导】

将"产品名称"列中的切分符统一，将现有字段中的特殊字符进行逐一替换，最终替换为统一的切分符。

（1）进入新道财务大数据平台，打开训练计划【公司销售数据清洗】，单击【任务：受欢迎商品分析-产品名称切分】-【开始任务】，进入数据清洗页面。

（2）去除字段里的非法字符并将分隔符统一。单击【选择数据源】，下拉选择"超市销售数据"（注：也可以将上一步清洗后的结果在此处上传），单击【保存】，如图2-3-7所示。

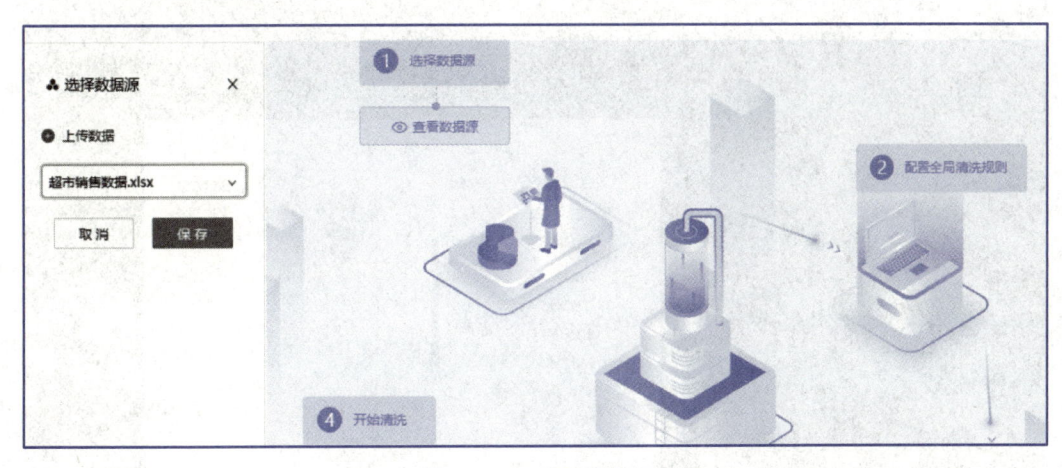

图2-3-7 选择数据源

（3）单击【配置按字段清洗规则】-【添加规则】，选择【字符替换】，单击【+】，选择字段"产品名称"，单击【确定】。

（4）将＊替换为空（不需输入任何值）。以相同方法单击【添加规则】继续进行其他规则的添加。

（5）将"/"替换为空（不需输入任何值），将"\"替换为空（不需输入任何值），如图2-3-8所示。

（6）将"|"替换为空格（空格需要进行输入，按空格键），如图2-3-9所示。单击【保存】，显示"配置规则成功"。

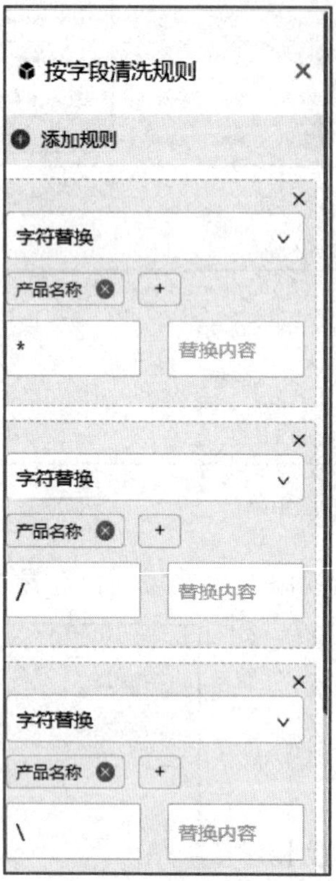

图2-3-8　字符替换为空 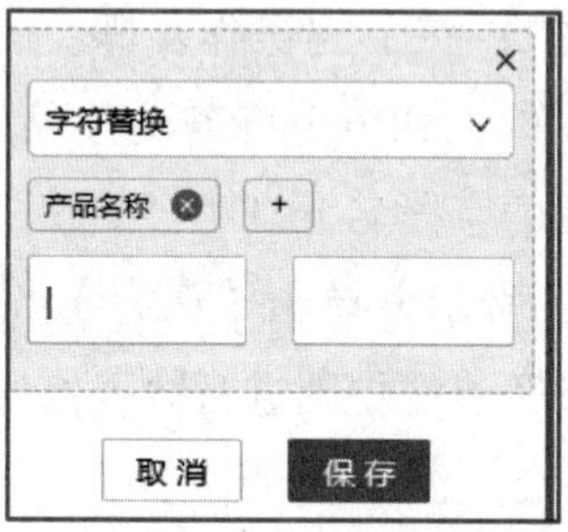　　　图2-3-9　字符替换为空格

（7）单击【开始清洗】，清洗完成。

（8）单击【查看清洗结果】，"产品名称"列中的特殊字符都已被清理，如图2-3-10所示。

（9）单击【下载】，将该清洗结果下载到本地，如图2-3-11所示。

（10）将"产品名称"切分为"品牌"和"品名规格"两列。在去除字段里的非法字符和将分隔符统一的基础上，将"产品名称"切分为"品牌"和"品名规格"两列，操作方法有以下两种：

171

行ID	订单ID	订单日期	发货日期	邮寄方式	客户ID	细分	城市	产品ID	类别	子类别	产品名称	销售额
1	US-2015-1357144	2015/04/28	2015/04/30	二级	曾惠-14485	公司	杭州	10002717	办公用品	用品	Fiskars 剪刀,蓝色	129.696
2	CN-2015-1973789	2015/06/16	2015/06/20	标准级	许安-10165	消费者	内江	10004832	办公用品	信封	GlobeWeis 搭扣信封,红色	125.44
3	CN-2015-1973789	2015/06/16	2015/06/20	标准级	许安-10165	消费者	内江	10001505	办公用品	装订机	Cardinal 孔加固材料,回收	31.92
4	US-2015-3017568	2015/12/10	2015/12/14	标准级	宋良-17170	公司	镇江	10003746	办公用品	用品	Kleencut 开信刀,工业	321.216
5	CN-2014-2975416	2014/05/31	2014/06/02	二级	万兰-15730	消费者	汕头	10003452	办公用品	器具	KitchenAid 搅拌机,黑色	1375.92
6	CN-2013-4497736	2013/10/27	2013/10/31	标准级	俞明-18325	消费者	景德镇	10001640	技术	设备	柯尼卡 打印机,红色	11129.58
7	CN-2013-4497736	2013/10/27	2013/10/31	标准级	俞明-18325	消费者	景德镇	10001029	办公用品	装订机	Ibico 订书机,实惠	479.92
8	CN-2013-4497736	2013/10/27	2013/10/31	标准级	俞明-18325	消费者	景德镇	10000578	家具	椅子	SAFCO 扶手椅,可调	8659.84
9	CN-2013-4497736	2013/10/27	2013/10/31	标准级	俞明-18325	消费者	景德镇	10001629	办公用品	纸张	GreenBar 计划信息表,多色	588
10	CN-2013-4497736	2013/10/27	2013/10/31	标准级	俞明-18325	消费者	景德镇	10004801	办公用品	系固件	Stockwell 橡皮筋,整包	154.28
11	CN-2012-4195213	2012/12/22	2012/12/24	二级	谢璧-21700	小型企业	榆林	10000001	技术	设备	爱普生 计算器,耐用	434.28
12	CN-2015-5801711	2015/06/02	2015/06/07	标准级	康青-19585	消费者	哈尔滨	10002416	技术	复印机	惠普 墨水,红色	2368.8

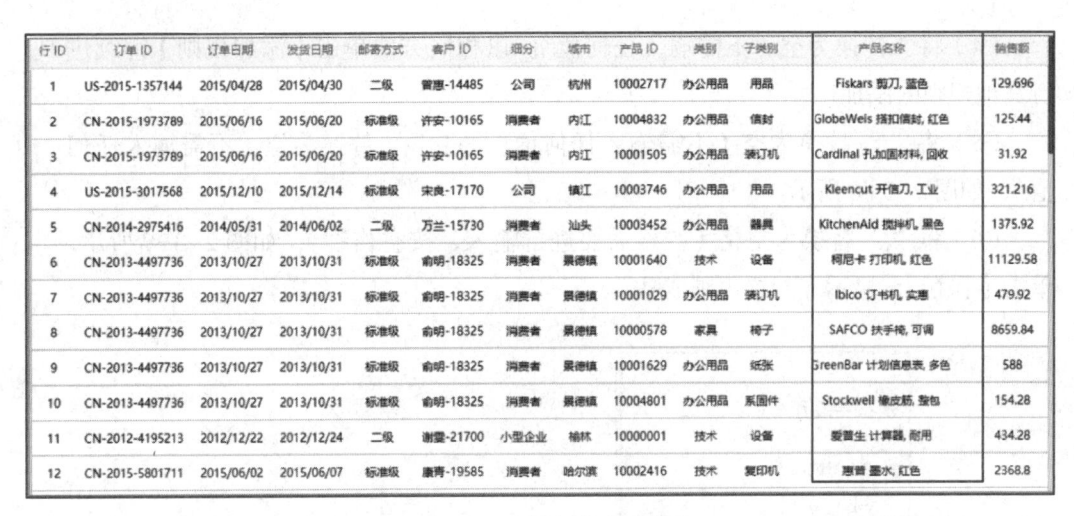

图 2-3-10　第一次清洗结果

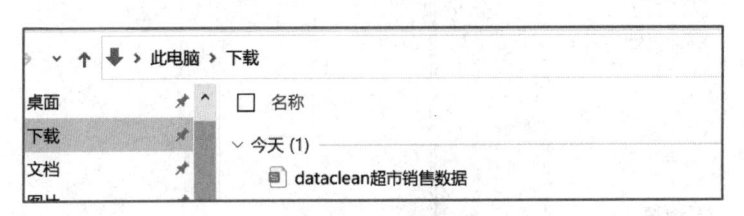

图 2-3-11　下载清洗结果

① 方法 1：在上述操作步骤（6）之后继续添加清洗规则，选择【字段切分】为"产品名称"，切分分隔符为空格（按空格键输入），切分后的字段名分别为"品牌""品名规格"，如图 2-3-12 所示，单击【保存】。单击【开始清洗】，即可按照清洗规则进行数据处理。

② 方法 2：在数据清洗界面，单击【重置】，重新选择数据源，如图 2-3-13 所示。单击【上传数据】-【上传数据源】，将上述操作步骤（9）下载的"dataclean 超市销售数据"数据表进行上传，如图 2-3-14、图 2-3-15 所示。单击【配置字段清洗规则】-【添加规则】-【字段切分】，选择切分字段为"产品名称"，切分分隔符为空格（按空格键输入），切分后的字段分别为"品牌""品名规格"，单击【保存】。单击【开始清洗】-【查看清洗结果】，可以看到新拆分的两列："品牌"列和"品名规格"列，如图 2-3-16 所示。单击【下载】，可将清洗结果保存到本地。

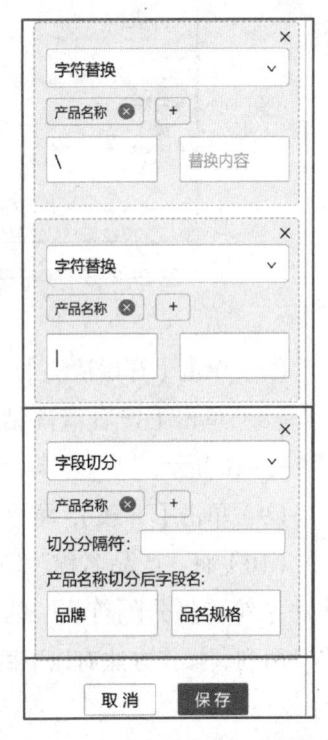

图 2-3-12　"产品名称"字段切分

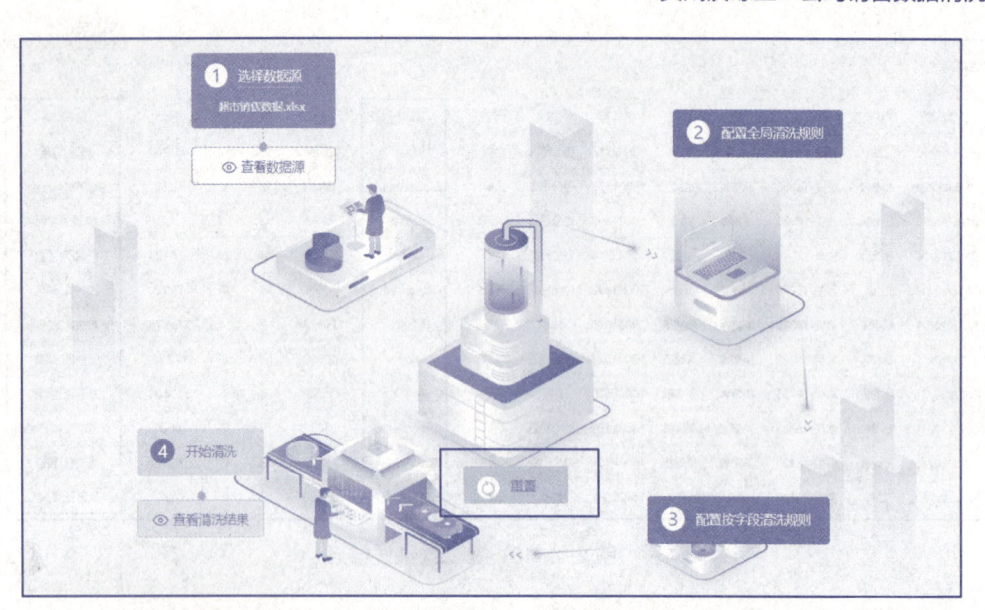

图 2-3-13 数据清洗重置

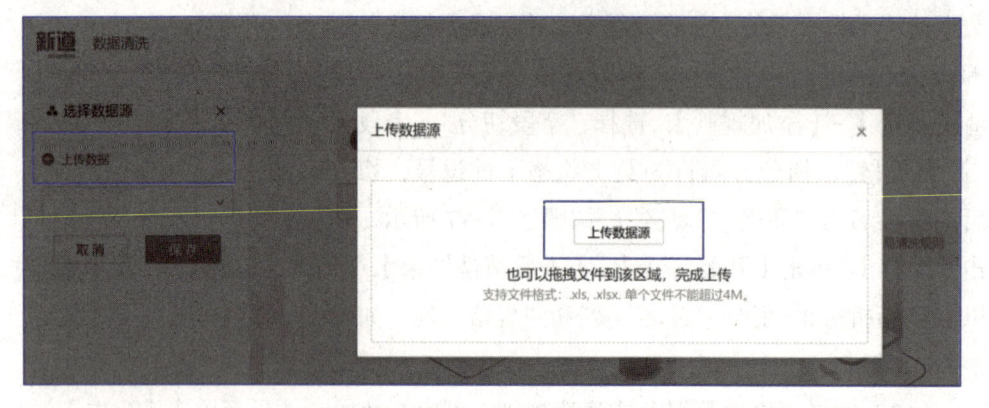

图 2-3-14 上传数据源

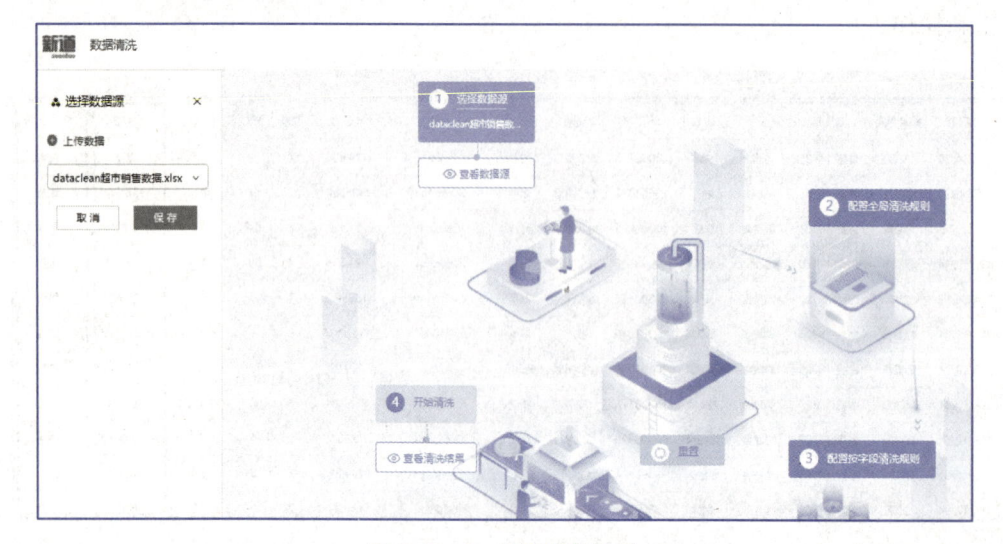

图 2-3-15 数据上传结果

173

	发货日期	邮寄方式	客户ID	细分	城市	产品ID	类别	子类别	品牌	销售额	数量	折扣	利润	品名规格
/28	2015/04/30	二级	曾惠-14485	公司	杭州	10002717	办公用品	用品	Fiskars	129.696	2	0.4	-60.704	剪刀, 蓝色
5/16	2015/06/20	标准级	许安-10165	消费者	内江	10004832	办公用品	信封	GlobeWeis	125.44	2	0	42.56	搭扣信封, 红色
5/16	2015/06/20	标准级	许安-10165	消费者	内江	10001505	办公用品	装订机	Cardinal	31.92	2	0.4	4.2	孔加固材料, 回收
/10	2015/12/14	标准级	宋良-17170	公司	镇江	10003746	办公用品	用品	Kleencut	321.216	4	0.4	-27.104	开信刀, 工业
5/31	2014/06/02	二级	万兰-15730	消费者	汕头	10003452	办公用品	器具	KitchenAid	1375.92	3	0	550.2	搅拌机, 黑色
/27	2013/10/31	标准级	俞明-18325	消费者	景德镇	10001640	技术	设备	柯尼卡	11129.58	9	0	3783.78	打印机, 红色
/27	2013/10/31	标准级	俞明-18325	消费者	景德镇	10001029	办公用品	装订机	Ibico	479.92	2	0	172.76	订书机, 实惠
/27	2013/10/31	标准级	俞明-18325	消费者	景德镇	10000578	家具	椅子	SAFCO	8659.84	4	0	2684.08	扶手椅, 可调
/27	2013/10/31	标准级	俞明-18325	消费者	景德镇	10001629	办公用品	纸张	GreenBar	588	5	0	46.9	计划信息表, 多色
/27	2013/10/31	标准级	俞明-18325	消费者	景德镇	10004801	办公用品	系固件	Stockwell	154.28	2	0	33.88	橡皮筋, 整包
/22	2012/12/24	二级	谢雯-21700	小型企业	榆林	10000001	技术	设备	爱普生	434.28	2	0	4.2	计算器, 耐用

图 2-3-16　第二次清洗结果

（11）下载上一步骤操作结果到本地计算机，重置数据清洗系统，上传上一步骤结果，将"品名规格"列拆分为"品名"和"规格"两列。单击【配置按字段清洗规则】-【添加规则】，选择"字段切分"，字段为"品名规格"，切分分隔符为英文状态下的逗号，切分后的字段名为"品名""规格"，如图 2-3-17 所示，单击【保存】。单击【开始清洗】-【查看清洗结果】，可以看到新拆分的两列："品名"列和"规格"列，如图 2-3-18 所示。

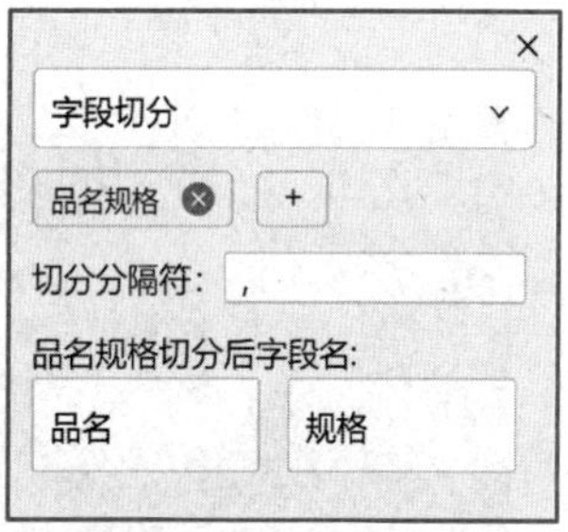

图 2-3-17　清洗规则设置

（12）如果要更改数据源或清洗规则，可以在数据清洗界面单击【重置】进行重新操作。

	发货日期	邮寄方式	客户ID	细分	城市	产品ID	类别	子类别	品牌	销售额	数量	折扣	利润	品名	规格
28	2015/04/30	二级	曾惠-14485	公司	杭州	10002717	办公用品	用品	Fiskars	129.696	2	0.4	-60.704	剪刀	蓝色
16	2015/06/20	标准级	许安-10165	消费者	内江	10004832	办公用品	信封	GlobeWeis	125.44	2	0	42.56	搭扣信封	红色
16	2015/06/20	标准级	许安-10165	消费者	内江	10001505	办公用品	装订机	Cardinal	31.92	2	0.4	4.2	孔加固材料	回收
10	2015/12/14	标准级	宋良-17170	公司	镇江	10003746	办公用品	用品	Kleencut	321.216	4	0.4	-27.104	开信刀	工业
31	2014/06/02	二级	万兰-15730	消费者	汕头	10003452	办公用品	器具	KitchenAid	1375.92	3	0	550.2	搅拌机	黑色
27	2013/10/31	标准级	俞明-18325	消费者	景德镇	10001640	技术	设备	柯尼卡	11129.58	9	0	3783.78	打印机	红色
27	2013/10/31	标准级	俞明-18325	消费者	景德镇	10001029	办公用品	装订机	Ibico	479.92	2	0	172.76	订书机	实惠
27	2013/10/31	标准级	俞明-18325	消费者	景德镇	10000578	家具	椅子	SAFCO	8659.84	4	0	2684.08	扶手椅	可调
27	2013/10/31	标准级	俞明-18325	消费者	景德镇	10001629	办公用品	纸张	GreenBar	588	5	0	46.9	计划信息表	多色
27	2013/10/31	标准级	俞明-18325	消费者	景德镇	10004801	办公用品	系固件	Stockwell	154.28	2	0	33.88	橡皮筋	整包
22	2012/12/24	二级	谢雯-21700	小型企业	榆林	10000001	技术	设备	爱普生	434.28	2	0	4.2	计算器	耐用

图 2-3-18　第三次清洗结果

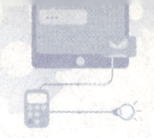

实战演练四
公司销售数据关联与报表数据合并 〉〉〉〉〉〉

一、数据关联

【任务要求】

超市数据与地区数据关联。

【操作指导】

（1）进入新道财务大数据平台，打开训练计划【数据集成实战演练】，单击【数据关联】-【超市数据与地区数据关联】-【开始任务】，系统自动跳转至用友分析云界面。

（2）单击【数据准备】-【数据集】-【财务大数据】-【数据集成】，可以看到已经内置的数据表"超市数据清洗结果""城市表""省区表"，如图2-4-1所示。

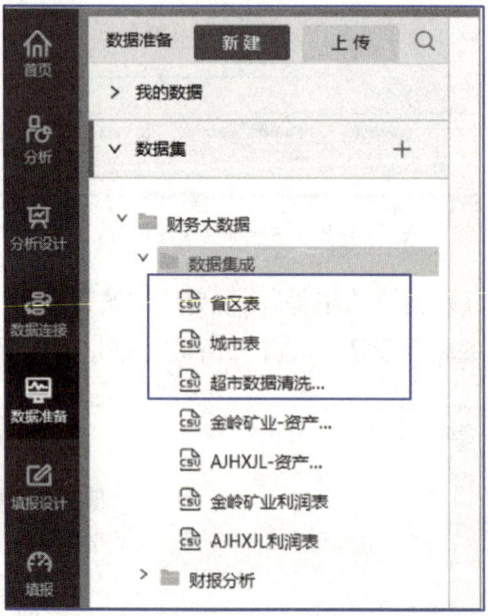

图2-4-1 数据表

（3）新建关联数据集。单击【新建】按钮，系统弹出"创建数据集"窗口，选择【关联数据集】，名称设为"超市省区关联"，单击【确定】，如图2-4-2所示。

175

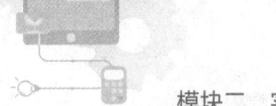

模块二 实战演练操作指导

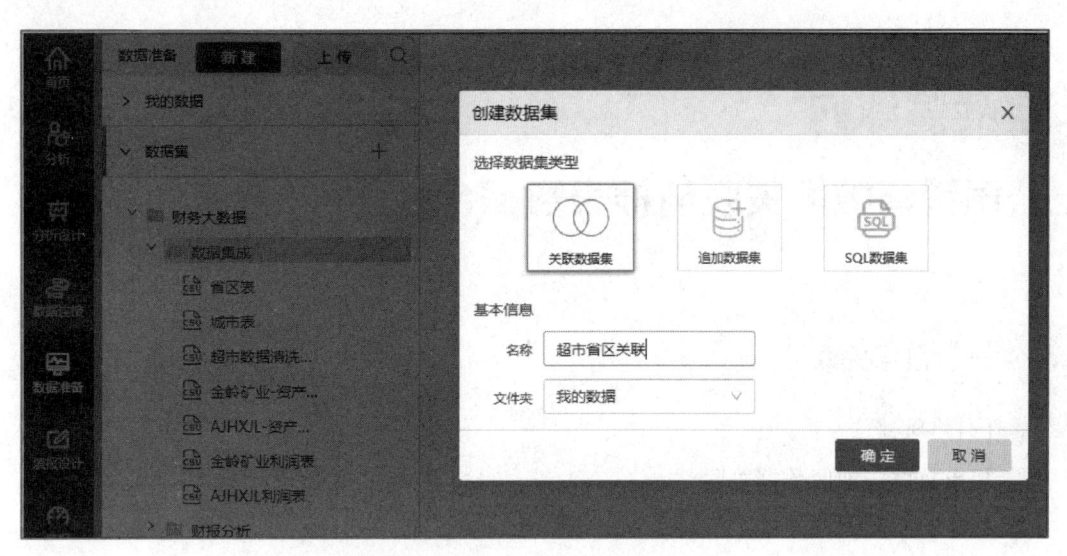

图 2-4-2 创建数据集

（4）将"超市数据清洗结果""城市表""省区表"依次拖拽到右方数据编辑区，如图 2-4-3 所示。

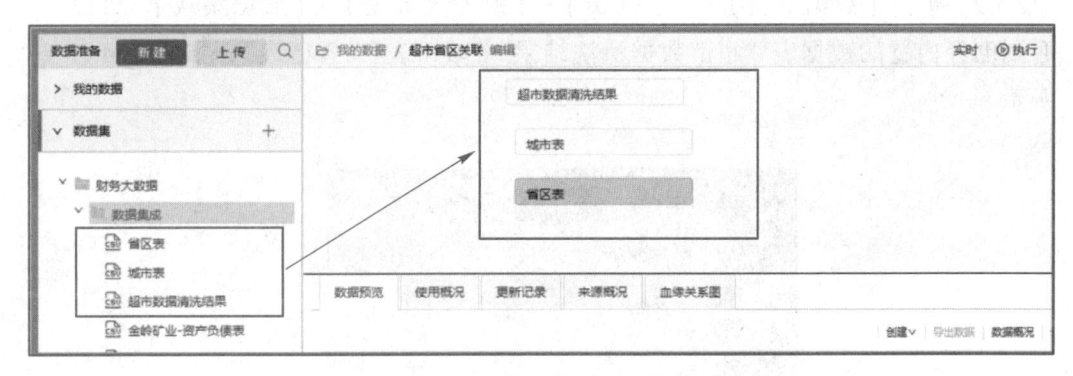

图 2-4-3 数据表拖入编辑区

（5）先单击"超市数据清洗结果"，再单击"城市表"，系统弹出"连接"窗口，选择"左连接"，关联字段是"城市"，单击【确定】，如图 2-4-4 所示。

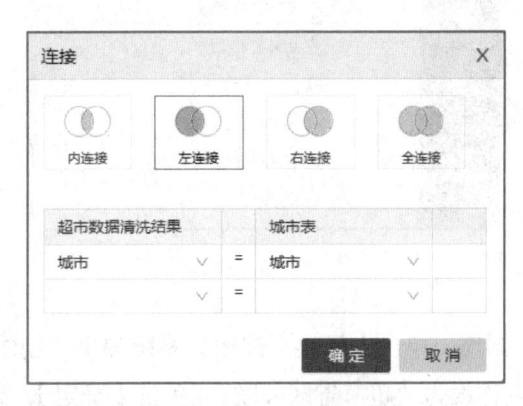

图 2-4-4 表关联 1

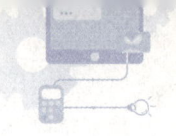

> ✏️ **提示**
>
> 此次关联是以"超市数据清洗结果"为主表,如果该表在左边,则关联方式选择"左连接";如果该表在右边,则需要选择"右连接"。

(6)单击"城市表",再单击"省区表",系统弹出"连接"窗口,选择"左连接",关联字段是"省自治区",单击【确定】,如图2-4-5所示。

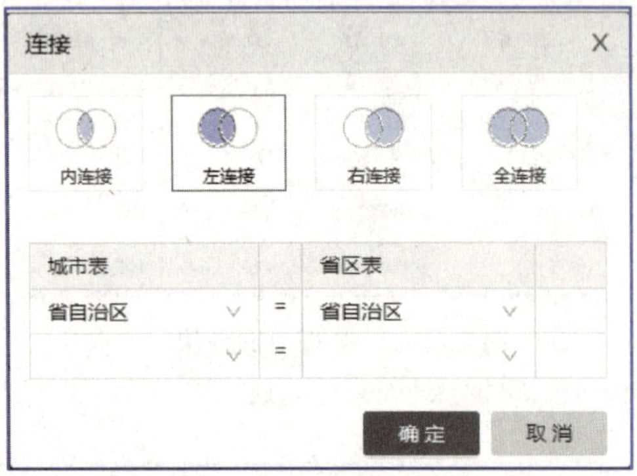

图2-4-5　表关联2

> ✏️ **提示**
>
> 此次关联是以"城市表"为主表,如果该表在左边,则关联方式选择"左连接";如果该表在右边,则需要选择"右连接"。

(7)单击【执行】,系统将三张表连接成一张表,在下方的数据预览区可以看到表中有"省自治区"列和"地区"列,如图2-4-6所示。

(8)修改数据类型。单击【abc】,修改关联表的"数量""折扣""利润"三列的数据类型,将abc格式改为123格式(即由文本格式改为数值格式),单击【执行】,如图2-4-7、图2-4-8所示。

(9)保存关联数据表。单击【保存】,将关联结果保存成功,在"我的数据"中可查看关联的数据集,如图2-4-9所示。

模块二 实战演练操作指导

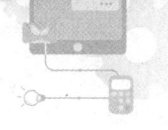

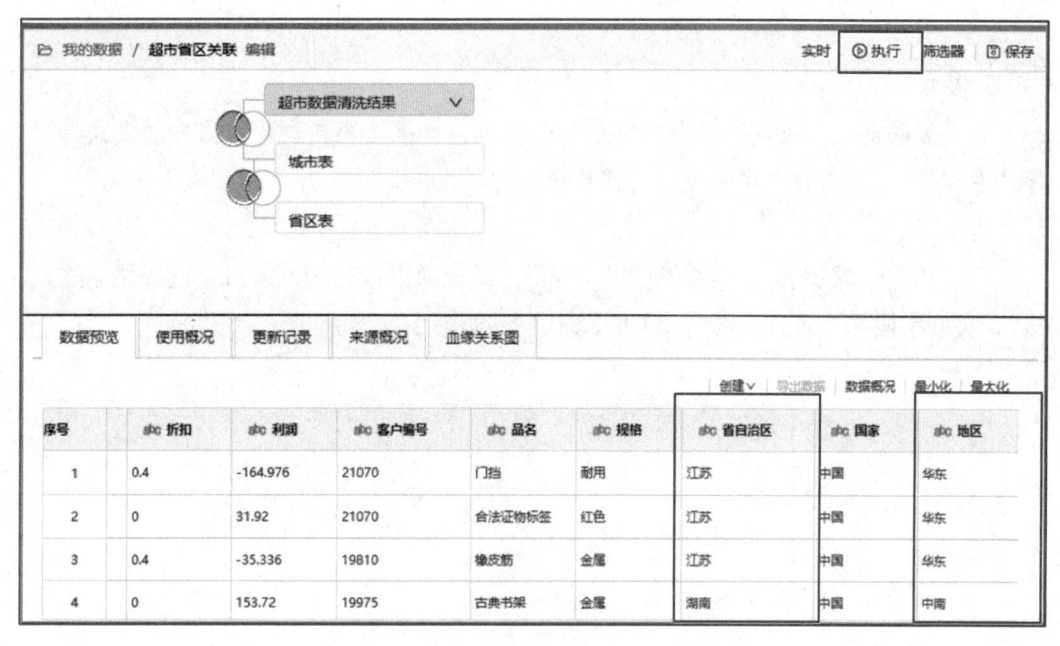

图 2-4-6 数据关联结果

图 2-4-7 修改数据类型

图 2-4-8 修改格式完成

实战演练四　公司销售数据关联与报表数据合并

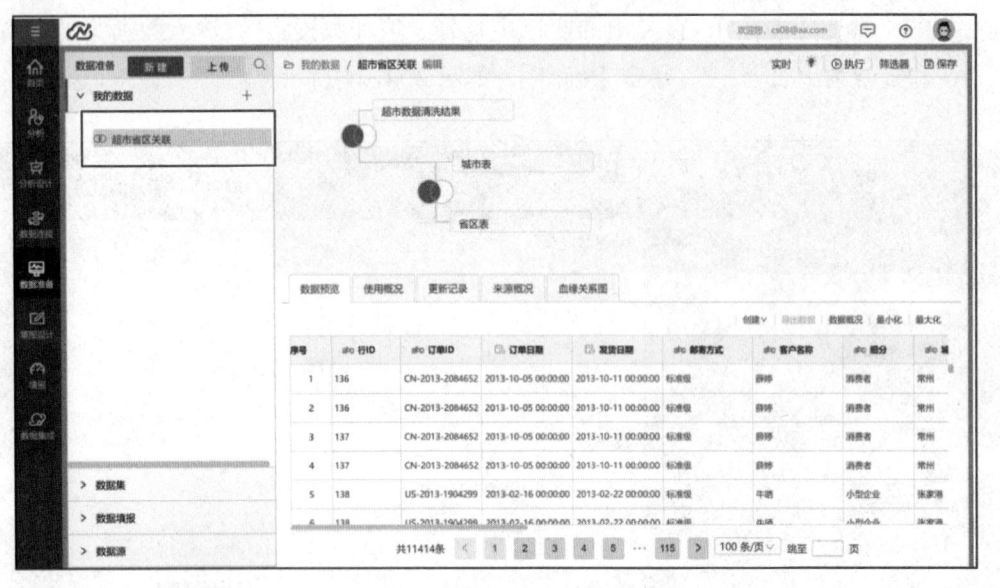

图 2-4-9　超市省区关联结果

二、报表数据合并

【任务要求】

利润表数据合并。

【操作指导】

（1）登录新道财务大数据平台，打开训练计划【数据集成实战演练】，单击【数据合并】-【合并利润表数据】-【开始任务】，系统自动跳转至用友分析云界面。

（2）单击【数据准备】-【数据集】-【财务大数据】-【财报分析】，可以看到已经内置的 AJHXNL 公司和金岭矿业的利润表，如图 2-4-10 所示。在分析云界面，选择 AJHXNL 公司和金岭矿业的利润表，在数据预览处查看是否有"公司名称"列，如果没有，需要单击【新增字段】，添加公司名称。

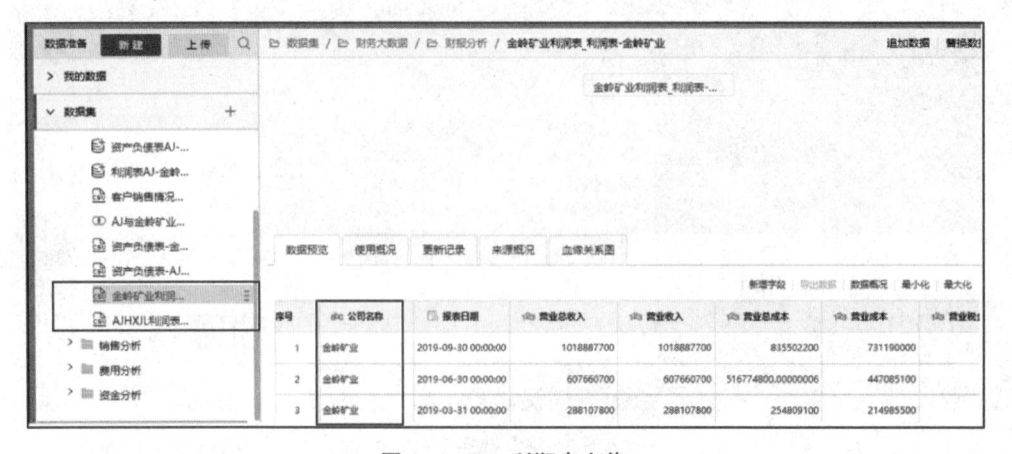

图 2-4-10　利润表上传

（3）单击【新建】，在弹出的窗口中选择"追加数据集"，输入数据集的名称"AJ和金岭利润表合并"，单击【确定】，如图2-4-11所示。

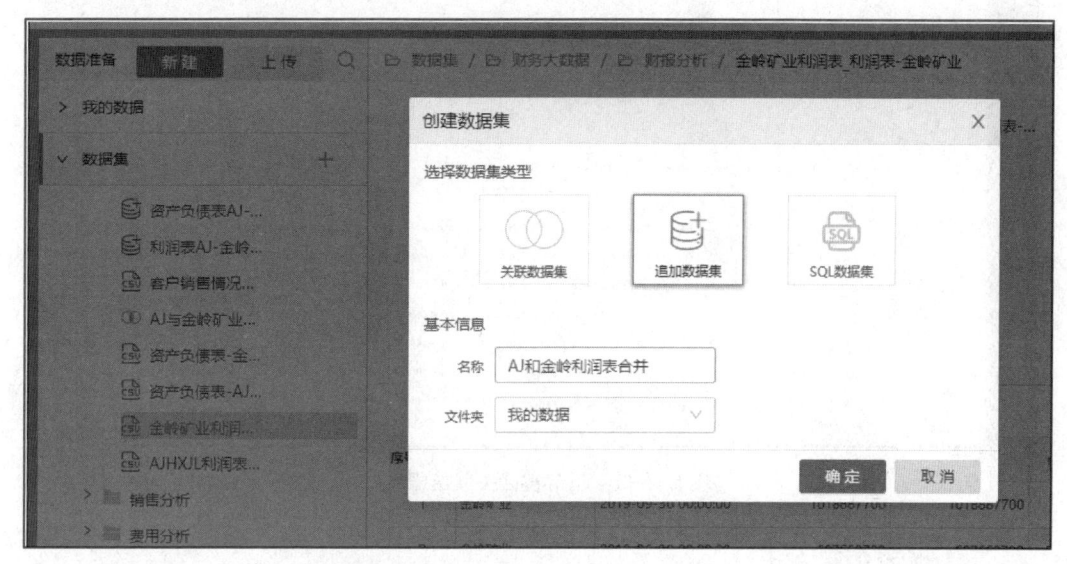

图2-4-11　追加数据集

（4）选择【数据集】-【金岭矿业利润表】，拖入数据编辑区，弹出"选择所需字段"窗口，选择合并表中要使用的指标，可以将指标全选，也可以按照需求选择分析的指标。例如，本次任务要求对比分析营业收入、营业成本、三大费用、投资收益和营业利润等指标，在合并数据表中，仅选择这些指标即可，如图2-4-12所示。单击【确定】，页面右侧空白区显示出金岭矿业所选的指标字段，如图2-4-13所示。

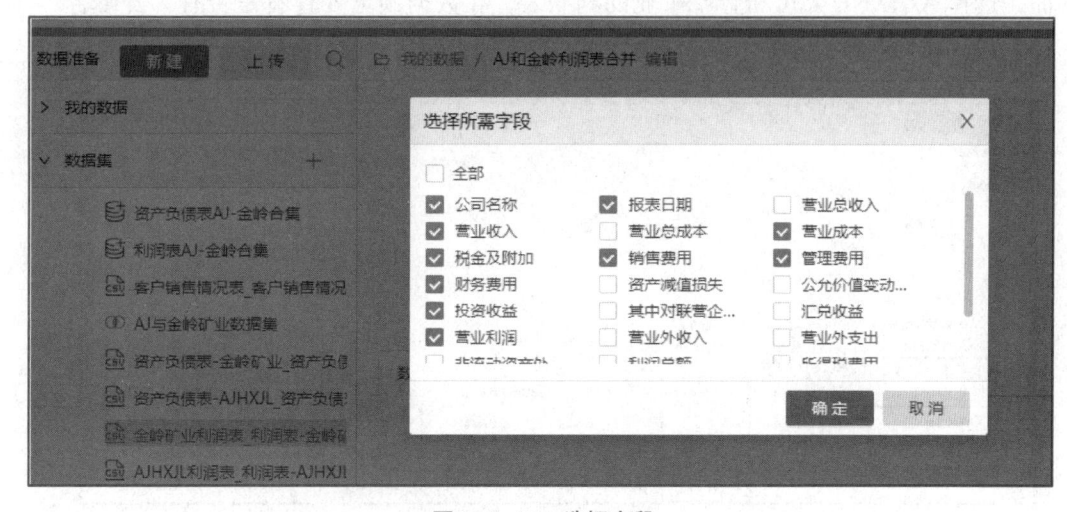

图2-4-12　选择字段

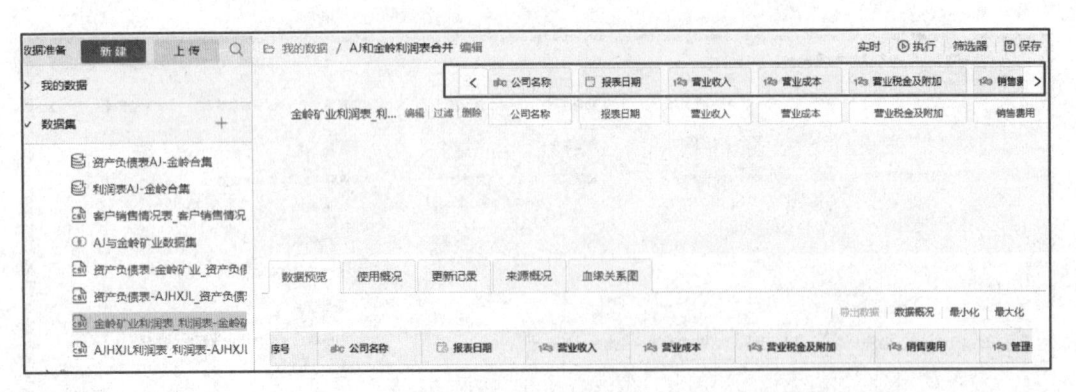

图 2-4-13 字段显示

（5）选择【数据集】-【AJHXJL 利润表】，将其拖入数据编辑区，弹出"选择所需字段"窗口，选择合并表中需要使用的指标，指标选择与金岭矿业所选字段一致，如图 2-4-14 所示，单击【确定】。

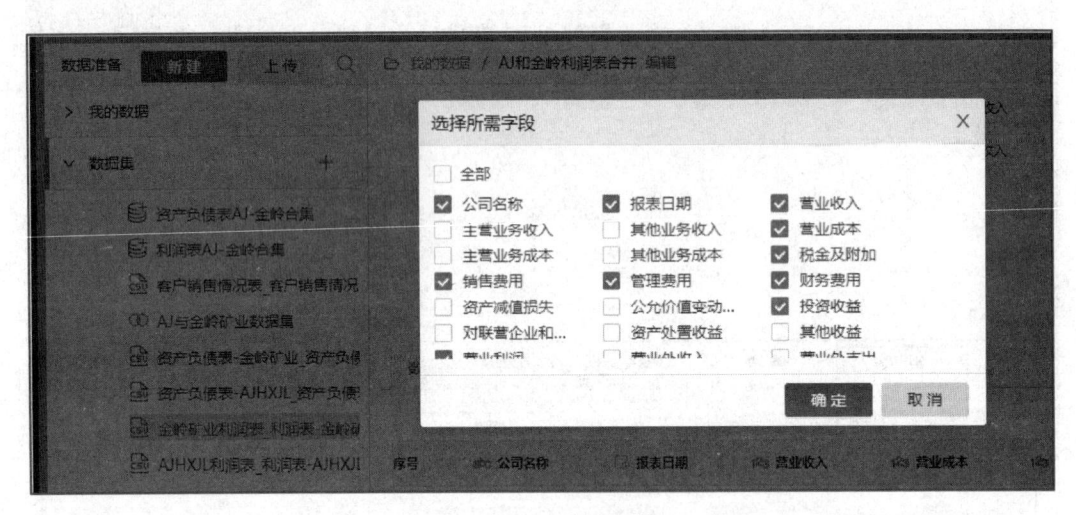

图 2-4-14 选择字段

（6）检查字段。所选字段显示在数据编辑区，检查两个表的项目对应情况，可以看到金岭矿业的"投资收益"与 AJHXJL 公司的"营业利润"对应，金岭矿业的"营业利润"与 AJHXJL 公司的"投资收益"对应。单击 AJHXJL 公司"营业利润"右侧向下的箭头，选择"投资收益"，单击 AJHXJL 公司"投资收益"右侧向下的箭头，选择"营业利润"，如图 2-4-15 所示。

（7）项目对应设置完毕，单击【执行】按钮，两张表合并成为一张表，可以在数据预览区看到合并完成后的表中既有金岭矿业的数据，也有 AJHXJL 公司的数据，如图 2-4-16 所示。

模块二　实战演练操作指导

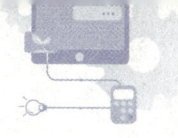

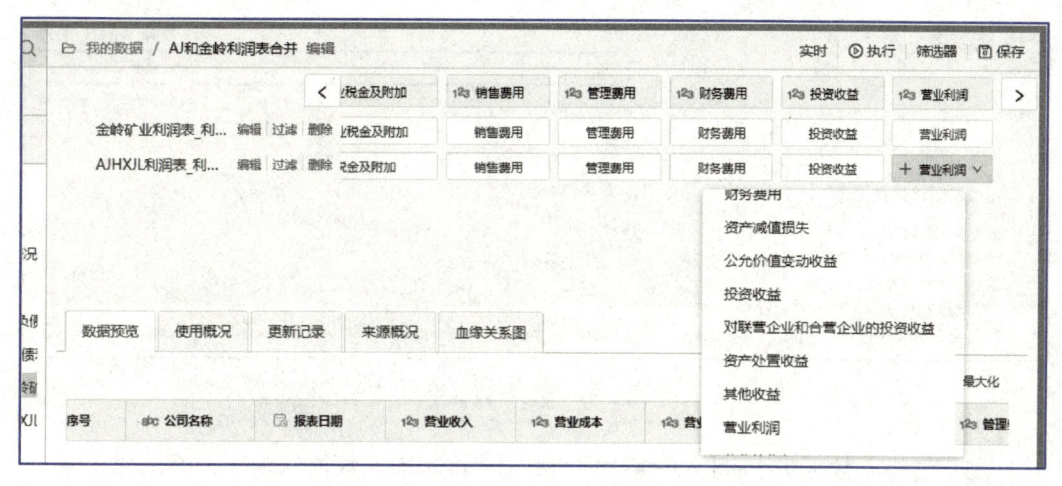

图 2-4-15　字段匹配

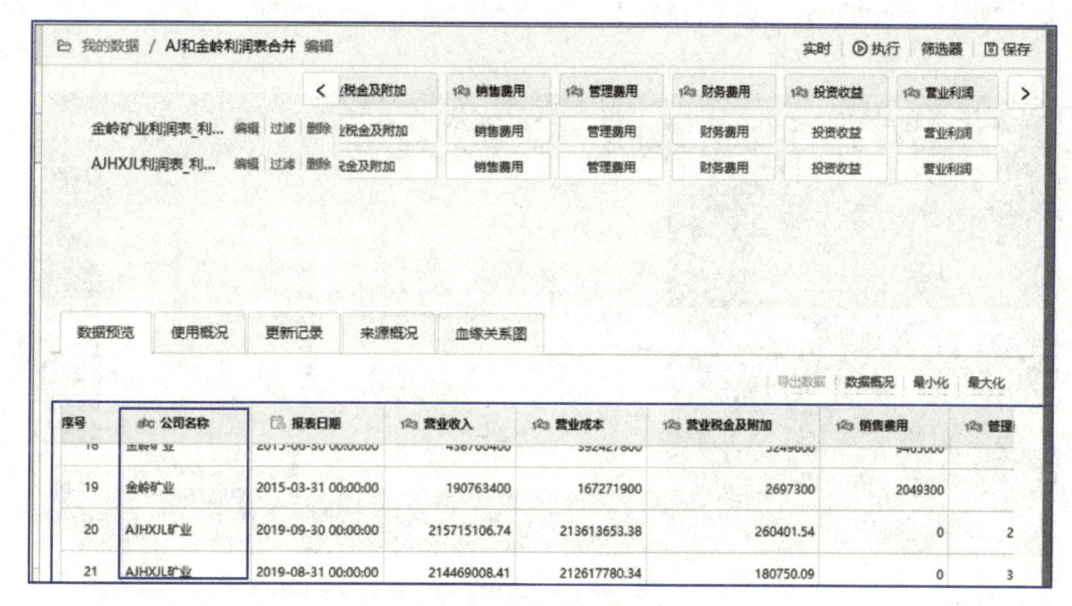

图 2-4-16　利润表合并

（8）单击【保存】，将以上合并结果保存成功。

> **提示**
> 资产负债表数据合并的操作步骤及方法与利润表数据合并类似，这里不再赘述。

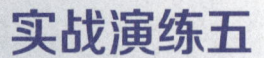

实战演练五
企业数据可视化看板设计 »»»»»»

一、数据上传

【任务要求】

将分析所用的资产负债表－AJHXJL、利润表－AJHXJL和客户销售情况表上传至分析云。

【操作指导】

（1）数据表下载。登录新道财务大数据平台，单击右上角【教学应用】-【资源下载】，在【可视化设计实战演练】项目中选择需要下载的数据表。单击【下载】按钮，将数据表下载并保存到本地。

（2）进入新道财务大数据平台，打开训练计划【可视化设计实战演练】，单击【某公司经营看板设计】-【数据准备】-【任务1：数据上传】-【开始任务】，系统自动跳转至用友分析云界面。

（3）数据上传。单击左侧【数据准备】-【上传】，系统弹出"上传数据"对话框，如图2-5-1所示。

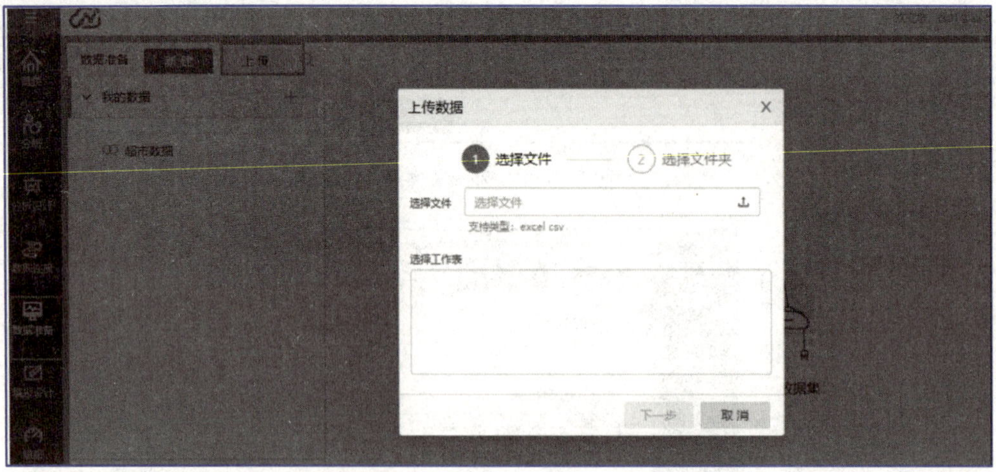

图2-5-1　上传数据

（4）单击【选择文件】，打开需要上传的文件所在文件夹，选择已经下载完成的"资产负债表－AJHXJL"，如图2-5-2所示。

模块二 实战演练操作指导

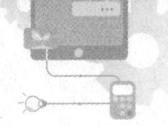

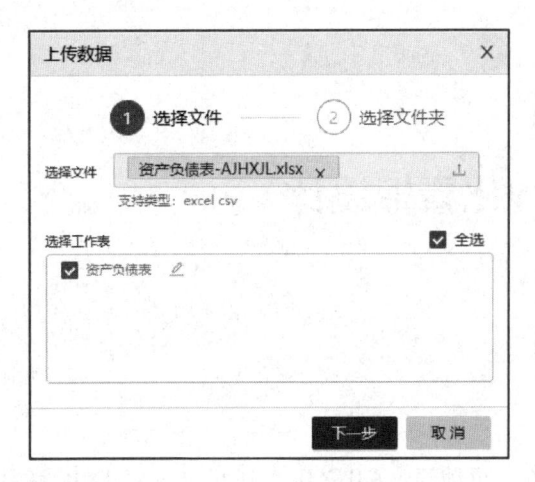

图 2-5-2 选择文件

（5）单击【下一步】- 选择文件夹"我的数据"，如图 2-5-3 所示，单击【确定】，数据表上传成功。

（6）如图 2-5-4 所示，用同样的方法，上传利润表和客户销售情况表。

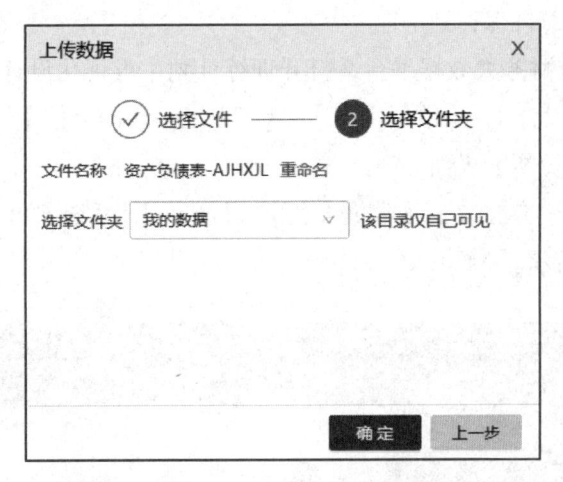

图 2-5-3 选择文件夹

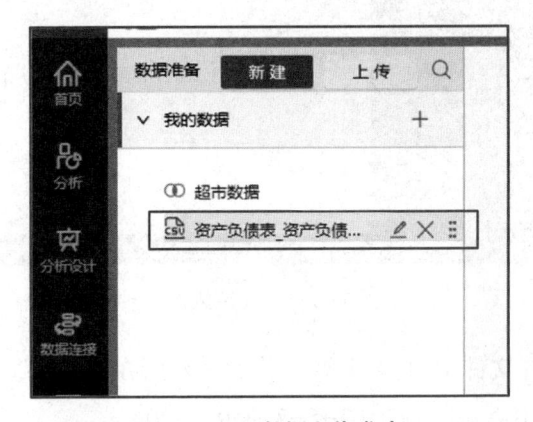

图 2-5-4 数据上传成功

184

二、数据关联

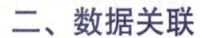

【任务要求】

将资产负债表和利润表建立关联。

【操作指导】

数据关联操作步骤的详细讲解参见项目三实战演练"公司销售数据关联与报表数据合并"中的"一、数据关联"。

三、可视化图表设计

（一）建立总资产变动趋势图

【任务要求】

创建"公司资产状况"可视化看板。

【操作指导】

（1）登录新道财务大数据平台，打开训练计划【可视化设计实战演练】，单击【某公司经营看板设计】-【可视化设计】-【任务1：创建"公司资产状况"可视化看板】-【开始任务】，系统自动跳转至用友分析云界面。

（2）新建故事板。单击左侧【分析设计】-【新建】，进入"新建故事板"页面。将故事板名称命名为"分析云初体验"，选择保存目录为"我的故事板"，单击【确认】。

（3）新建可视化。进入故事板设计页面，单击【可视化】-【新建】，系统弹出"选择数据集"对话框，选择数据集为"我的数据"-"资产与利润关联表"，单击【确定】。将可视化命名为"公司资产状况"。

（4）设置维度与指标。进入可视化看板设计页面，将左侧"维度"信息下的"年_年份"拖拽到右侧"维度"处，将左侧"指标"信息下的"资产总计"指标拖拽到右侧"指标"处，以系统默认的柱状图展示数据，如图2-5-5所示。

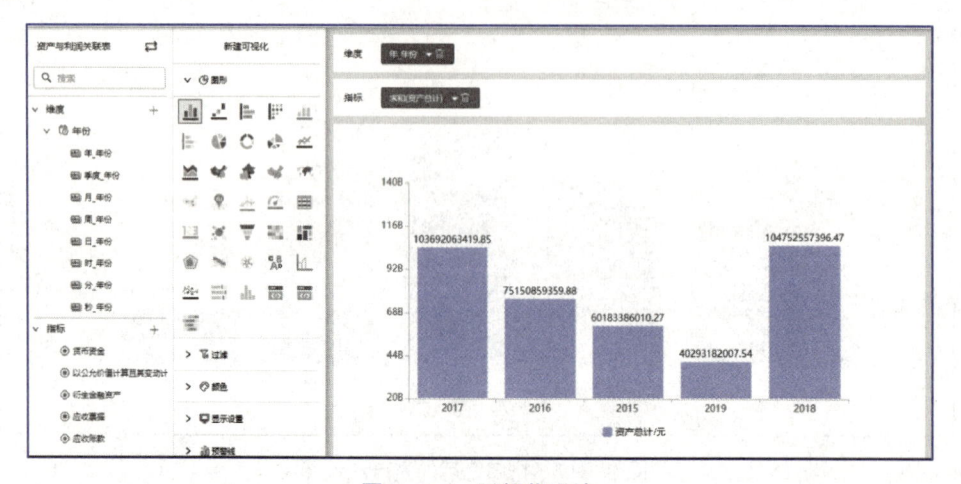

图2-5-5 可视化设计

模块二　实战演练操作指导

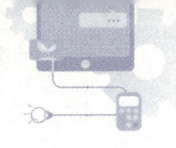

（5）调整横轴排序方式。单击维度"年份"下的向下箭头，选择"升序"-"年_年份"，如图 2-5-6 所示。排序之后的资产统计图如图 2-5-7 所示。

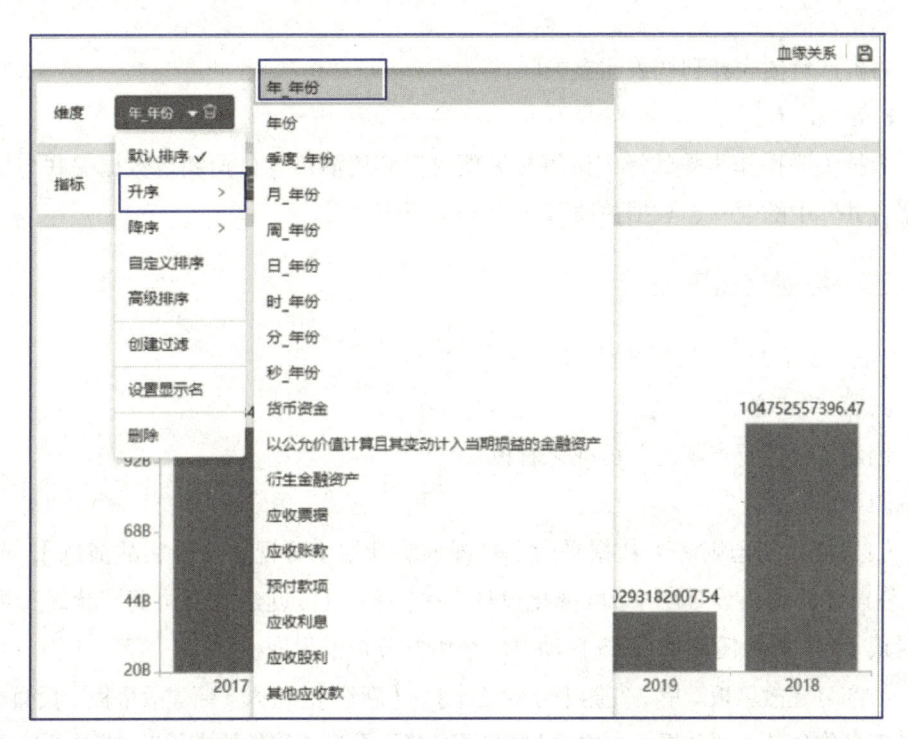

图 2-5-6　按年份排序横轴

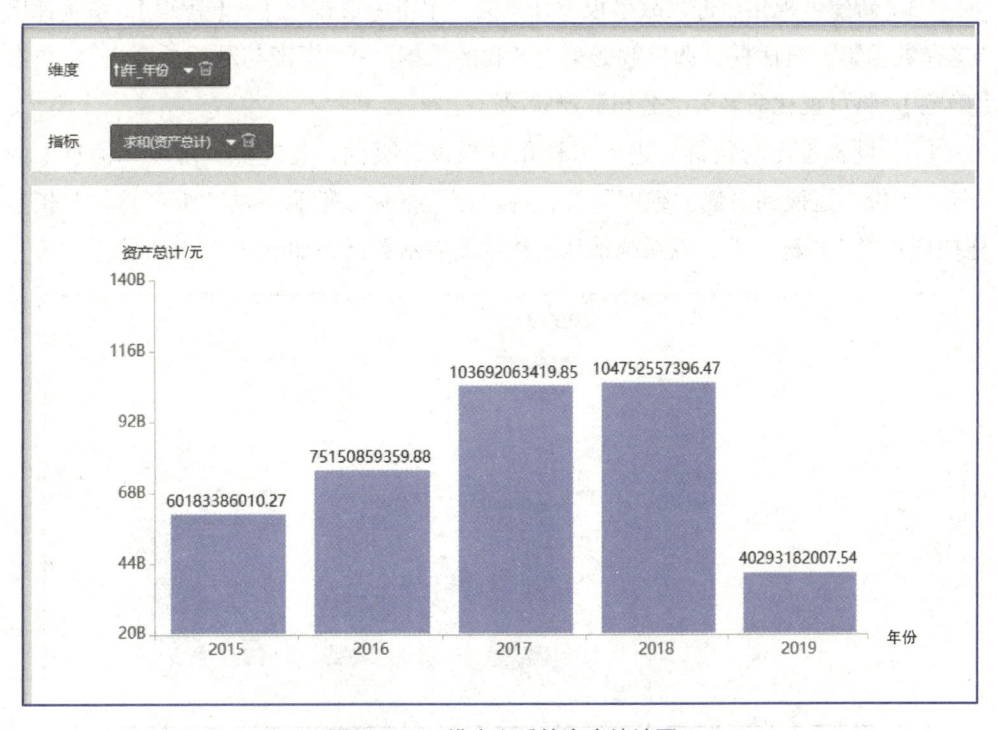

图 2-5-7　排序之后的资产统计图

（6）新建指标。原有报表项目中没有资产负债率指标，因此，需要新增该指标。单击左侧【指标】右边的＋号，出现【计算字段】。单击【计算字段】，出现"添加字段"对话框，如图2-5-8所示。设置名称为"资产负债率"，字段类型为"数字"，公式为avg（负债合计）/avg（资产总计），从下方"函数"－"数学函数"中，双击"avg"单击鼠标左键，定位到"括号"中，从下方"可选字段"中双击"负债合计"，输入"/"，用上面同样的方法选择输入"avg（资产总计）"。如图2-5-9所示，单击【确定】，

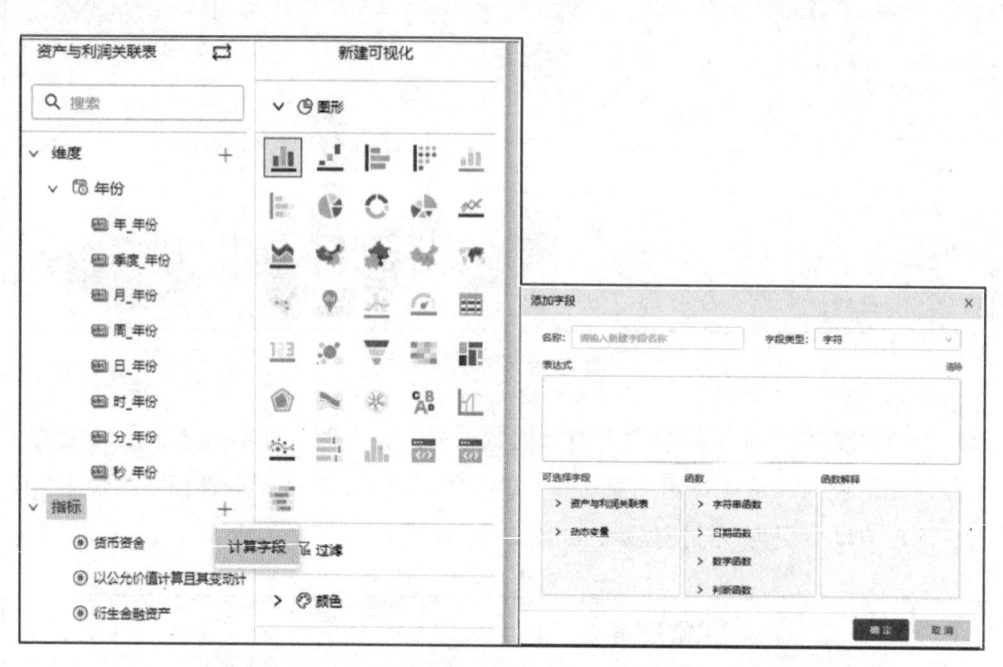

图2-5-8　新增计算字段

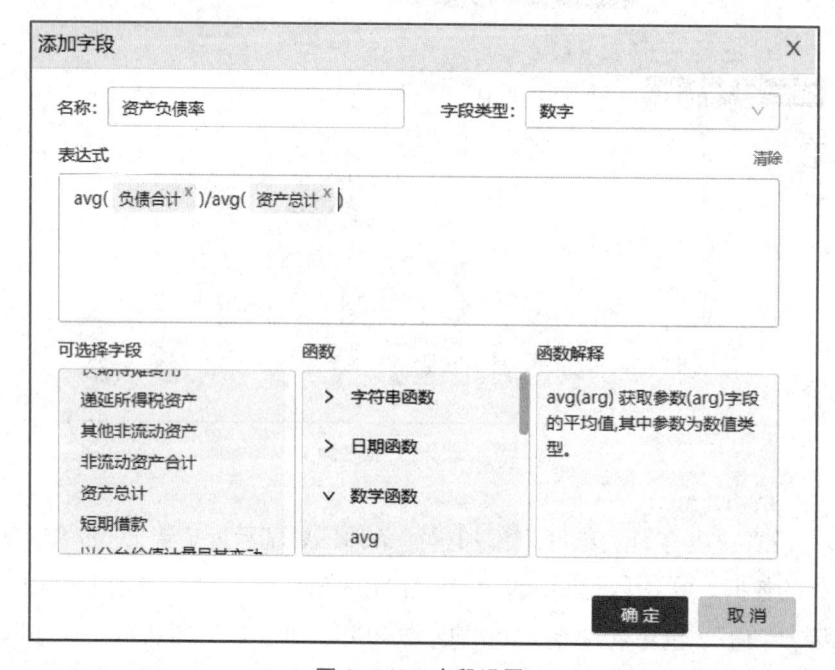

图2-5-9　字段设置

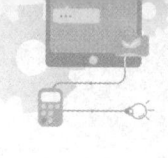

模块二 实战演练操作指导

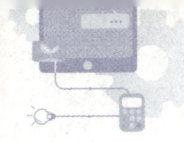

完成新增字段设置。在"指标"的最下方，可以看到新增的指标"资产负债率"。

（7）将新建的"资产负债率"拖拽到指标处，如图 2-5-10 所示。

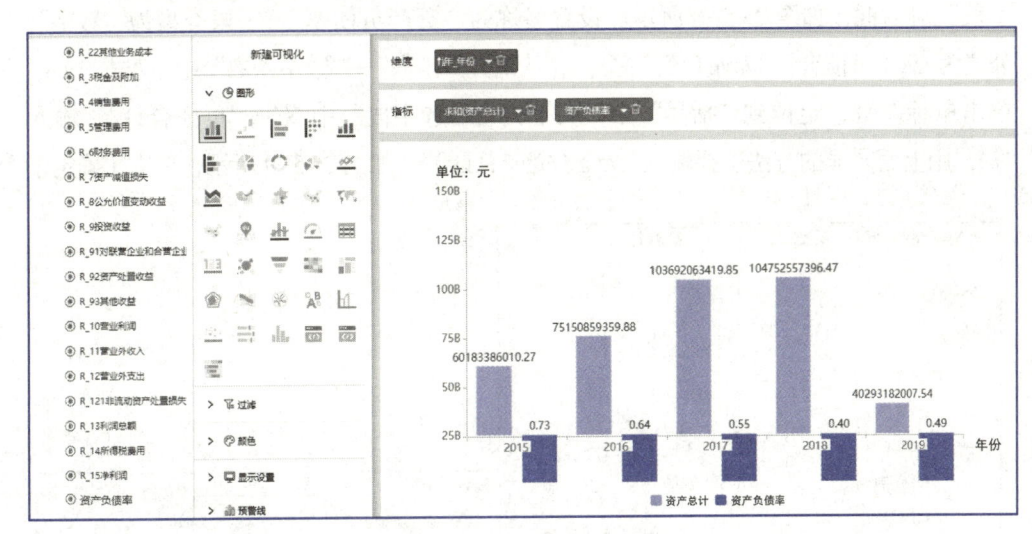

图 2-5-10 添加指标

（8）调整图形显示。当两个指标的数据相差很大时，就不再适合用传统的柱状图展示。此时，可以选用"双轴图"进行数据展示。在图形区选择"双轴图"图标，图形自动变更为双轴图显示，如图 2-5-11 所示。

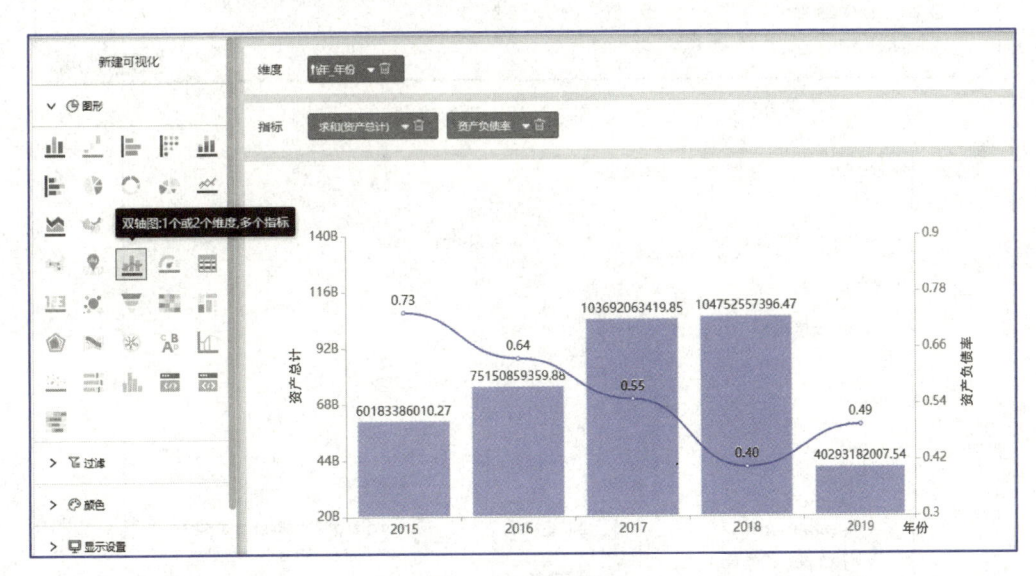

图 2-5-11 双轴图

（9）设置过滤条件。给图表添加过滤条件，只显示近三年（2017 年、2018 年、2019 年）的数据。单击【过滤】，弹出"添加过滤条件"对话框，单击【按条件添加】，选择"年_年份"，包含 2017 年、2018 年、2019 年，如图 2-5-12 所示，单击【确定】。

188

实战演练五　企业数据可视化看板设计

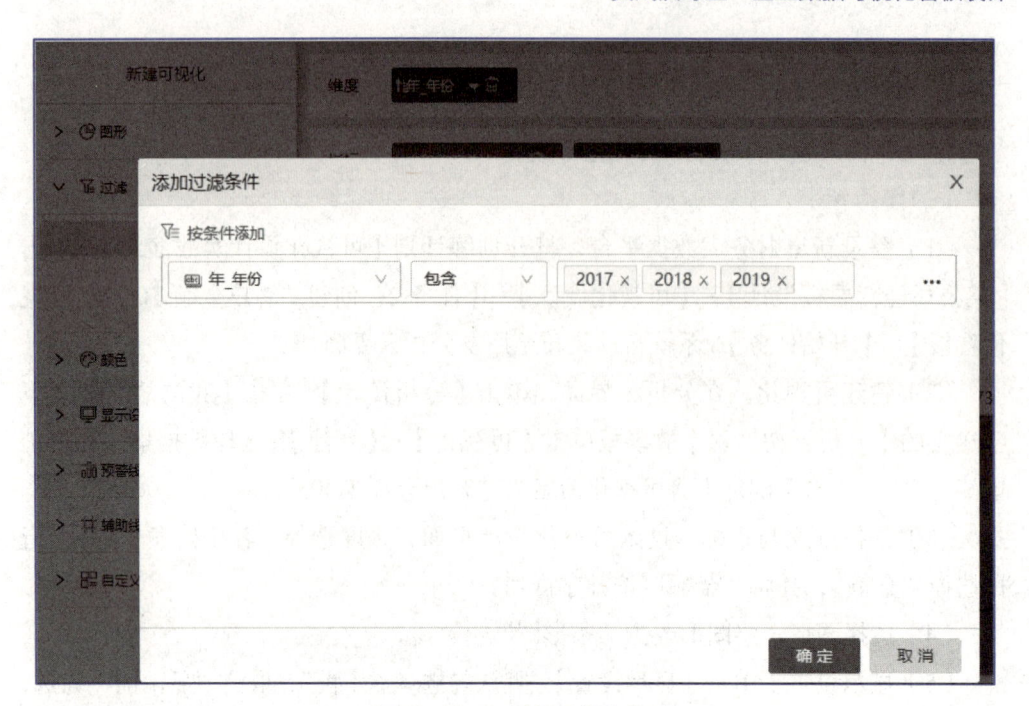

图 2-5-12　添加过滤条件

（10）查看可视化图形变更结果。此时，图表中只显示 2017 年、2018 年、2019 年的数据值，如图 2-5-13 所示，单击【保存】。

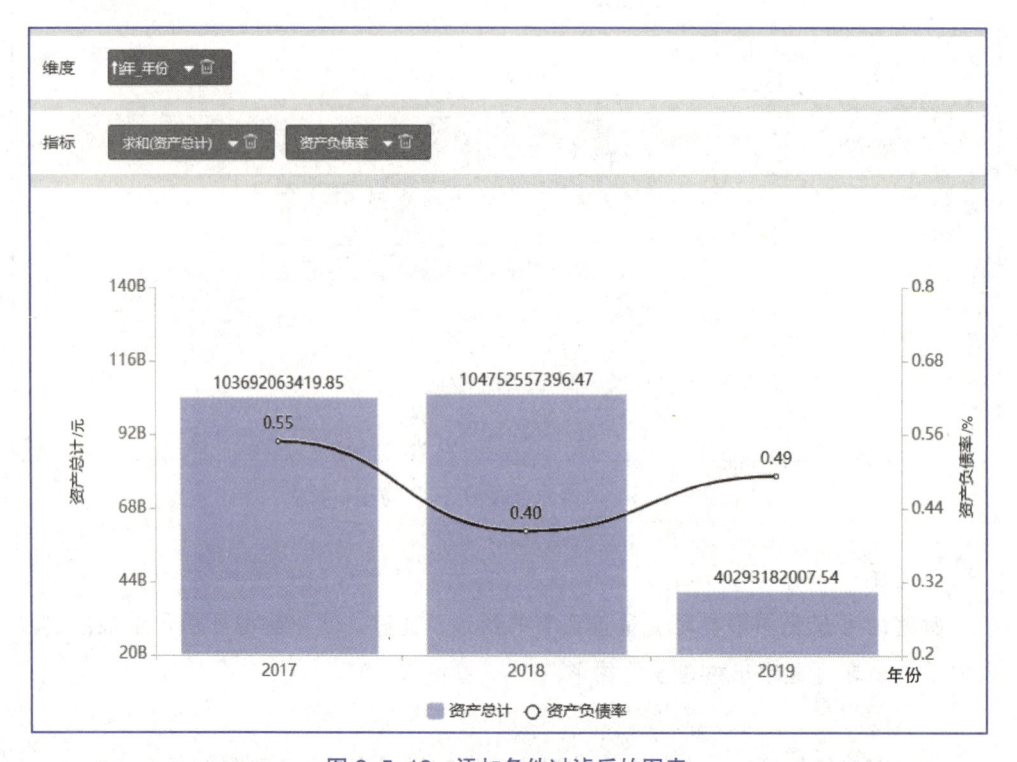

图 2-5-13　添加条件过滤后的图表

189

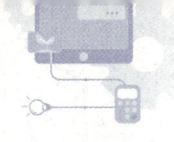

（二）展示公司销售额排名前五的客户的销售金额

【任务要求】

创建"客户金额 TOP5"可视化看板。

【操作指导】

（1）登录新道财务大数据平台，打开训练计划【可视化设计实战演练】，单击【某公司经营看板设计】-【可视化设计】-【任务 2：创建"客户金额 TOP5"可视化看板】-【开始任务】，系统自动跳转至用友分析云界面。

（2）新建可视化。在分析云界面，单击【分析设计】，单击【我的故事板】下已建立的【分析云初体验】故事板单击【可视化】-【新建】，选择数据集"客户销售情况表"，单击【确定】将可视化命名为"客户金额 TOP5"。

（3）选择维度与指标。进入可视化设计页面，维度选择"客户档案名称"，指标选择"金额"，并将"金额"按升序排列。

（4）选择图形。将图形改为"条形图"。

（5）显示设置。单击【显示设置】，默认勾选"显示前"，取消"显示前"勾选，勾选"显示后"，在其后的输入框中输入"5"如图 2-5-14 所示，单击【保存】。

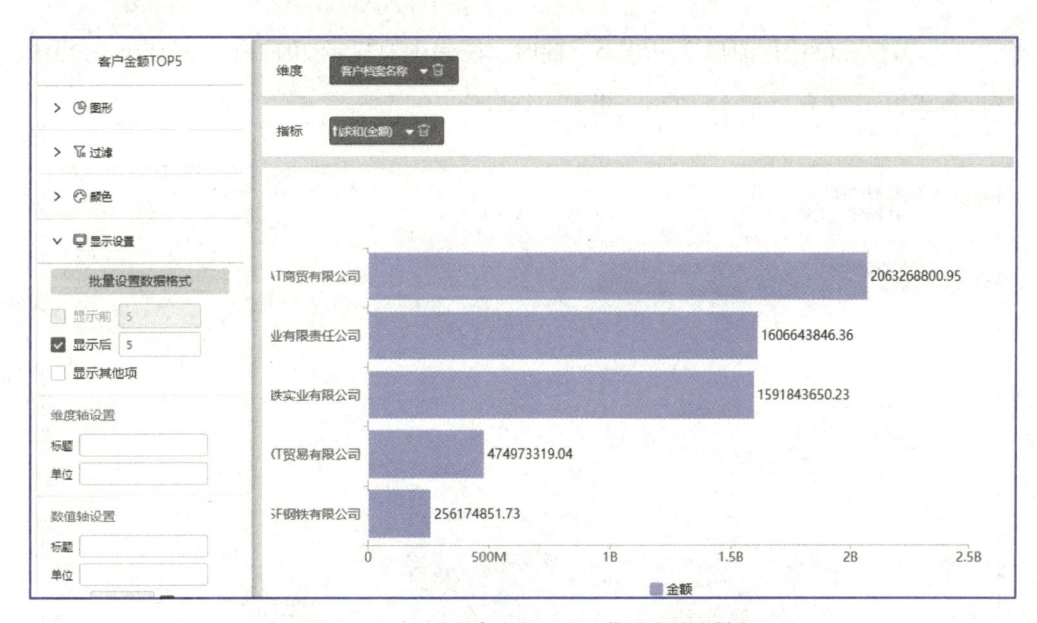

图 2-5-14 "客户金额 TOP5"可视化看板

【提示】

新增的可视化图形有时会覆盖已有的图形，此时，选中新增可视化图形，向右或向下拖动即可显示出被覆盖的图形。

注：客户销售区域分布的可视化操作，请扫描书侧二维码观看视频。

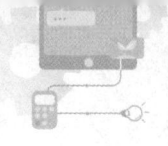

四、故事板设计

【任务要求】

（1）将可视化图形在故事板中排序，并调整图形大小、颜色、字体和底色。

（2）在故事板中添加筛选，即按时间筛选查看某一期间的数据。

【操作指导】

（一）设置故事板主题和时间筛选

（1）登录新道财务大数据平台，打开训练计划【可视化设计实战演练】，单击【某公司经营看板设计】-【故事板设计】-【设置故事板主题和时间筛选】-【开始任务】，系统自动跳转至用友分析云界面。

（2）回到"分析云初体验"故事板，将可视化图形按业务逻辑排序。

（3）选中画布，即不要选中画布中的任何一个可视化图形，而是用鼠标单击可视化图形之外的空白方格处，右侧出现【画布】设置面板，可以在此处设置画布的尺寸大小。

（4）单击【主题】-选择"暗色主题"，将故事板的主题颜色变为暗色显示。

（5）设置查询条件。例如，若想查看某一年的资产状况和利润收入情况时，可以通过添加筛选器来实现筛选。单击【筛选器】-【树形筛选器】-【树下拉】。

（6）选择数据源。单击可视化图形上的"树下拉筛选器"，在右侧选择数据源"资产与利润关联表"。

（7）筛选字段。将"年_年份"拖拽到"筛选字段"下，如图2-5-15所示。

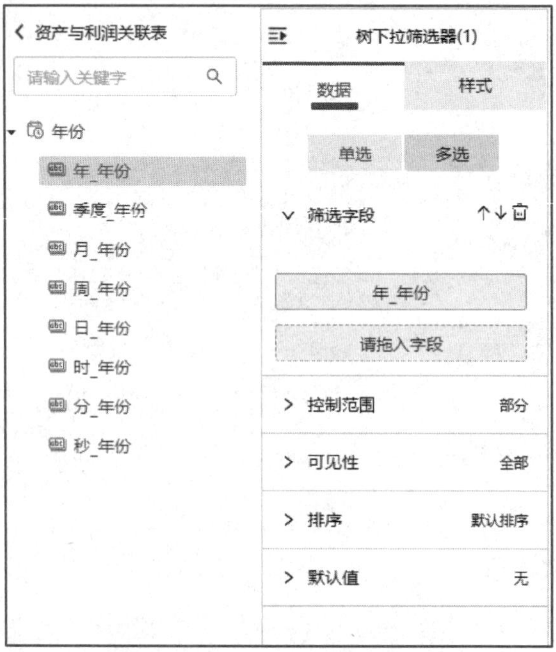

图 2-5-15　在故事板中添加时间筛选

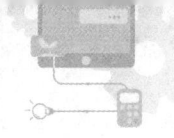

（8）在"树下拉筛选器"中，选择年份为2017，故事板中所有以"资产与利润关联表"为数据源的可视化图表都将显示2017年的数据。

（二）预览、分享、导出故事板

（1）登录新道财务大数据平台，打开训练计划【可视化设计实战演练】，单击【某公司经营看板设计】-【故事板设计】-【预览、分享、导出故事板】-【开始任务】，系统自动跳转至用友分析云界面。

（2）单击"分析设计"单击打开预览的故事板。单击【预览】，可以查看整个故事板内容。

（3）分享故事板。单击【分享】，系统生成微信二维码。用手机扫描二维码，便可在手机上查看该故事板。

（4）导出故事板。单击【导出】，将该故事板导出，可以导出成图片、PDF文件或Excel文件。

实战演练六
投资者角度财报分析 »»»»»»

一、盈利能力分析实战

【任务要求】

根据公司要求,从给定的上市公司数据源中提取数据,对有色金属冶炼及压延加工业进行盈利能力分析。分析指标包括:营业收入、净利润、毛利率、净资产收益率(ROE)、营业利润率、总资产报酬率、营业净利率。

【操作指导】

下面以计算毛利率为例,说明在用友分析云中新建计算指标的操作步骤。

(1)登录新道财务大数据平台,打开训练计划【投资者角度的财报分析】,单击【盈利能力分析】,系统自动跳转至用友分析云界面。

(2)新建故事板。单击【分析设计】-【新建】,进入"新建故事板"页面。将故事板名称命名为"盈利能力分析",选择保存目录为"我的故事板",如图 2-6-1 所示,单击【确认】按钮。

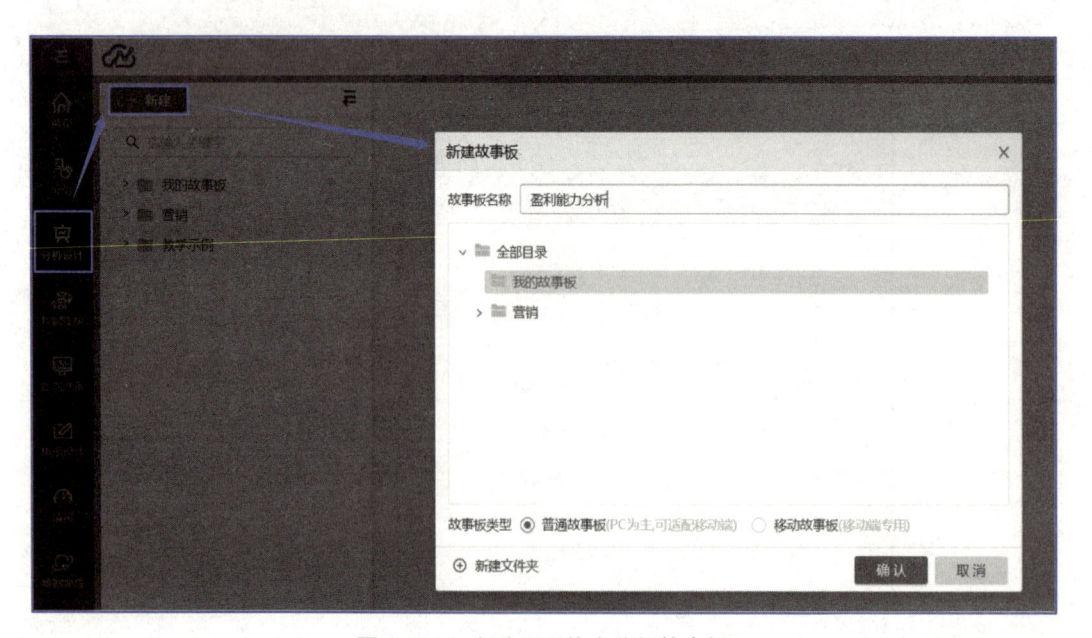

图 2-6-1 新建盈利能力分析故事板

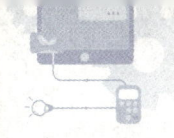

（3）新建可视化。单击【可视化】-【新建】，从"数据集"中选择"财务大数据"-"财报分析"下的xbrl，单击【确定】按钮。将可视化命名为"行业毛利率排名"。

（4）设置维度与指标。指标里没有毛利率，因此需要新建指标字段。单击"指标"右侧的加号，选择"计算字段"，如图2-6-2所示。

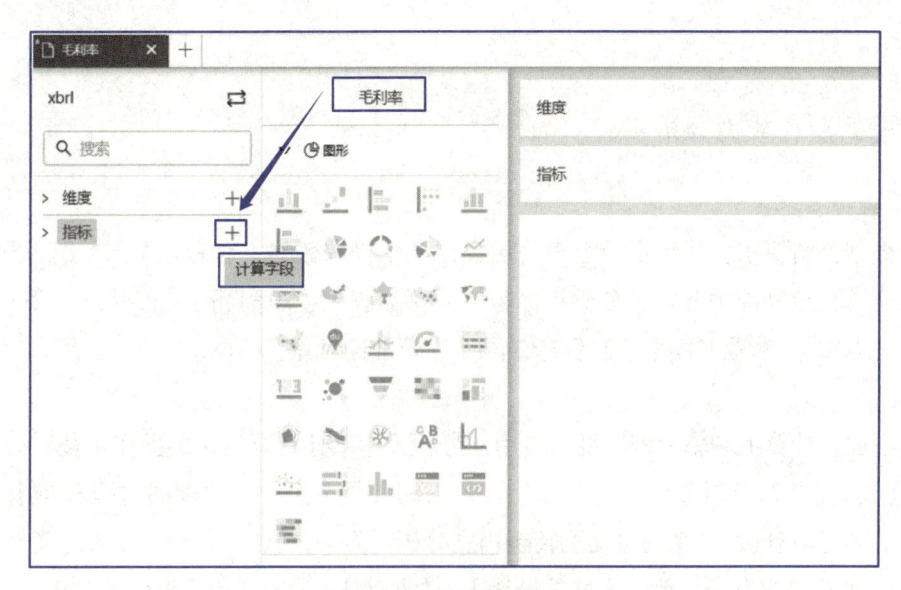

图2-6-2　新增计算字段

① 在如图2-6-3所示的界面中编辑字段信息。内容如下：

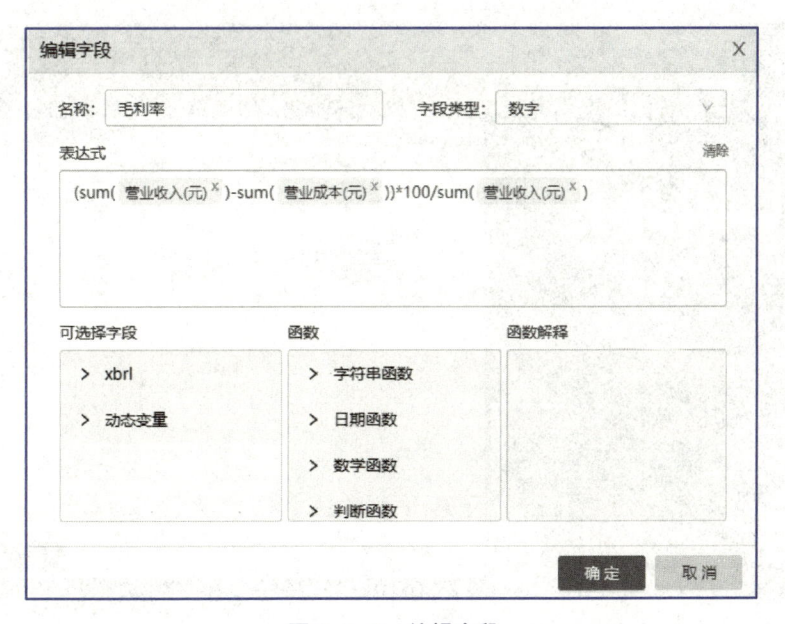

图2-6-3　编辑字段

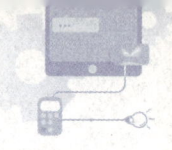

名称：毛利率

字段类型：数字

表达式：（sum（营业收入（元））–sum（营业成本（元）））*100/sum（营业收入（元））

> **提示**
>
> ● 表达式中的符号必须为英文状态，sum 函数不能手工输入，必须从下方"函数"–"数学函数"处选择输入；"营业收入（元）"和"营业成本（元）"可在"可选择字段"–"xbrl"处选择输入（按下 Ctrl+F 键，可以搜索字段，快速找到目标字段）。
>
> ● 函数的选择规则：因为利润表指标数值是时期数，资产负债表指标数是时点数，所以凡是利润表指标的计算都是用 sum 求和函数，凡是资产负债表指标的计算都是用 avg 平均值函数。
>
> ● 将分子乘以 100，是为了将数值显示为百分数，这样显示比小数显示可视化效果更好一些。

② 编辑完成后，单击【确定】按钮，指标新增成功，在"指标"的最下方，可以看到新增的指标"毛利率"，如图 2-6-4 所示。

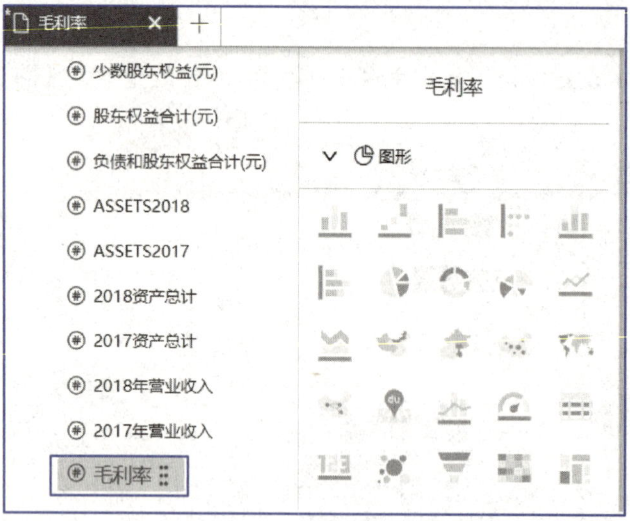

图 2-6-4　新增毛利率指标

（5）设置维度与指标。维度选择"企业简称"，指标选择"毛利率"，并将指标升序排列，如图 2-6-5 所示。

（6）设置图形。图形选择条形图。

（7）设置过滤条件。单击过滤下的"设置"，添加过滤条件。单击"按条件添加"，添加条件如图 2-6-6 所示。

模块二　实战演练操作指导

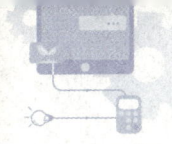

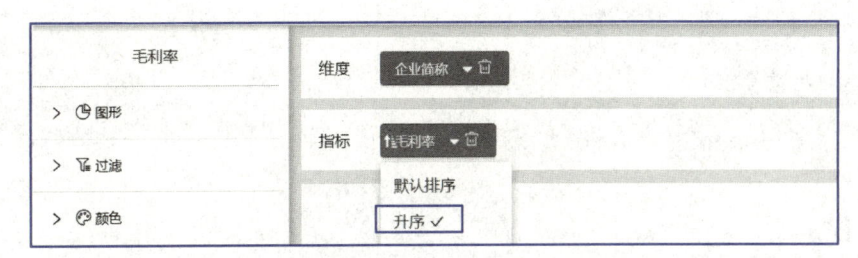

图 2-6-5　选择排序方式

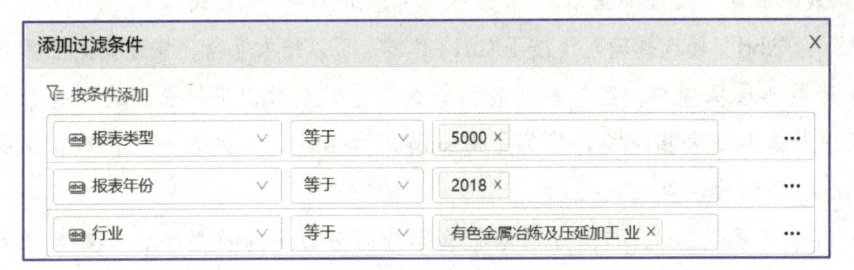

图 2-6-6　设置过滤条件

> **提示**
>
> "报表类型"等于"5000",条件中"5000"表示年报,代表取全年的数据。

(8)显示设置。设置显示毛利率排名后 20 位的企业,如图 2-6-7 所示,单击【保存】。

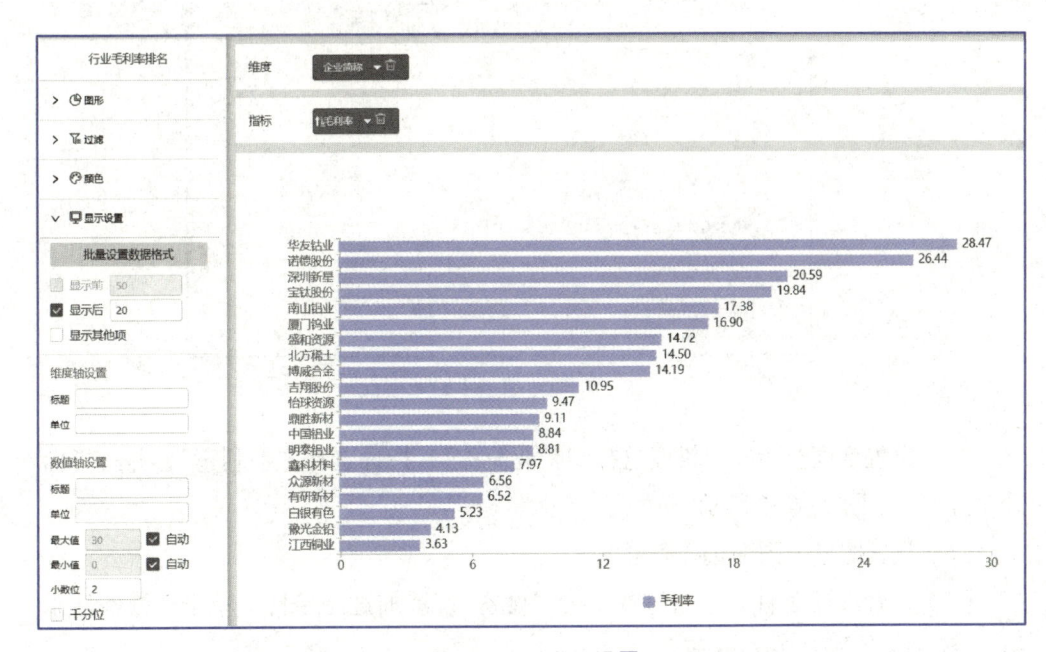

图 2-6-7　显示设置

> **提示**
>
> 条形图的升序排列是将指标数据在图中从下往上依次升序排列，即指标小的在条形图的下方显示，指标大的在条形图的上方显示。显示后 20 位是显示指标数值大的前 20 位。

注：总资产报酬率的可视化操作，请扫描书侧二维码观看视频。

二、偿债能力分析实战

【任务要求】

根据公司要求，从给定的上市公司数据源中提取数据，对有色金属冶炼及压延加工业进行偿债能力分析。分析指标包括：速动比率、流动比率、现金比率、资产负债率。

【操作指导】

（1）登录新道财务大数据平台，打开训练计划【投资者角度的财报分析】，单击【偿债能力分析】，系统自动跳转至用友分析云界面。

（2）新建故事板。单击【分析设计】-【新建】，进入"新建故事板"页面。将故事板名称命名为"偿债能力分析"，选择保存目录为"我的故事板"，单击【确认】按钮。

（3）新建可视化。单击【可视化】-【新建】，从"数据集"中选择"财务大数据"-"财报分析"下的 xbrl，单击【确定】按钮。

（4）新建指标字段。计算流动比率、速动比率、现金比率和资产负债率时需要在分析云中新增指标，设置公式计算指标数值。指标设置方法同盈利能力分析中的"毛利率"指标设置。各指标的公式设置如图 2-6-8~图 2-6-11 所示。

（5）设置辅助线。一般认为流动比率大于等于 2 比较理想，最好不低于 1.5；速动比率大于等于 1 比较好；现金比率最好大于等于 20%；资产负债率最好小于等于 70%。这些指标的理想数值可以通过分析云中的设置辅助线功能，在可视化看板上显示出来。下面以流动比率设置 1.5 为辅助线为例，讲解具体操作步骤。

① 按照前面讲述毛利率的方法，创建流动比率可视化看板。

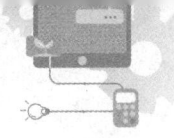

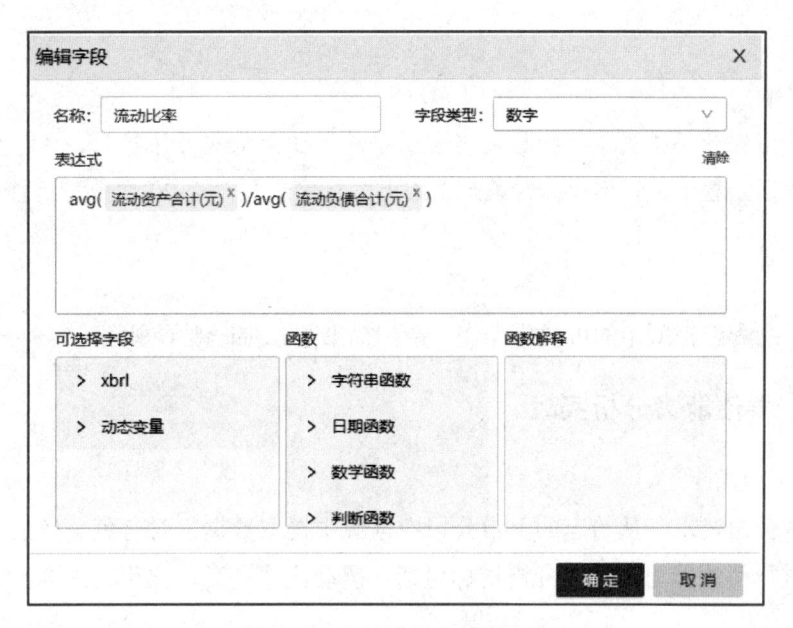

图 2-6-8　流动比率公式设置

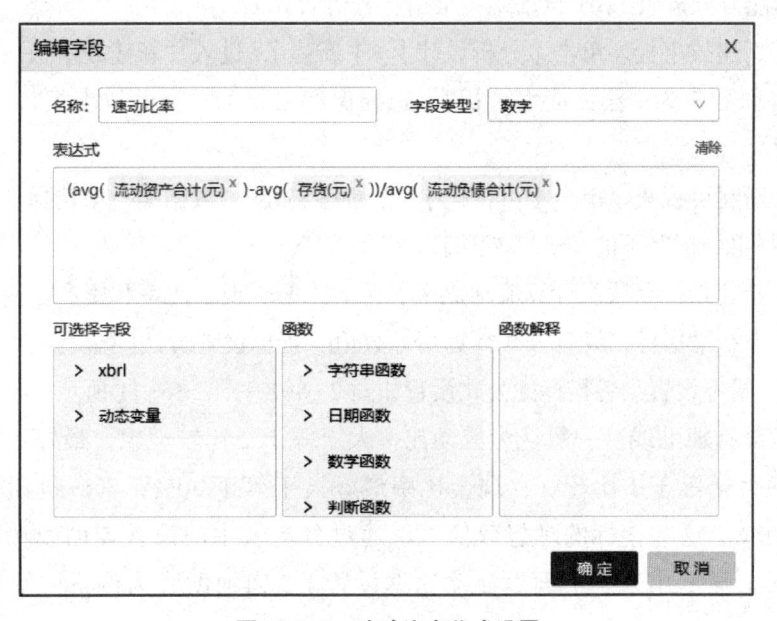

图 2-6-9　速动比率公式设置

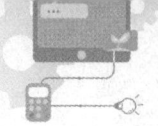

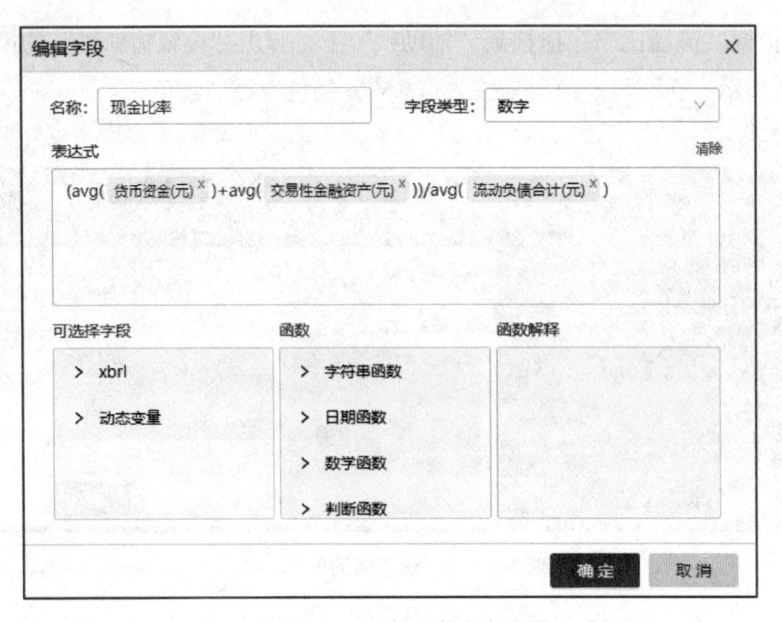

图 2-6-10　现金比率公式设置

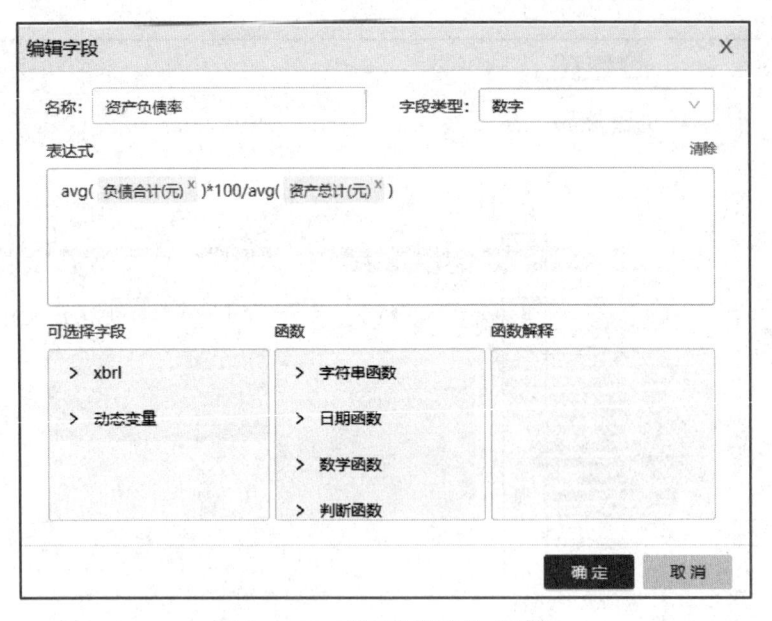

图 2-6-11　资产负债率公式设置

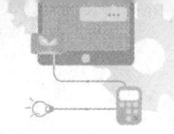

② 将指标"流动比率"拖拽到"辅助线"下，弹出"设置辅助线"的窗口，如图 2-6-12 所示，在"固定值"处输入"1.5"，颜色选择"红色"。

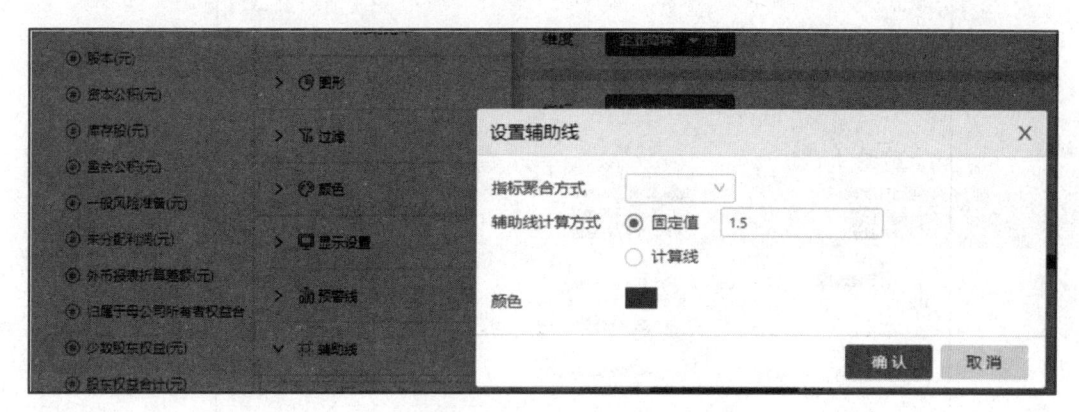

图 2-6-12　设置辅助线

③ 单击【确认】按钮，辅助线设置完毕。可视化看板上将增加一条红色的辅助线，如图 2-6-13 所示。

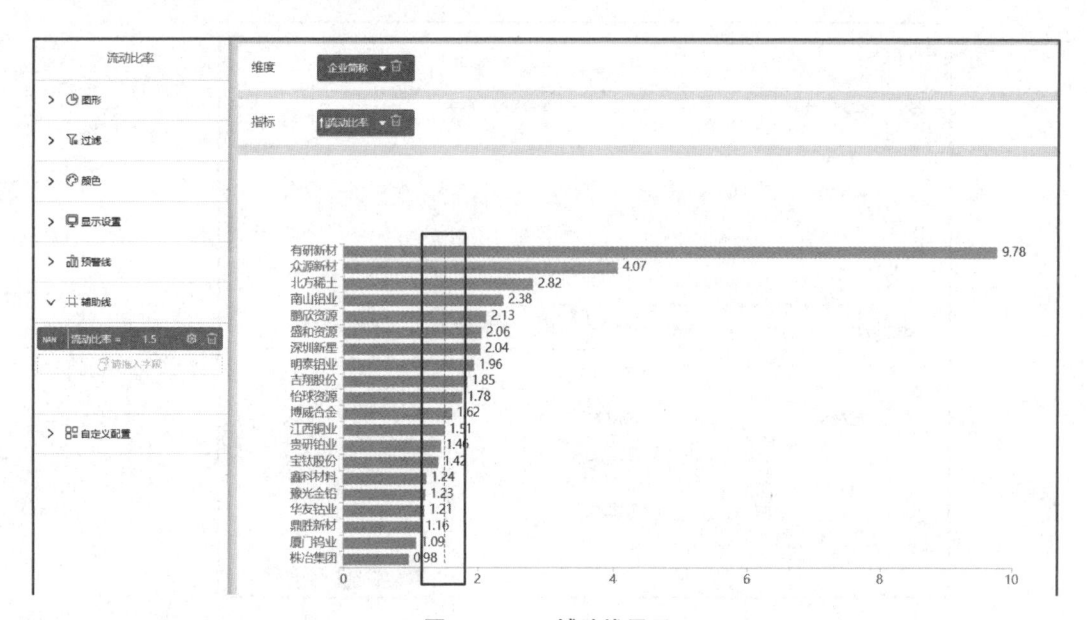

图 2-6-13　辅助线显示

（6）设置指标预警。如果希望指标在超出或低于某一个值时给出预警，则可以设置指标预警线。比如当资产负债率指标值高于 70% 时，系统自动给相关人员发送预警信息。下面以设置资产负债率预警线为例，讲解具体操作步骤。

① 按照前面讲述的方法，创建资产负债率可视化看板。

② 将指标"资产负债率"拖到预警线下方,弹出"设置指标预警"对话框,如图 2-6-14 所示。

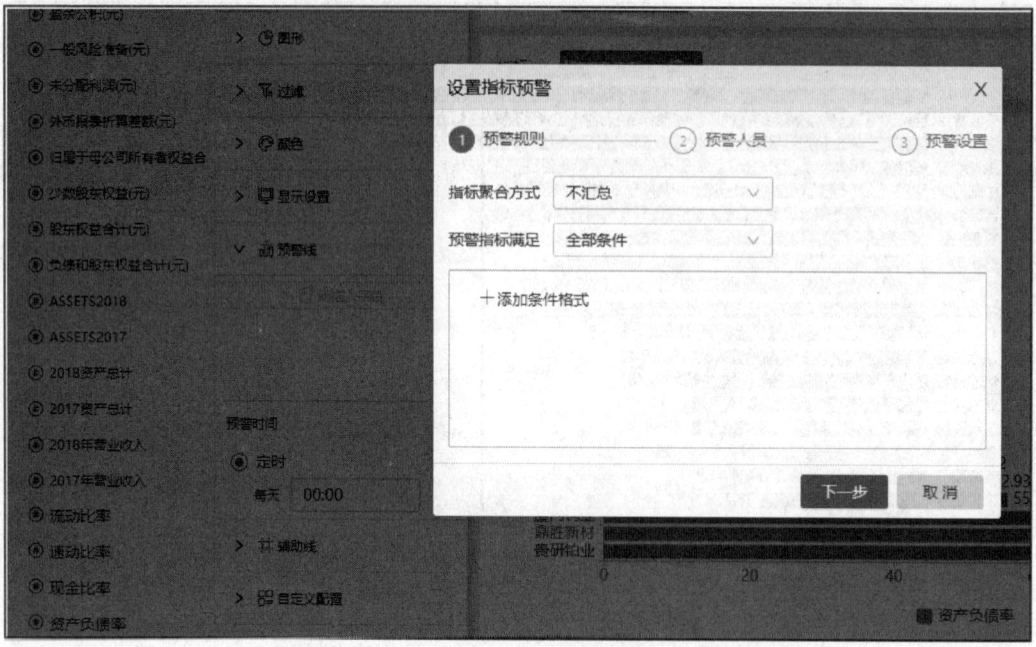

图 2-6-14　设置指标预警

③ 设置预警条件。单击【添加条件格式】,设置条件为资产负债率大于 70,如图 2-6-15 所示。

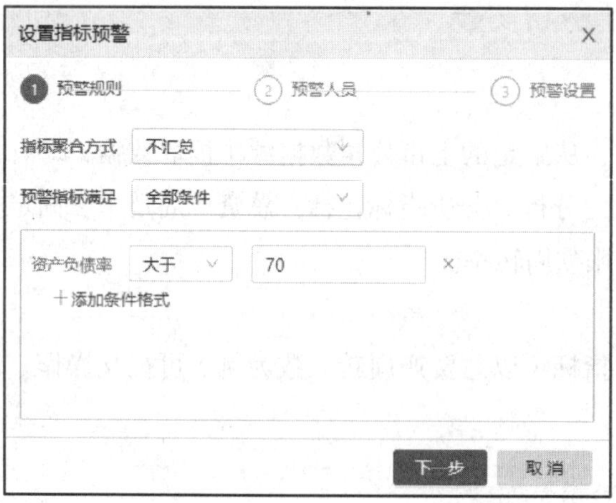

图 2-6-15　设置预警条件

④ 设置预警通知人员。
⑤ 设置预警的内容,包括级别、预警线颜色及预警的内容,如图 2-6-16 所

模块二 实战演练操作指导

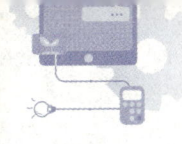

示。单击【确认】按钮,完成预警设置。未来当满足预警条件时,系统会自动给相关人员发送预警消息。

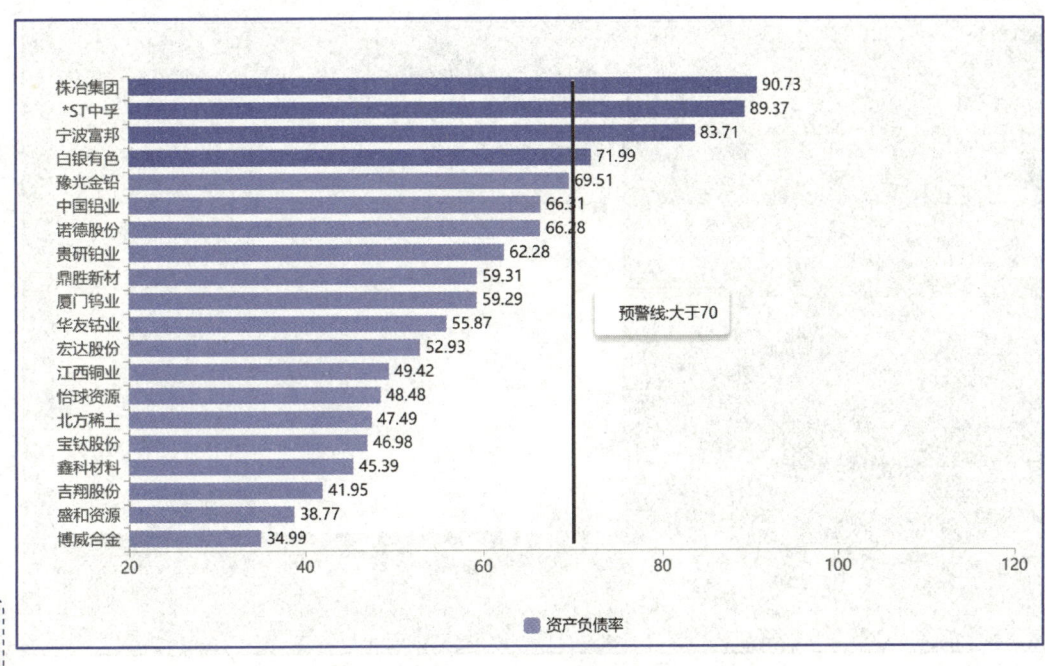

公司	资产负债率
株冶集团	90.73
*ST中孚	89.37
宁波富邦	83.71
白银有色	71.99
豫光金铅	69.51
中国铝业	66.31
诺德股份	66.28
贵研铂业	62.28
鼎胜新材	59.31
厦门钨业	59.29
华友钴业	55.87
宏达股份	52.93
江西铜业	49.42
怡球资源	48.48
北方稀土	47.49
宝钛股份	46.98
鑫科材料	45.39
吉翔股份	41.95
盛和资源	38.77
博威合金	34.99

预警线:大于70

图 2-6-16 设置预警内容

注:这里仅介绍流动比率的辅助线和资产负债率的预警线设置,速动比率可视化操作,请扫描书侧二维码观看视频。

视频:投资者角度偿债能力分析——速动比率

三、营运能力分析实战

【任务要求】

根据公司要求,从给定的上市公司数据源中提取数据,对有色金属冶炼及压延加工业进行营运能力分析。分析指标包括:总资产周转率、固定资产周转率、流动资产周转率、应收账款周转率。

【操作指导】

注:营运能力指标(以总资产周转天数为例)可视化操作,请扫描书侧二维码观看视频。

视频:投资者角度营运能力分析——总资产周转天数

四、发展能力分析实战

【任务要求】

根据公司要求,从给定的上市公司数据源中提取数据,对有色金属冶炼及压延加工业进行发展能力分析。分析指标包括:总资产增长率、销售收入增长率、净利

视频:投资者角度发展能力分析——总资产增长率

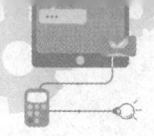

润增长率、总资产增长量、销售收入增长量、净利润增长量。

【操作指导】

注：发展能力指标（以总资产增长率为例）可视化操作，请扫描二维码观看视频。

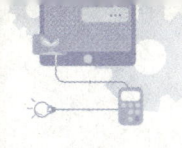

实战演练七
利用聚类算法进行投资企业筛选

【任务要求】

财务大数据分析师根据盈利能力指标对"有色金属冶炼及压延加工业"的企业进行聚类分析,通过利用聚类算法帮助企业筛选出投资的目标企业。

【操作指导】

(1)选择数据源。

单击【选择数据源】,弹出右侧"选择数据源框",单击向下的箭头,选择"聚类分析原表(1)",单击【保存】。

(2)配置模型。

单击配置模型,弹出模型库,选择聚类分析模型中的K-Means,弹出K-Means参数设置框。

聚类变量:单击"+"号,将"净资产收益率""营业利润率""总资产报酬率"设为变量,单击【确认】。

聚类个数:设置1~10;单击【计算】,查看计算结果;例如图1-5-8所示,k值超过3以后曲线变化明显。因此,通常选取拐点(kneepoint)为最优的k,肘部就是$k=3$,最佳聚类个数为3。

(3)开始建模。

(4)查看聚类结果。将聚类结果下载到本地计算机,将聚类结果表的第一列替换为公司名称,公司名称可在资源下载处下载"聚类分析表"查看可以观察到算法将指标值都为正的聚成了一类。

(5)第二次聚类,将指标为正的再次进行分组。将第一次聚类表中指标值都为正的公司另存成一张表,作为数据源将该表数据上传,再次进行聚类分析,将指标表现优异的公司筛选出来。

实战演练八

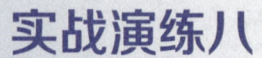

经营者角度的财报分析 »»»»»»

一、企业盈利能力分析、异常值监控与数据挖掘

【任务要求】

对公司盈利能力进行分析。先分析本期指标,再做同比与环比分析、行业横向对比分析,最后做出可视化看板设计。分析指标包括:2019年前三季度的营业收入、营业成本、营业利润、息税前利润。

【操作指导】

1. 本期指标分析

(1)登录新道财务大数据平台,打开训练计划【经营者角度的财报分析】,单击【盈利能力分析】-【任务1:盈利能力本期指标】,系统自动跳转至用友分析云界面。

(2)新建故事版。单击【分析设计】-【新建】,进入"新建故事板"页面。将故事板名称命名为"盈利能力分析(经营者)",选择保存目录为"我的故事板",单击【确认】按钮。

(3)新建可视化。单击【可视化】-【新建】,从"数据集"中选择"财务大数据"-"财报分析"下的AJHXJL-利润表,单击【确定】按钮。

(4)设置维度与指标。营业收入、营业成本和营业利润是利润表的报表项目,无须公式计算,在分析云中可直接作为指标使用。息税前利润需要在分析云中新增指标字段,设置公式计算指标数值。

① 新建指标。单击"指标"旁边的"+"号,选择"计算字段",如图2-8-1所示。

② 编辑字段信息。名称设为息税前利润,字段类型设为数字,表达式设为利润总额+利息支出(可用财务费用替代)。编辑完成后单击【确定】按钮。指标新增成功,在"指标"处的最下方,可以看到新增指标"息税前利润"。

③ 维度为空值,指标选择息税前利润。

(5)设置过滤条件。单击"过滤",年份=2019,季度包含Q1、Q2、Q3,如图2-8-2所示。

(6)设置图形。可以选择指标卡。

(7)设置数据格式。缩放率100000000,启用千分位,小数位保留2位。

(8)设置显示名息税前利润(亿元)如图2-8-3所示。

模块二 实战演练操作指导

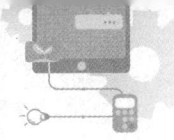

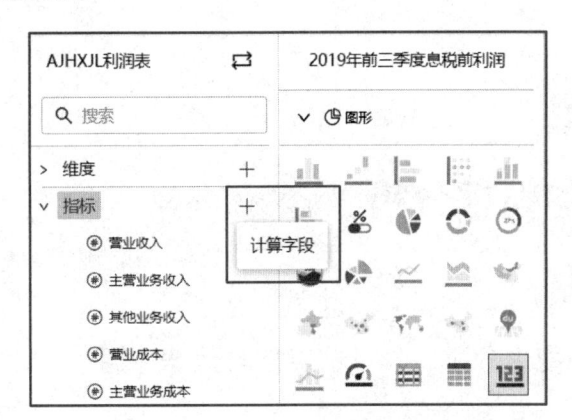

图 2-8-1 新增计算字段

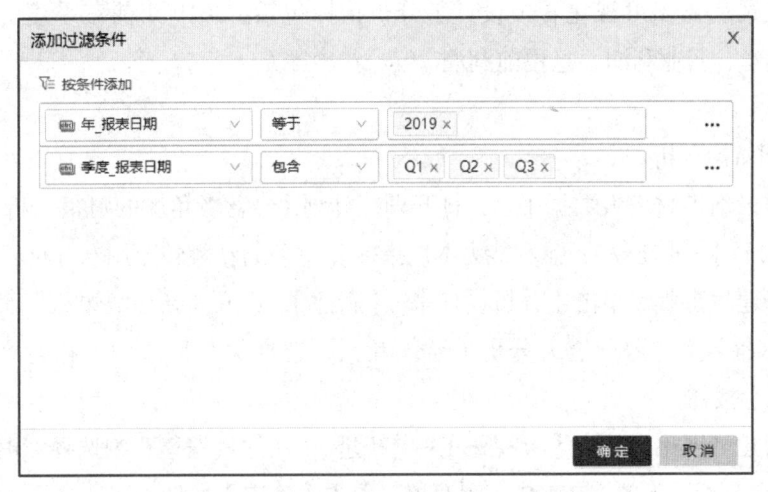

图 2-8-2 设置查询条件

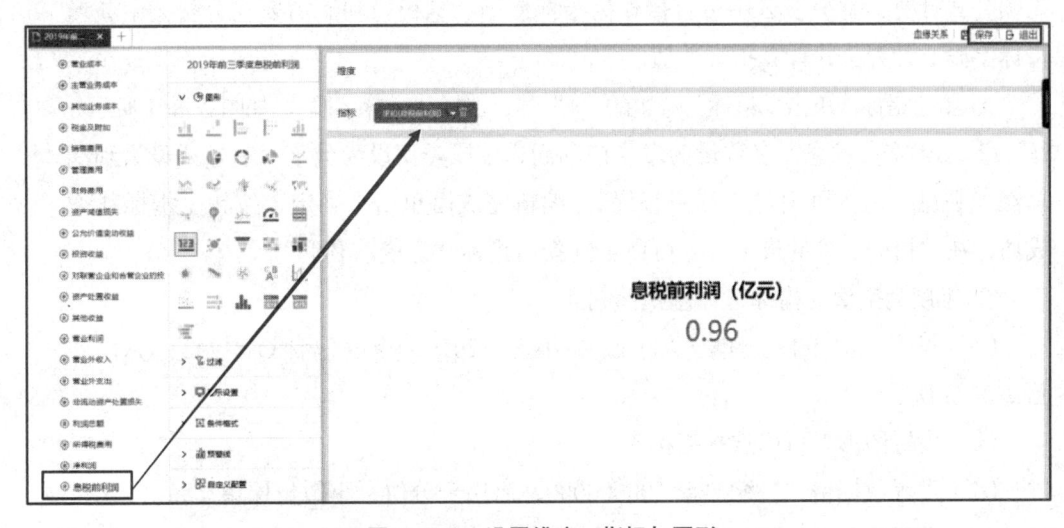

图 2-8-3 设置维度、指标与图形

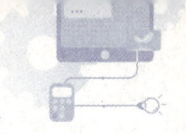

（9）单击【保存】。参考上述步骤，依次做出其他三个盈利能力指标。盈利能力本期指标如图 2-8-4 所示。

2019年前三季度营业收入 营业收入（亿元） 17.38	2019年前三季度营业成本 营业成本（亿元） 17.20	2019年前三季度营业利润 营业利润（亿元） 0.91	2019年前三季度息税前利润 息税前利润（亿元） 0.96

图 2-8-4　盈利能力本期指标

2. 环比分析

分别将营业收入、营业成本、营业利润及息税前利润四个指标数据进行 2019 年 9 月与 2019 年 8 月环比分析，操作步骤如下：

（1）登录新道财务大数据平台，打开训练计划【经营者角度的财报分析】，单击【盈利能力分析】–【任务 2：同比、环比分析】，系统自动跳转至用友分析云界面。

（2）新建可视化。将其命名为"环比分析"，数据表使用 AJHXJL 公司利润表。

（3）设置维度与指标。维度为空值，指标分别选择营业收入、营业成本、营业利润、息税前利润。

（4）设置图形。选择适合本数据指标的图形，可以选择表格。

（5）设置环比值。在各指标中选择高级计算中的"同比/环比"，如图 2-8-5 所示。

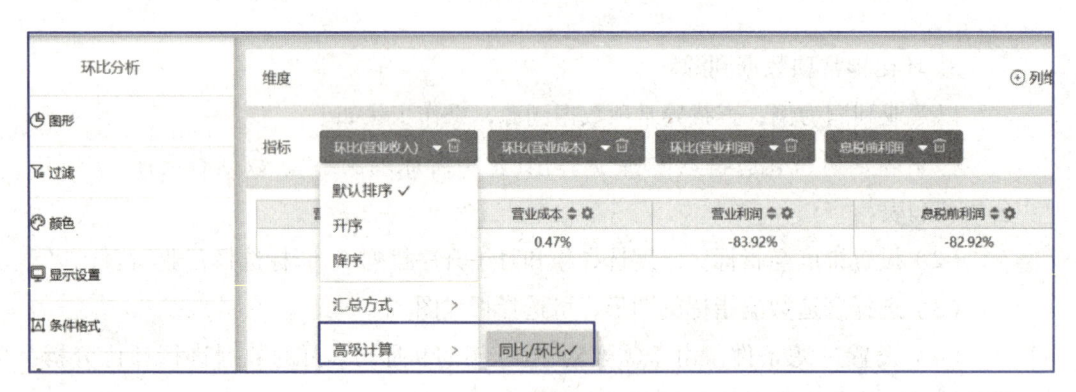

图 2-8-5　选择环比设置

✎ 提示

由于我们做分析的数据是 2019 年 9 月环比 2019 年 8 月，所选日期中的数字应该对应选择 2019 年 9 月的月份数，依次将营业收入、营业成本、营业利润及息税前利润做"同比/环比"设置。设置参数如图 2-8-6 所示。

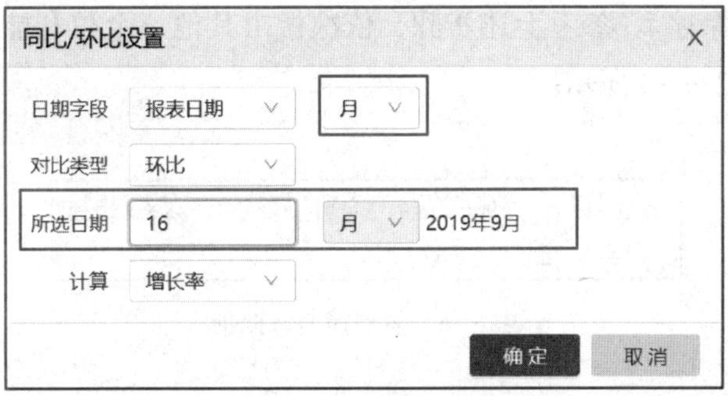

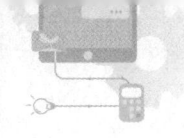

图 2-8-6　环比值设置

（6）单击【保存】。参考上述步骤，依次做出其他三个盈利能力指标的环比值，如图 2-8-7 所示。

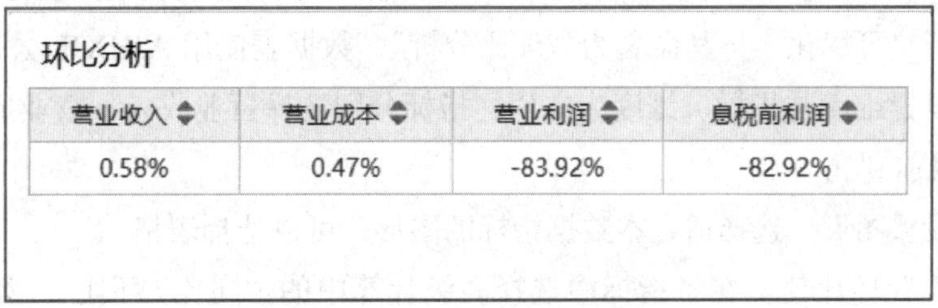

环比分析			
营业收入	营业成本	营业利润	息税前利润
0.58%	0.47%	-83.92%	-82.92%

图 2-8-7　盈利能力环比分析

3. 环比异常项数据溯源

以营业利润为例，查找异常项数据溯源，操作步骤如下：

（1）新建可视化。将其命名为"环比值下降原因洞察"，数据表选择 AJHXJL 公司利润表。

（2）设置维度与指标。维度选择年和月（升序排列），指标选择营业利润。

（3）选择合适数据指标的图形，可选择折线图。

（4）设置过滤条件。由于需要对 2019 年的 9 月与 8 月的数据进行环比分析，因此设置过滤条件为年等于 2019。

（5）指标解读。查找 2019 年 9 月与 8 月环比值下降的原因。

4. 同比分析

分别对营业收入、营业成本、营业利润及息税前利润四个指标数据进行 2019 年 9 月与 2018 年 9 月同比分析。操作步骤如下：

（1）操作步骤与环比分析类似，只需调整"同比/环比"设置参数。将"报表日期"选为"月"，将"对比类型"中的环比改为同比。同比设置如图 2-8-8 所示。

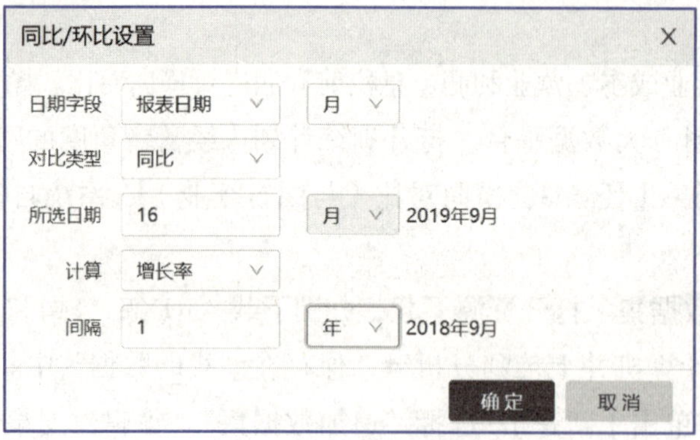

图 2-8-8 同比设置

> **提示**
> 由于分析的数据是 2019 年 9 月同比 2018 年 9 月,"所选日期"应该设置为 2019 年 9 月。"间隔"时间选择 1 年,如图 2-8-9 所示。

(2)参考上述步骤,依次对其他指标做同比分析。从指标数据看,营业收入与营业成本同比例增长的同时,营业利润大幅度上升,息税前利润受财务费用影响,与营业利润呈正比例上升,如图 2-8-9 所示。

同比分析			
营业收入	营业成本	营业利润	息税前利润
43.45%	43.72%	108.52%	108.78%

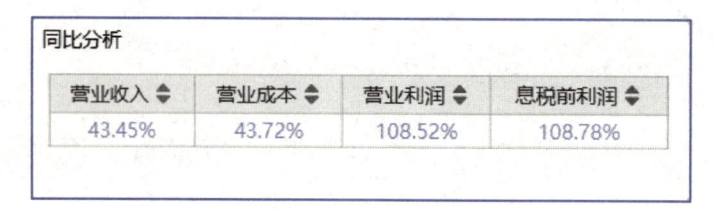

图 2-8-9 可视化看板数据

5. 同比异常项数据溯源

(1)同比异常项数据溯源操作步骤基本等环比异常项数据溯源的操作步骤,只需调整过滤值参数设置。将过滤条件设置为年包含 2018 年和 2019 年,月份包含 8~12 月。

(2)对维度中年份和月份按照升序排列,可以看到年份从 2018 年到 2019 年,月份从 8 月排到 12 月。然后依次从指标里选择所需指标数据(影响利润的因素,如费用、投资收益等),直到找到一条曲线与营业利润曲线变化趋势相一致,该指标就是影响利润下降的主要原因。

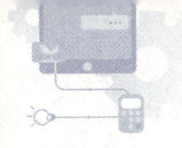

6. 横向对比

对营业收入、营业成本、营业利润、息税前利润进行横向对比。操作步骤如下：

（1）登录新道财务大数据平台，打开训练计划【经营者角度的财报分析】，单击【盈利能力分析】-【任务3：横向对比（与同行企业）】，系统自动跳转至用友分析云界面。

（2）新建追加数据集。打开资源下载，分别下载AJHXJL公司和金岭矿业的利润率，下载到本地计算机并上传到分析云，保存在"我的数据"中。打开分析云，选择【数据准备】，单击【新建】，选择"追加数据集"。编辑数据集名称为"AJ&金岭利润表数据集"，将其存放在"我的数据"文件夹里，单击【确定】。

（3）分别选择AJHXJL公司和金岭矿业公司的利润表，并进行每个科目的校对，需要准确对应上每一个会计科目，如果没有核对上，可以选择空白。由于合并数据集需要数据集物化（也就是数据静态化，不再会根据数据源变化而变化），需要做以下操作：两个利润表数据集中进入编辑状态，单击右上角【实时】，选择数据物化后【保存】；单击【执行】并【保存】数据集，如图2-8-10所示。

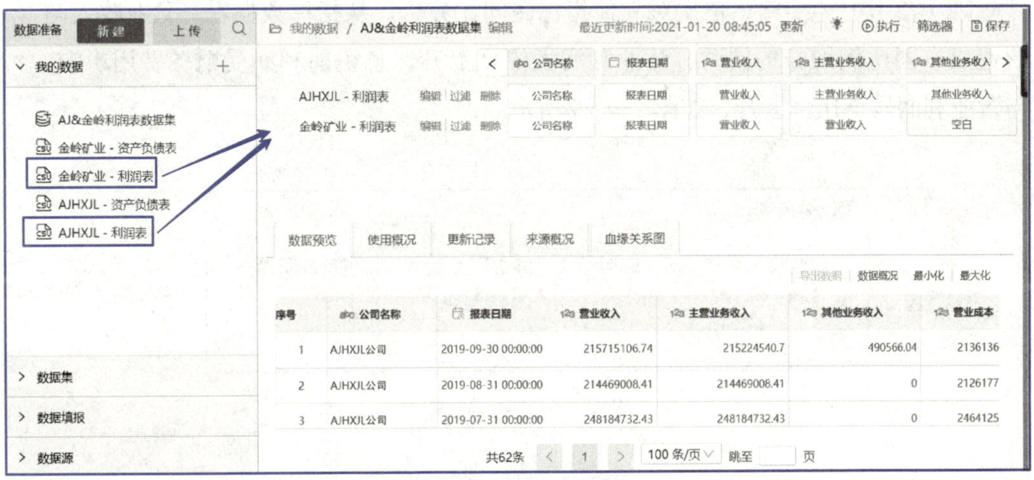

图 2-8-10 追加数据集设置

（4）新建可视化。将其命名为"指标横向对比"，数据表使用AJ&金岭利润表数据集。

（5）设置维度与指标。维度选择公司名称（升序排列）和年（升序排列），指标选择营业收入。

（6）选择适合本数据指标的图形，可以选择柱状图。

（7）设置颜色。为了直观地看到两家公司的对比结果，可以为两家公司设置不同颜色。单击【颜色】，将维度中的公司名称拖至颜色设置区域，选择颜色后单击

【确定】。设置完毕后，单击【保存】并【退出】。回到可视化看板，查看对比结果，如图 2-8-11 所示。

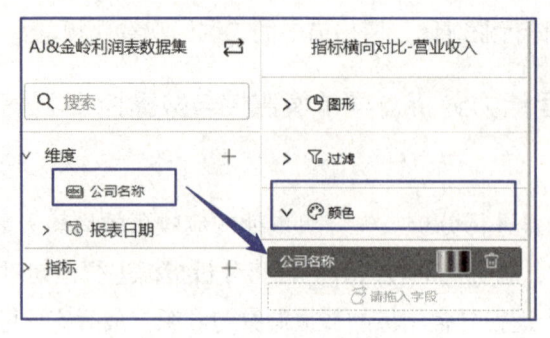

图 2-8-11　颜色设置

（8）分别将营业成本、营业利润、投资收益做横向对比，操作步骤同上。

7. 可视化看板设计

在可视化看板上，可以进一步更改可视化图表的位置与大小，更改标题或字体的位置或大小等，如图 2-8-12 所示，右侧是可视化看板的编辑窗口，可进行画布、封面及主体的更改设置。

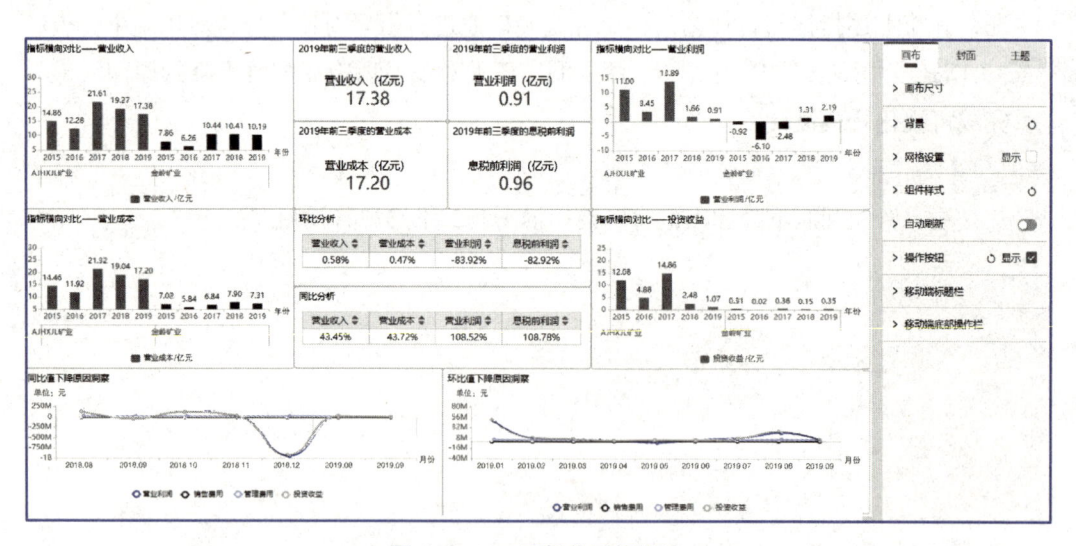

图 2-8-12　可视化看板设计

二、企业偿债能力分析、异常值监控与数据挖掘

【任务要求】

对公司偿债能力进行分析。首先使用上市公司 XBRL 的数据源计算采矿业资

211

产负债率、流动比率、速动比率、现金比率的行业平均值,再对负债的结构进行分析,并进一步进行异常指标的数据洞察与溯源,最后完成可视化看板设计。

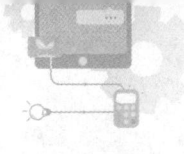

【操作指导】

资产负债率指标行业对比,请扫描书侧二维码观看视频。

三、企业营运能力分析、异常值监控与数据挖掘

【任务要求】

对公司营运能力进行分析。先分析本期的应收账款周转天数、存货周转天数、流动资产周转天数、总资产周转天数。再将分析指标进行横向对比(对比企业:金岭矿业),并进一步进行异常指标的数据洞察与溯源,最后完成可视化看板设计。

【操作指导】

注:非流动资产大幅下降原因洞察,请扫描书侧二维码观看视频。

四、企业发展能力分析、异常值监控与数据挖掘

【任务要求】

对公司发展能力进行分析。可以在发展能力指标中挑选了具有代表性的指标进行分析,例如营业收入、营业利润、利润总额、资产、所有者权益的本期增长情况,并将上述指标与行业内对标企业金岭矿业进行指标对比,分析对比结果,查看AJHXJL公司的发展能力好坏,深入洞察营业利润及所有者权益下降的原因,最后完成可视化看板设计。

【操作指导】

注:营业利润下降原因洞察,请扫描书侧二维码观看视频。

实战演练九
企业资金分析 »»»»»»

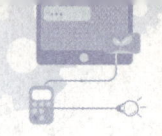

一、资金存量分析

（一）企业资金存量 N1 与 N2

【任务要求】

根据任务目标，财务分析师在 2019 年 10 月 8 日对 AJHXJL 公司做资金存量分析。需要分析的指标包括：集团资金存量 N1、集团资金存量 N2、显示集团各机构的资金存量，单击某一机构能查询其资金结构。

【操作指导】

以集团资金存量 N1 分析为例，操作步骤如下：

（1）登录新道财务大数据平台，打开训练计划【资金分析与预测实战演练】，单击【资金存量分析】-【任务 1：资金存量指标】，系统自动跳转至用友分析云界面。

（2）新建故事板。进入分析云，单击【分析设计】-【新建】，选择【新建故事板】，将其命名为"资金存量分析"，选择存放目录，存放在"我的故事板"下，故事板类型选择"普通故事板"，单击【确认】。

（3）新建可视化。单击【可视化】-【新建】，在"选择数据集"界面单击【数据集】，在"财务大数据－资金分析"文件夹中选择需要用的数据表"资金分析 N1-各机构（2019 年 9 月份）"，单击【确定】，将可视化命名为"集团资金存量 N1"。

（4）设置维度与指标，维度为空，指标选择期末余额，如图 2-9-1 所示。

（5）设置图形。选择显示图形——指标卡，集团资金存量 N1 可视化操作完成，单击【保存】，因为期末余额单位是元，数字较大，显示较长，为方便决策者浏览，可以将其设置为亿元。操作步骤：单击指标"期末余额"下拉菜单［数据显示格式］，缩放率输入"100 000 000"，输入后导符"亿元"，千分位选择"启用"，输入小数位"2 位"，期末余额即可显示为亿元，如图 2-9-2 所示。

（6）了解 N1 指标的构成。新建可视化并命名为"集团资金存量 N1-明细"，设置维度为"科目名称"，指标为"期末余额"，图形可选择饼图或饼图图，如图 2-9-3 所示，单击【保存】。

213

模块二　实战演练操作指导

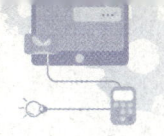

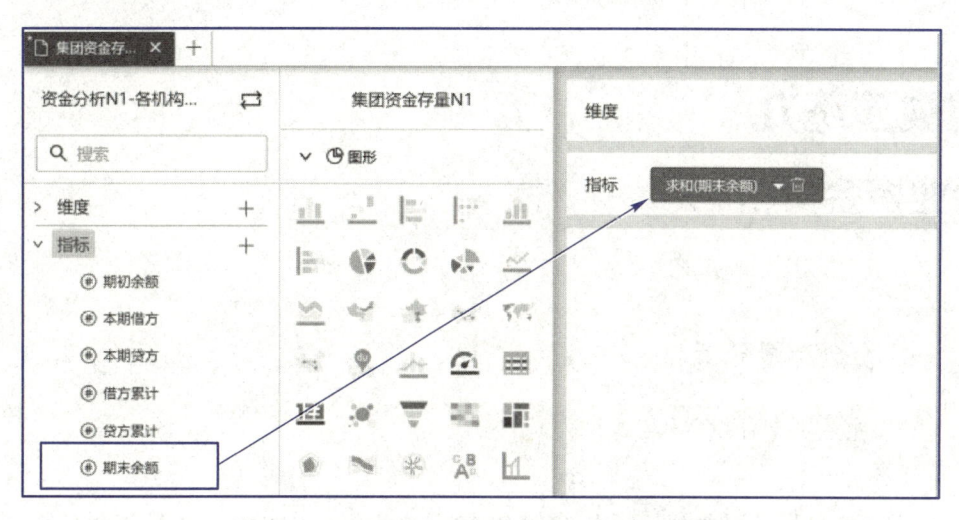

图 2-9-1　设置"集团资金存量 N1"维度与指标

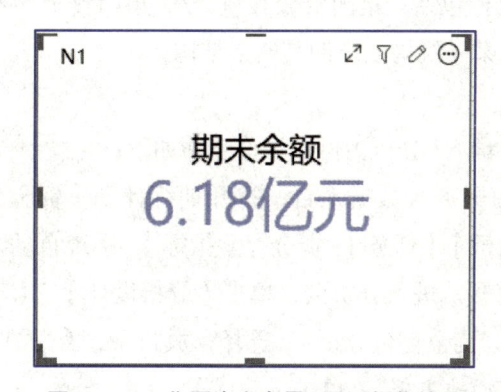

图 2-9-2　集团资金存量 N1 可视化结果

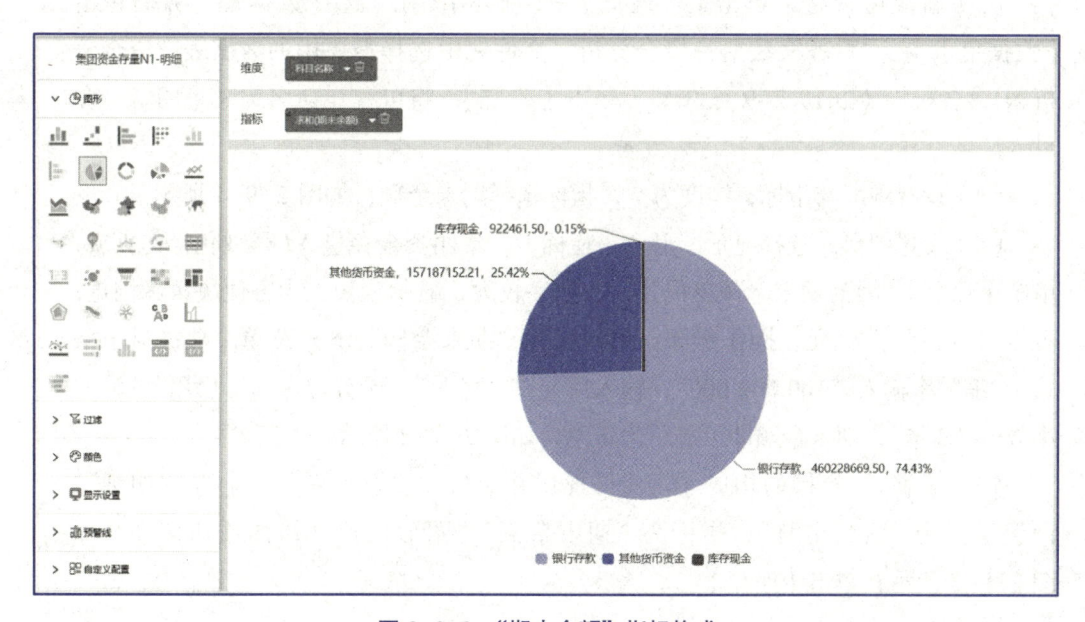

图 2-9-3　"期末余额"指标构成

214

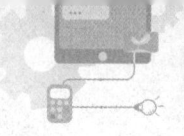

注：集团资金存量 N2 操作步骤同上，可使用不同图形，计算出集团资金存量 N2 及构成。

（二）各机构资金存量

【任务要求】

了解 AJHLJL 集团公司内部各机构资金存量情况，操作步骤基本与 N1 的操作步骤相同，但这里需要在维度里添加一个层级，使得可以直接从 AJHLJL 集团公司的数据中穿透到各机构的资金存量。

【操作指导】

各机构资金存量分析可视化操作步骤如下：

（1）在分析云界面，选择数据表为"资金分析 N2- 各机构（2019 年 9 月份）"。

（2）将可视化命名为"各机构资金存量"。

（3）添加钻取层级。当需要添加新的维度层级时，单击维度右侧【加号】-【层级】，进行钻取层级设置，如图 2-9-4 所示。层级名称设置为"各机构资金期末余额"，钻取路径选择"科目名称"和"机构名称"，单击【向右箭头】-【确定】，要注意钻取层级路径的顺序。

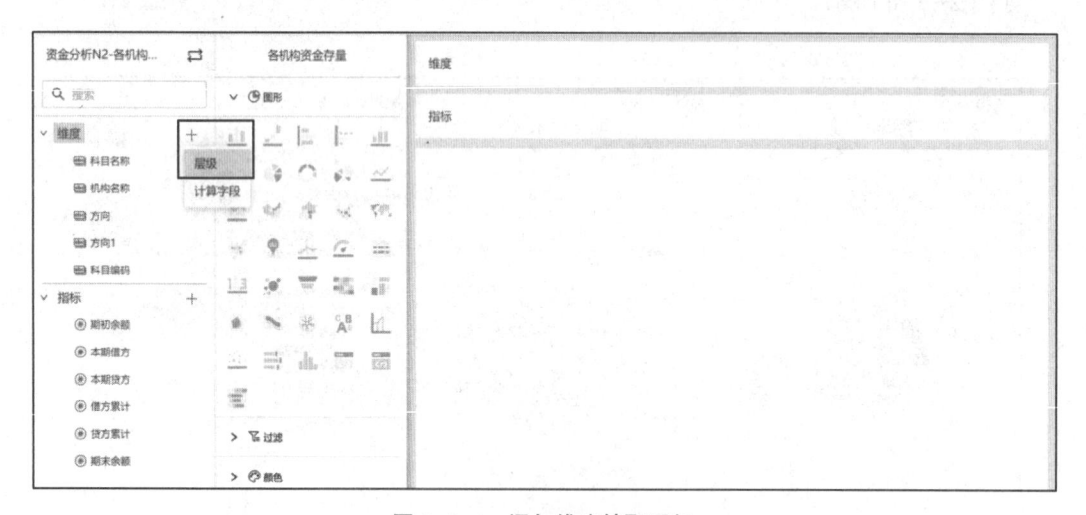

图 2-9-4　添加维度钻取层级

（4）设置钻取层级，如图 2-9-5 所示。

（5）选择维度、指标和显示图形。维度选择层级"各机构期末余额"，指标选择"期末余额"。

（6）选择穿透的资金结构的显示图形。单击图形的柱状条，进入钻取层级，选择图形样式即可。

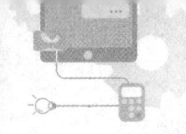

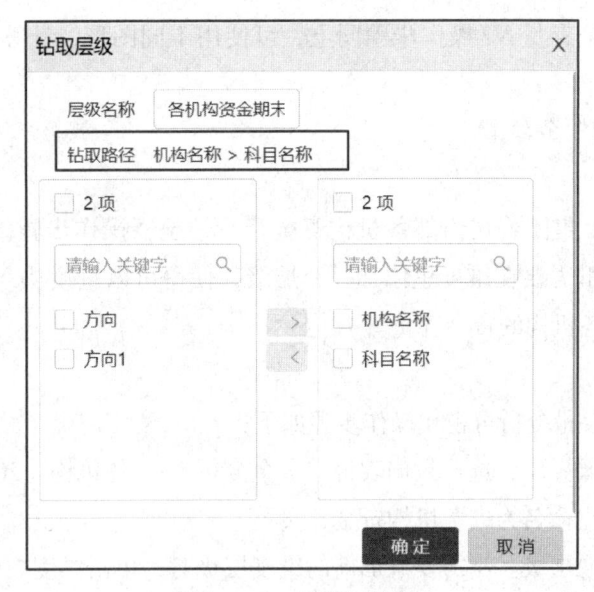

图 2-9-5　设置钻取层级

（7）单击【保存】-【退出】，在分析云可视化看板上查看各指标可视化图形，如图 2-9-6 所示。

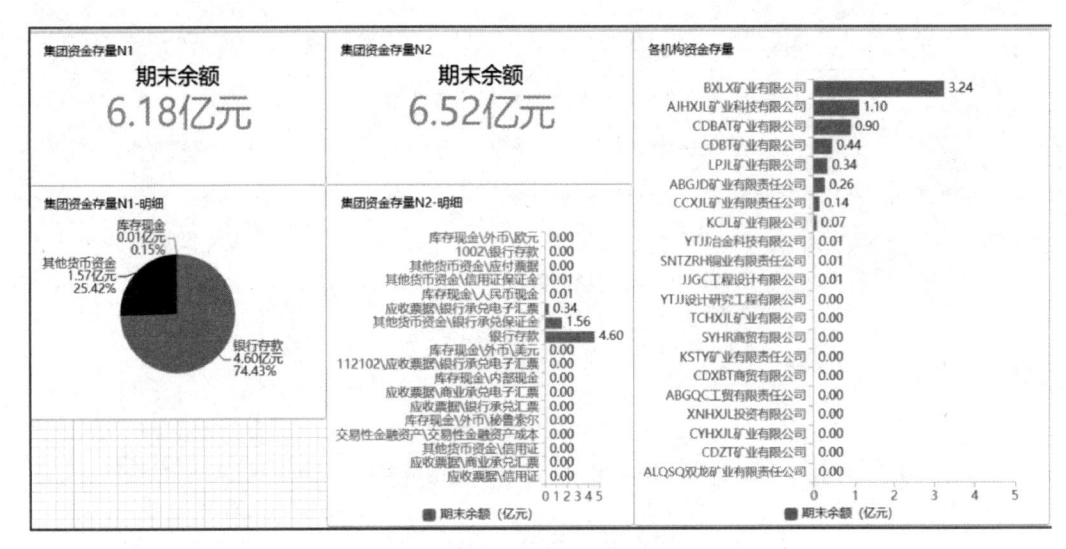

图 2-9-6　集团资金存量指标

注：图中数字为保留两位小数后的数字。

二、资金来源分析

数据分析师对资金来源进行分析。通过分析 2019 年 9 月三大活动的资金构成，判断对本月资金贡献度最大的资金来源；通过分析 2019 年 9 月各流入项的金额比

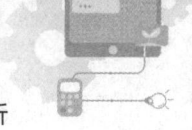

例,判断本月资金流入的主因;通过分析 2019 年 9 月各流出项的金额比例,判断本月资金流出的主因。

(一)现金流量构成分析

【任务要求】

分析该公司现金流量构成。

【操作指导】

以 AJHXJL 公司 2019 年 9 月及 2015 年至 2019 年五年间的现金流量构成分析为例,进行操作步骤演示。

(1)登录新道财务大数据平台,打开训练计划【资金分析与预测实战演练】,单击【资金来源分析】-【任务 1:资金来源构成】,系统自动跳转至用友分析云界面。

(2)新建故事板。在分析云中单击【分析设计】-【新建】-【新建故事板】,故事板名称为:资金来源分析,放在"我的故事板"目录下,单击【确认】。

(3)新建 2019 年 9 月现金流量分析可视化。根据任务目标,要分析 2019 年 9 月现金流量构成,新建可视化方法同上,维度选择"年""月",指标选择"经营活动产生的现金流量净额""投资活动产生的现金流量净额""筹资活动产生的现金流量净额"。

(4)设置过滤条件为 2019 年 9 月。单击维度中"年"右侧的下拉框,单击【创建过滤】,添加过滤条件。

(5)单击【确定】,可选择表格样式进行数据呈现,如图 2-9-7 所示。

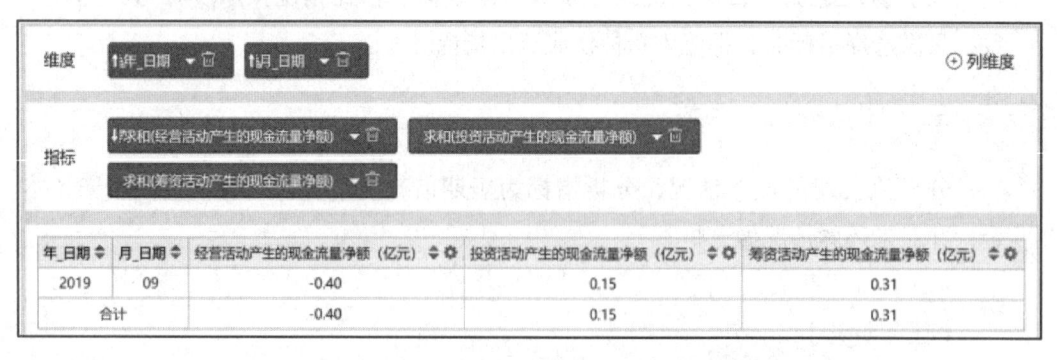

年_日期	月_日期	经营活动产生的现金流量净额(亿元)	投资活动产生的现金流量净额(亿元)	筹资活动产生的现金流量净额(亿元)
2019	09	-0.40	0.15	0.31
合计		-0.40	0.15	0.31

图 2-9-7　2019 年 9 月现金流量构成可视化

(6)新建 5 年现金流量构成分析可视化。单击【可视化】-【新建】,选择数据集"财务大数据"-"资金分析"文件夹下的"现金流量表-AJHXJL",单击【确定】,将可视化命名为"现金流量构成分析"。

(7)设置维度与指标。维度选择"年",指标选择"经营活动产生的现金流量

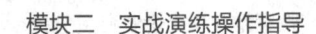

净额""投资活动产生的现金流量净额""筹资活动产生的现金流量净额"。

（8）选择显示图形。选择适合本指标的图形，可以选择表格、折线图等，将维度按年进行升序排列，2015—2019年5年间的现金流量构成分析可视化完成。

（二）2019年现金流入与流出的占比情况

【任务要求】

分析该公司2019年现金流入占比与现金流出占比情况。

【操作指导】

（1）登录新道财务大数据平台，打开训练计划【资金分析与预测实战演练】，单击【资金来源分析】-【任务2：资金来源健康性评测】，系统自动跳转至用友分析云界面。

（2）新建可视化。进入分析云界面，单击【可视化】-【新建】，选择数据集中的"现金流量表-AJHXJL"，单击【确定】，将可视化重命名为：2019年现金流入项目分析。

（3）设置指标。指标选择"经营活动产生的现金流入小计""投资活动产生的现金流入小计""筹资活动产生的现金流入小计"，维度为空。

（4）设置过滤条件。单击【过滤】-【设置】，添加过滤条件为："年等于2019"。

（5）选择显示图形，可以选择环形图或饼图。2019年现金流入项目分析可视化完成。

以上为现金流入占比情况操作步骤，现金流出占比情况操作步骤与其基本一致，只需选择指标时，把流入指标换成流出指标。

三、债务分析与预警

分析该公司的债务情况，分析指标为短期借款金额、长期借款金额、未还本金，并对未还款情况做分析。

（一）短期借款、长期借款与未还本金分析

【任务要求】

分析短期借款金额、长期借款金额和未还本金。

【操作指导】

（1）登录新道财务大数据平台，打开训练计划【资金分析与预测实战演练】，单击【债务分析与预警】-【任务：贷款情况分析】，系统自动跳转至用友分析云界面。

（2）进入分析云界面，新建故事板，故事板名称为"债务分析与预警"。

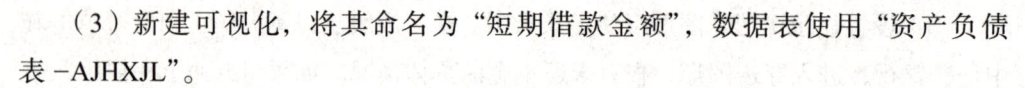

（3）新建可视化，将其命名为"短期借款金额"，数据表使用"资产负债表-AJHXJL"。

（4）设置维度与指标。维度为空值，指标选择短期借款。

（5）设置显示图形。可以选择指标卡。

（6）设置过滤条件。根据任务目标，设置过滤条件为："年等于2019""月等于9"。

（7）单击【保存】并退出，短期借款可视化分析完成。

备注

长期借款、未还本金操作步骤同短期借款。未还本金可视化，所需数据表为"银行贷款明细表"，指标选择"未还本金"。上述各项指标的可视化结果如图2-9-8所示。

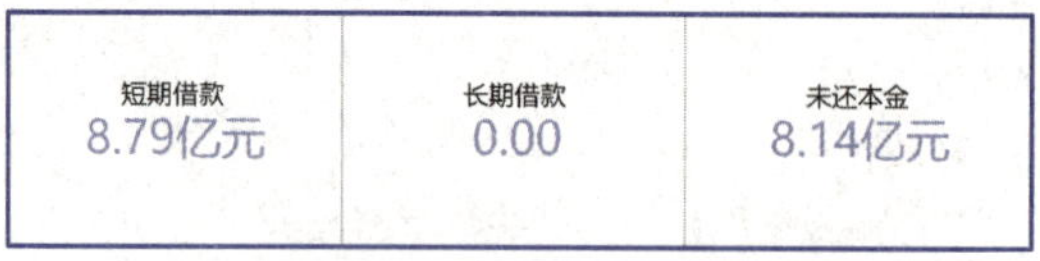

短期借款	长期借款	未还本金
8.79亿元	0.00	8.14亿元

图2-9-8 短期借款、长期借款、未还本金可视化

（二）未还款情况分析

【任务要求】

分析未还款情况。

【操作指导】

从借款情况计算中可以看出，AJHXJL公司的借款全部为短期借款，暂无长期借款，未还本金8.14亿元，占短期借款金额的93%。因此，接下来还需对未还款的详细情况，通过钻取层级进行分析。操作步骤如下：

（1）登录新道财务大数据平台，打开训练计划【资金分析与预测实战演练】，单击【债务分析与预警】-【任务：贷款情况分析】，系统自动跳转至用友分析云界面。

（2）新建可视化。单击【可视化】-【新建】，选择数据表为"银行贷款明细表"，将可视化命名为"未还款情况分析"。

（3）设置层级。单击维度右边【+号】，输入层级名称为"贷款单位"，选择钻取路径："贷款单位""结束日期"，单击【向右箭头】-【确定】。

（4）设置维度与指标。维度为刚设置的层级"贷款单位"，指标选择"未还本金"。

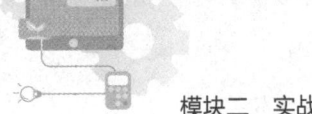

（5）设置显示图形。图形可使用条形图。由于层级已设置完毕，因此可单击其中任一银行，进入穿透图形，查看未还本金的具体情况。如果想返回上一层级，单击【首页】即可返回。

（6）未还本金详情预警设置。在查看未还款情况之后，需要对大于1亿元未还款项进行预警设置，添加预警线。将指标中的未还本金拖拽至预警线设置框内，如图2-9-9所示。在弹出的设置指标预警对话框中，单击【添加条件格式】，设置未还本金大于等于1亿元，单击【下一步】，选择预警人员，单击【下一步】，设置预警级别集预警线颜色，单击【确认】按钮，预警线设置完成。

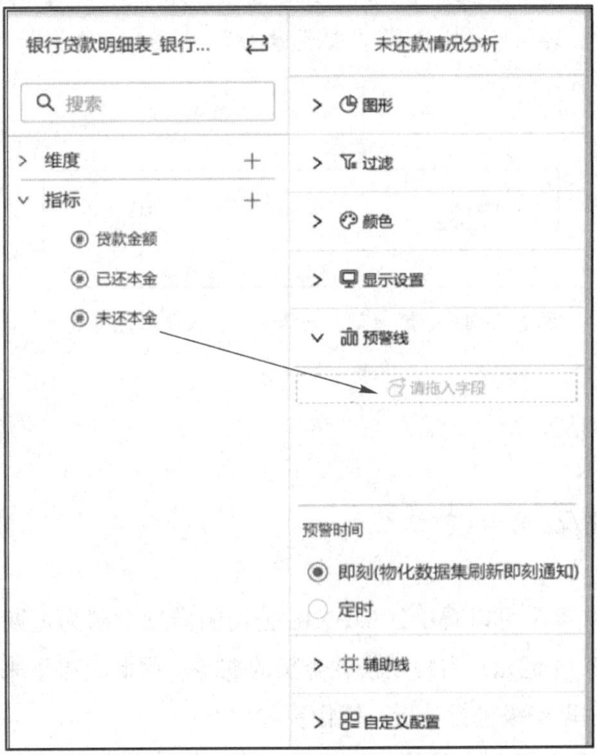

图2-9-9　选择指标进行预警线设置

注意

在钻取层级中需要分别设置预警线。

（7）将指标升序排序，未还款情况分析可视化操作完成，如图2-9-10所示。

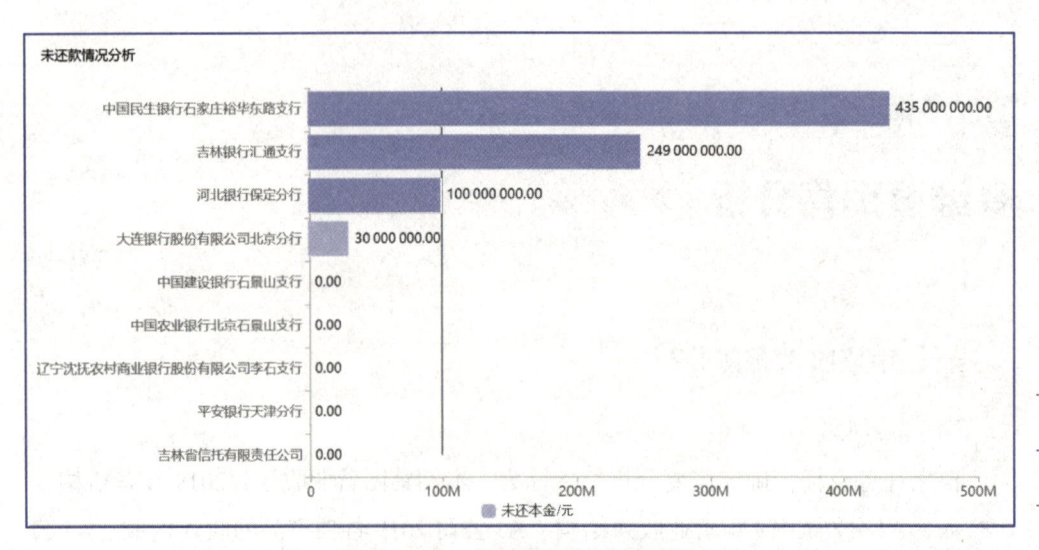

图 2-9-10　未还款情况分析可视化

注：资金管理效益分析请扫描书侧二维码观看视频。

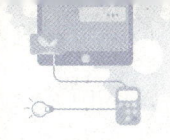

实战演练十
多维度销售分析 »»»»»»

一、销售收入整体分析

【任务要求】

根据任务目标,确定需要分析的指标为:本期集团营业收入、2019年各机构营业收入、AJ公司2019年营业收入结构、AJ公司2019各项产品的收入构成、AJ公司历年营业收入横向对比、AJ公司营业收入趋势图(按季)。

【操作指导】

以"本期集团营业收入"为例,操作步骤如下:

(1)登录新道财务大数据平台,打开训练计划【销售分析与预测实战演练】,单击【销售整体分析】-【任务:销售收入整体分析】,单击"开始任务"系统自动跳转至用友分析云界面。

(2)新建故事板。进入分析云界面,在"分析设计"中新建故事板,将其命名为"销售收入整体分析",保存在"我的故事板"文件夹中。

(3)新建可视化。在"我的故事板"中新建可视化,数据表选择数据集中财务大数据文件夹中销售分析文件夹,选择"销售收入、汇总销售收入总体统计"。将可视化命名为"本期集团营业收入"。

(4)设置维度与指标。维度为空值;指标选择金额(汇总方式为求和)。

(5)设置图形。可以选择指标卡。

(6)设置过滤条件。如图2-10-1所示,由于需要对AJHXJL公司2019年收入进行分析,所以需要添加一级子项,包含主营业务收入和其他业务收入;"年"等于"2019",单击【保存】。

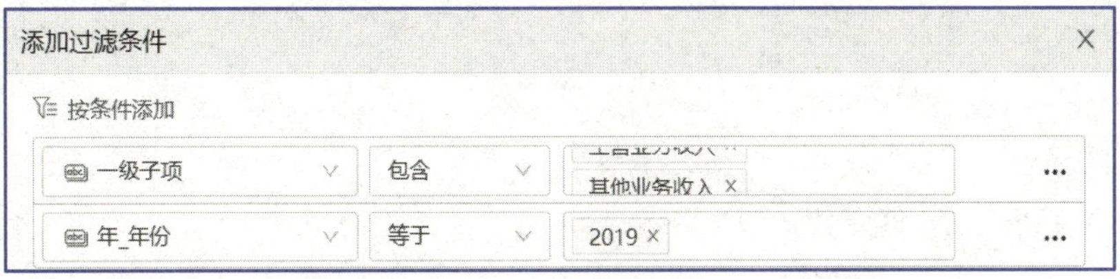

图2-10-1 设置过滤条件

其他收入分析指标的设置可参见以上步骤。

二、客户维度分析

【任务要求】

根据任务目标，需要分析的指标为：客户数量及客单价，客单价与客户数同比分析，客户销售地区分布分析，内外部客户销售额占比分析，外部客户销售额排名（top5），top1 客户销售趋势图。

【操作指导】

以"客单价"指标分析为例进行演示，操作步骤如下：

（1）进入新道财务大数据平台，打开训练计划【销售分析与预测实战演练】，单击【客户维度分析】-【任务：销售收入客户维度分析】，系统自动跳转至用友分析云界面。

（2）新建可视化。进入分析云界面，新建可视化，并将其命名为"客单价"，数据表选择"客单价计算表"，该表存放在数据集销售分析文件夹中。

（3）设置维度与指标。维度选择"年－日期"（升序排列），指标选择客单价。如果指标中没有客单价，需要新建字段，单击指标旁边【加号】，新建字段信息名称为"客单价"，字段类型为数字，表达式为"销售金额 / 客户数量"，如图 2-10-2 所示。在指标中可以设置数据格式和设置显示名。

（4）客单价可视化计算完毕，单击【保存】，并【退出】，如图 2-10-3 所示。

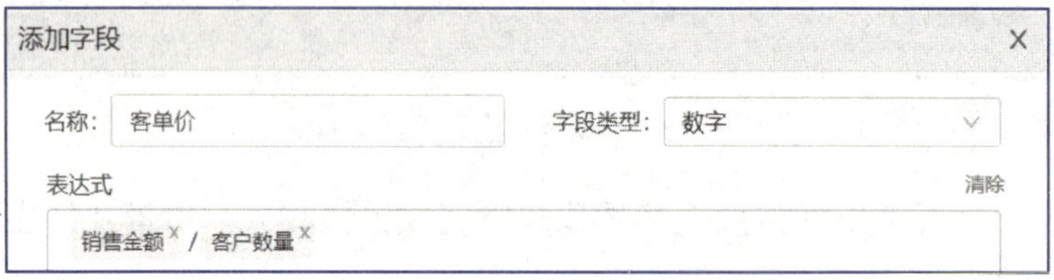

图 2-10-2　设置字段

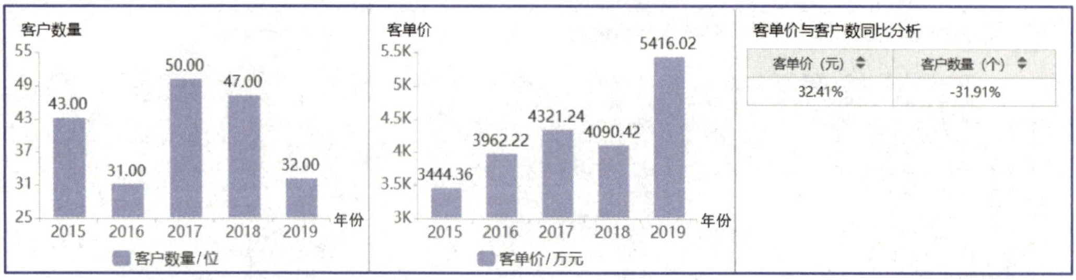

图 2-10-3　客户数量、客单价、客单价与客户数量同比分析

注：其余指标分析可参照上述步骤。

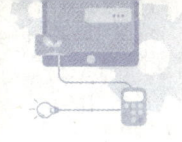

三、产品维度分析

【任务要求】

根据任务目标,确定需要分析的指标为:各类产品的销售收入排名、销量排名、销售单价排名,主要产品销售收入与公司总销售收入的趋势分析、主要产品收入增长因素分析、产品毛利分析。

【操作指导】

以产品销售排名分析为例进行演示,操作步骤如下:

(1)登录新道财务大数据平台,打开训练计划【销售分析与预测实战演练】,单击【产品维度分析】-【任务:销售收入产品维度分析】,系统自动跳转至用友分析云界面。

(2)进入分析云界面,新建可视化,将其命名为"产品销售收入排名",数据表使用"产品销售汇总表",该数据表存放在数据集"销售分析"里。

(3)设置维度与指标。维度选择产品名称,指标选择金额(汇总方式为求和,升序排列)。

(4)设置图形,选择条形图。

(5)设置过滤条件。由于需要对2019年的数据进行分析,所以设置"年份"等于"2019",如图2-10-4所示。

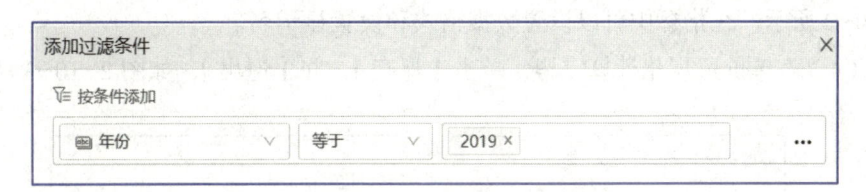

图 2-10-4　设置过滤条件

(6)查看分析结果并按照上述操作步骤完成销售收入、销量及销售单价排名,如图2-10-5所示。

注:其余指标分析可参照上述步骤。

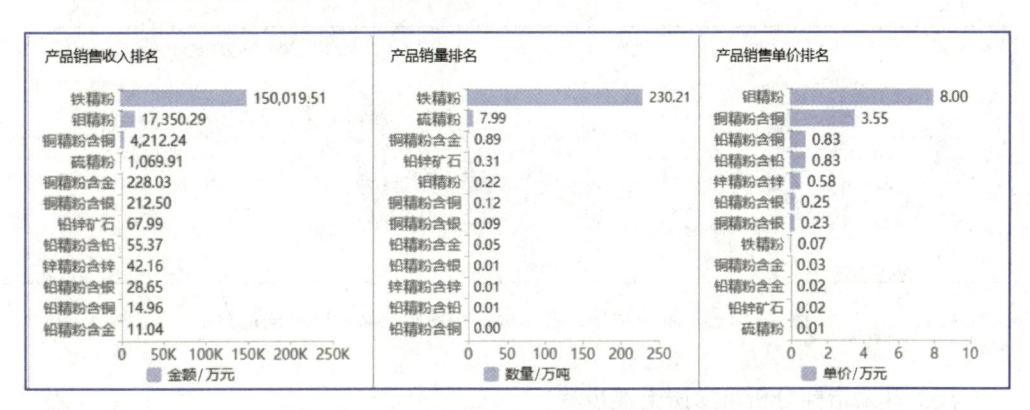

产品销售收入排名	产品销量排名	产品销售单价排名
铁精粉　150,019.51	铁精粉　230.21	钼精粉　8.00
钼精粉　17,350.29	硫精粉　7.99	铜精粉含铜　3.55
铜精粉含铜　4,212.24	铜精粉含金　0.89	铅精粉　0.83
硫精粉　1,069.91	铅锌矿石　0.31	铅精粉含铅　0.83
铜精粉含金　228.03	铁精粉　0.22	锌精粉含锌　0.58
铜精粉含银　212.50	铜精粉含铜　0.12	铅精粉含银　0.25
铅锌矿石　67.99	铜精粉含银　0.09	铜精粉含银　0.23
铅精粉含铅　55.37	铅精粉含铅　0.05	铁精粉　0.07
锌精粉含锌　42.16	锌精粉含锌　0.01	铜精粉含金　0.03
铅精粉含银　28.65	铅精粉含银　0.01	铅锌矿石　0.02
铅精粉含金　14.96	铅精粉含金　0.01	铅精粉含金　0.02
铅精粉含金　11.04	铅精粉　0.00	硫精粉　0.01

图 2-10-5　产品销售收入、销量及销售单价排名

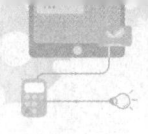

四、价格维度分析

【任务要求】

AJHXJL 公司的金牛产品是铁精粉,明星产品是钼精粉,需要分析的指标为:铁精粉和钼精粉 2015 年至 2019 年销售价格趋势,并横向对比市场销售单价。

【操作指导】

以金牛产品的销售单价历史趋势为例进行演示,操作步骤如下:

(1)登录新道财务大数据平台,打开训练计划【销售分析与预测实战演练】,单击【价格维度分析】-【任务 2:产品市场价格分析】,系统自动跳转至用友分析云界面。

(2)进入分析云界面,新建可视化,将其命名为"金牛产品市场价格趋势",数据表使用"铁精粉市场价格_铁精粉价格走势 2015—2019",该数据表存放在数据集"销售分析"中。

(3)设置维度与指标。维度需要新建一个"年－月的层级",升序排列层级;指标选择市场价格,汇总方式为年均值。新建维度层级需要单击维度旁边【加号】,单击【层级】,设置层级名称"年穿透月",钻取路径年到月,如图 2-10-6 所示。

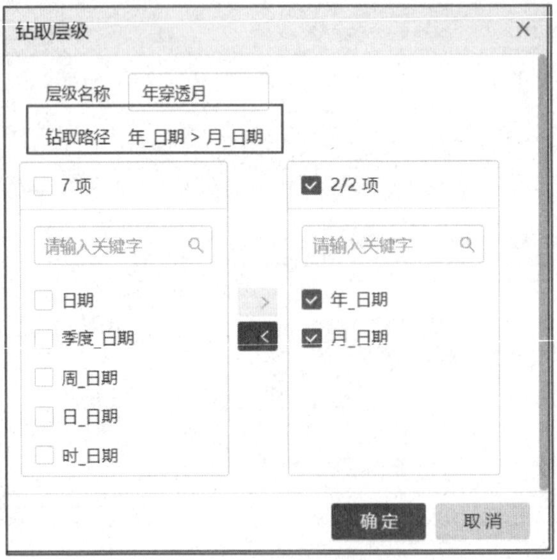

图 2-10-6 新建层级

(4)设置图形,可以选择折线图。

(5)金牛产品的市场价格历史趋势可视化分析计算完毕,单击【保存】,并【退出】。

视频:销售价格分析——明星产品市场价格趋势

模块二 实战演练操作指导

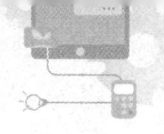

　　参考上述操作步骤对明星产品的市场价格历史趋势进行可视化分析,分析结果如图 2-10-7 所示。

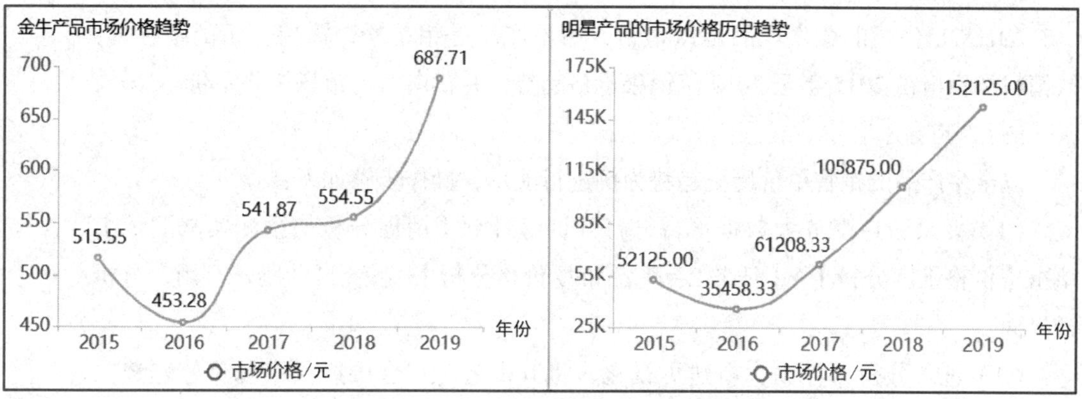

图 2-10-7　金牛产品和明星产品销售单价趋势

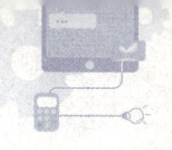

实战演练十一

多元回归预测销售价格 »»»»»»

【任务要求】

本任务中选择影响销售价格的因素为:国内市场价格、下游钢材产量、下游钢材价格、国家政策。也可以定义其他的影响因素,但是在定义时,一定要注意这些影响因素历史数据的可获得性。

【操作指导】

金牛产品的销售单价历史趋势演示操作步骤如下:

(1)收集影响因素的历史数据及国家政策数据。

收集影响因素的历史数据,比如"国内市场价格",数据可直接从网上获取(比如"钢易网"可查询铁精粉每日市场价格)。

收集国家政策数据,主要收集对应期间有无和铁精粉、采矿等相关的政策发布,如果有,标注为"1";如果没有,标注为"0"。如果某些期间发布了多项政策,也可以输入政策条数数据。

(2)产品价格影响因素表数据清洗。在收集数据时,可能某些月份的数据收集不到,产品价格影响因素表中存在空数据值,如图 2-11-1 所示。

日期	公司销售价格/元	国内市场价格/元	下游钢材产量/元	下游钢材价格/元	政策影响
2015/01	498.58	570		2550	0
2015/02	492.40	630	8,240.20	2503	0
2015/03	491.53		10,510.10	2462	0
2015/04	445.60	620	10,409.50	2423	0
2015/05	449.92	590	11,766.20	2383	1
2015/06	447.60	530	12,848.10	2356	0
2015/07	447.47	530	12,619.00	2135	0
2015/08	426.71	535	12,381.40	2095	0
2015/09	426.47	535	13,156.40	1955	0
2015/10	424.33	427.5	12,534.80	1837	0
2015/11	394.48	420	11,753.30	1782	0
2015/12	367.93	335	11,967.20	1628	1
2016/01	345.31	305		1821	0
2016/02	333.88	325		1816	0
2016/03	397.84	365	9,815.80	1975	0
2016/04	402.30	427.5	10,256.70	2140	1
2016/05	440.08	455	10,754.10	2545	0
2016/06	406.27	385	12,106.40	1975	0
2016/07	394.19	395	11,574.30	2341	0
2016/08	423.77	430	11,506.90	2420	1

图 2-11-1 产品价格影响因素表

模块二　实战演练操作指导

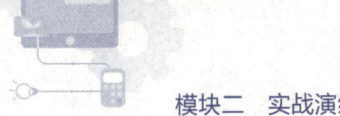

这些空值可以使用清洗规则中的缺失值填补，填补方式为"均值填补"（即用该列的平均值填充）。

数据清洗的具体操作步骤如下：

① 打开【训练计划 - 教学应用 - 资源下载】，下载"价格预测数据—学生下载表"，保存该数据表在本地计算机中备用。

② 登录新道财务大数据平台，打开训练计划【销售分析与预测实战演练】，单击【销售价格预测】-【任务 2：产品价格影响因素表数据清洗】，系统自动跳转至数据清洗界面。

③ 上传数据。单击【选择数据源】，左侧会出现一个上传数据的界面，单击【上传数据】，把收集到的数据进行上传（即将下载的"价格预测数据—学生下载表"传），上传完毕后，对所上传的数据进行查看，如图 2-11-2 所示。

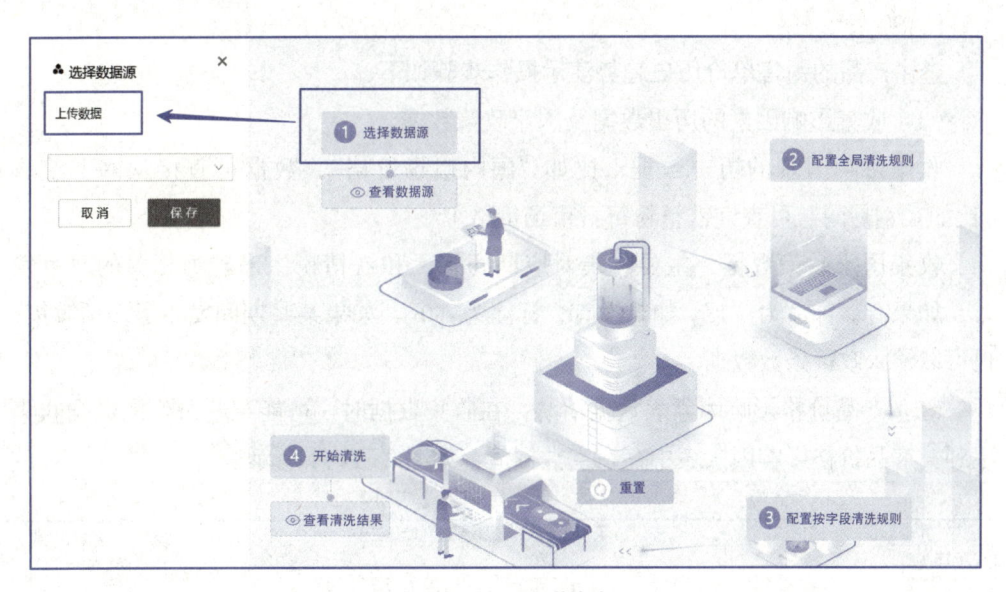

图 2-11-2　上传数据

> **注意**
>
> 如果没有收集数据的同学可以参考资源下载区的"价格预测数据——历史数据"，先将该数据表格下载到本地计算机上，然后进行上传。

（3）配置清洗规则。如图 2-11-3 所示，单击【配置按字段清洗规则】，左侧会出现添加规则，单击【添加规则】，选择下拉菜单中【缺失值填补】，单击【加号】，选择填补字段内容，本案例可以选择国内市场价格、下游钢材产量、下游钢材价格，填补方法为【均值填补】，设置完毕后单击【保存】。

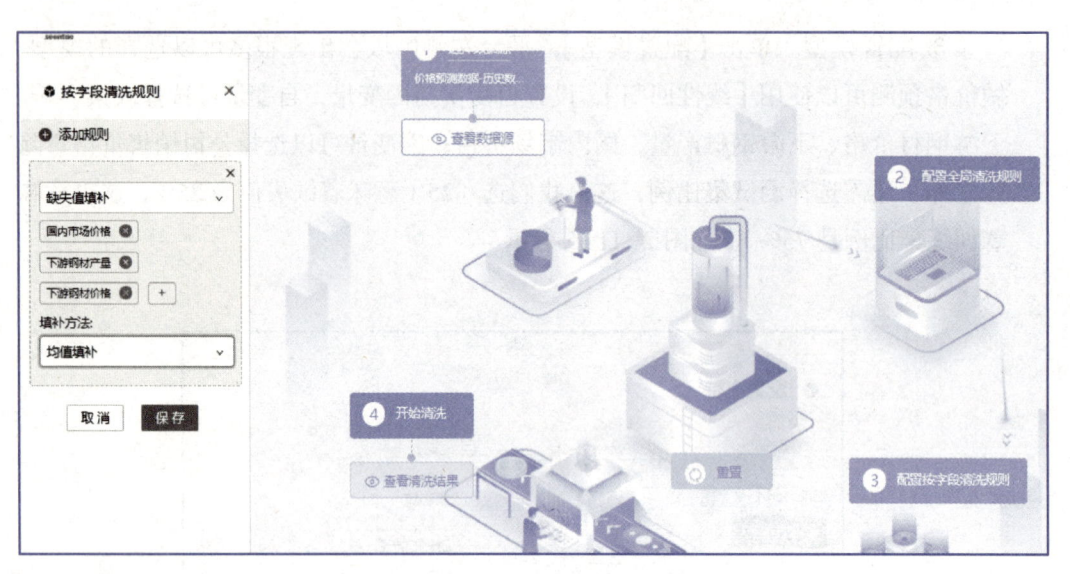

图 2-11-3　配置清洗规则

（4）数据清洗。单击【开始清洗】按钮，单击【确定】，清洗成功后，查看清洗结果并下载保存在本地计算机中，数据清洗操作完毕。

多元回归预测产品销售价格

数据清洗之后，可以使用多元回归方法对产品销售价格进行预测。操作步骤如下：

① 登录新道财务大数据平台，打开训练计划【销售分析与预测实战演练】，单击【销售价格预测】-【任务3：多元回归预测产品销售价格】，系统自动跳转至数据挖掘界面。

② 选择数据源。单击【选择数据源】，选择内置的"价格预测数据（清洗后）"，单击【保存】。如果想自行上传数据，可单击【选择数据源】，上传所需数据，单击【保存】，如图 2-11-4 所示。

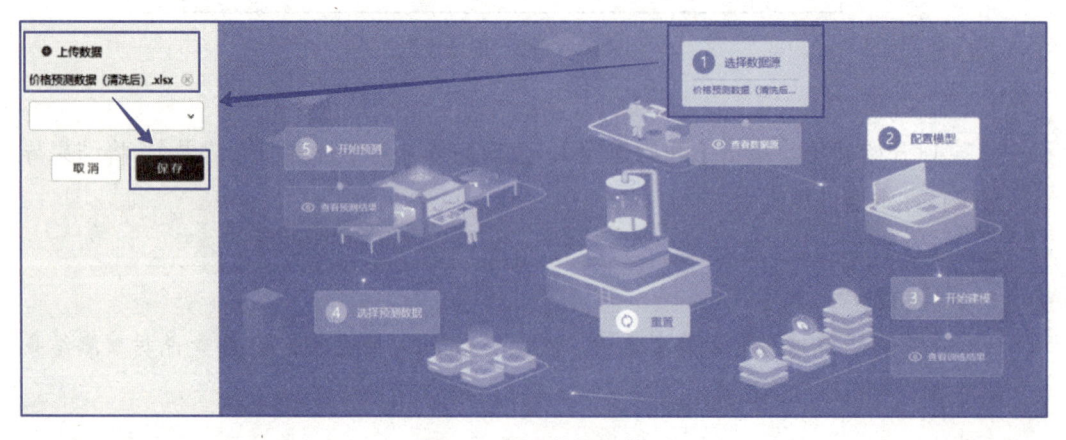

图 2-11-4　数据上传

229

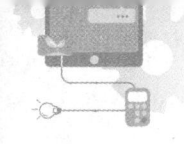

③ 配置模型。单击【配置模型】，平台左侧区域会出现很多可以选择的模型，做价格预测可以使用【线性回归】，设置自变量与因变量，自变量可选择政策影响、下游钢材价格、下游钢材产量、国内市场价格；因变量可以选择公司销售价格。除此之外，还需选择测试集比例，这里我们选 0.25（意味着缺失值为 25%，这也意味着训练集比例是 75%），如图 2-11-5 所示。

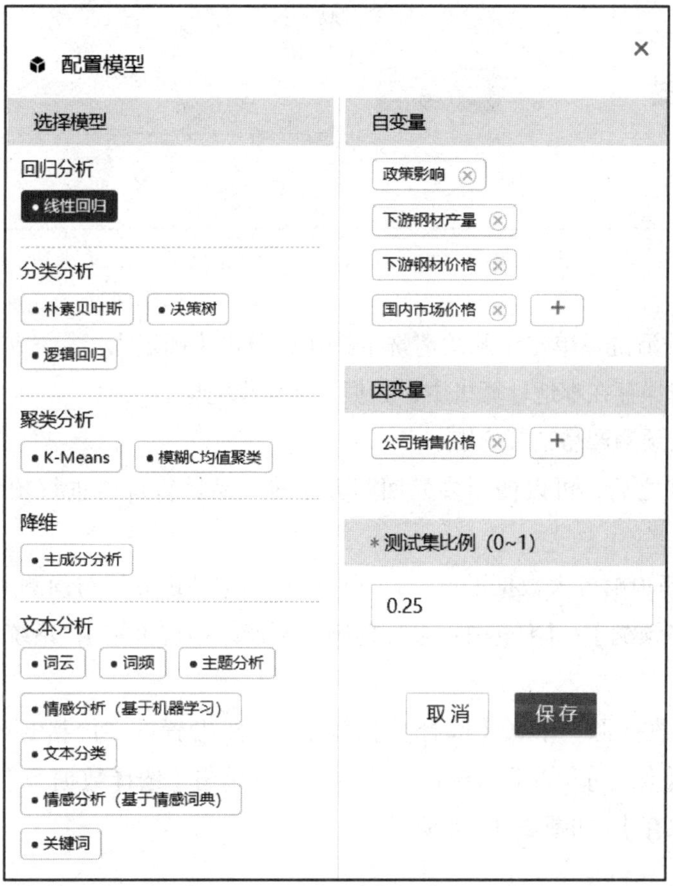

图 2-11-5　配置模型

④ 开始建模。单击【开始建模】，建模完毕之后【查看训练结果】，将结果导出保存在本地计算机中。

注意

在查看训练结果时，需要查看"决定系数 $R2$"的大小，$R2$ 越大说明预测结果越准确，如图 2-11-6 所示。

⑤ 预测数据上传。本案例需要对下期价格进行预测，所以需要将下期价格的影响因素数据上传到平台系统中。单击【选择预测数据】，上传数据，选择"价格预测数据－下期因素数据"（资源下载区域内有该数据），单击【保存】，如图 2-11-7 所示。

	政策影响	下游钢材价格	下游钢材产量	国内市场价格	真实值	预测值
0	0	1955	13156.4	535	426.471715342	451.0402
1	0	1816	8300.14	325	333.8809321435	350.438
2	0	3801	8300.14	530	562.0583998773	537.1205
3	0	3000	11938.6	535	544.3102728094	494.0305
4	0	3696	8300.14	575	605.7038537312	558.8758
5	0	3756	6977.6	605	594.1783446	584.3422
6	0	3341	11466.4	485	440.3303613352	480.0974
7	0	3634	10965.8	495	469.7832194454	498.5782
8	0	2545	10754.1	455	440.083559786	438.2216
9	0	4070	7399.6	675	746.968531287	633.1303

测试集预测结果与真实值对比结果（预览）

数据默认10条，若想查看全部数据，请点击表格右上角导出按钮

截距：0.0000　　自变量个数：4　　因变量个数：1

评估模型

均方误差（MSE）：1616.7969　　决定系数（R2）：0.8478

图 2-11-6　查看数据结果

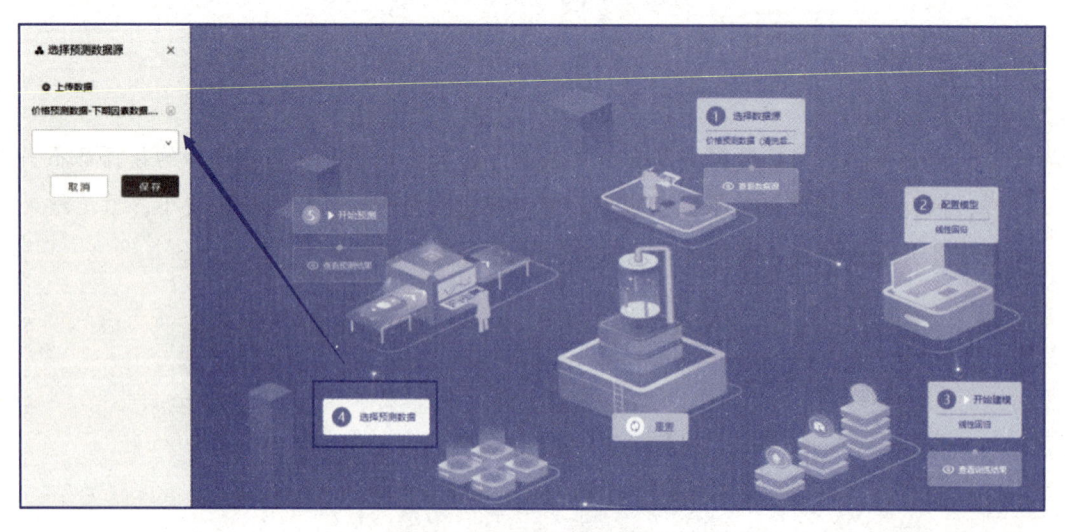

图 2-11-7　选择预测数据

231

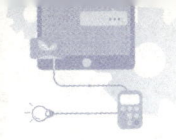

⑥ 预测数据。单击【开始预测】，并对预测结果进行查看，如图 2-11-8 和图 2-11-9 所示。

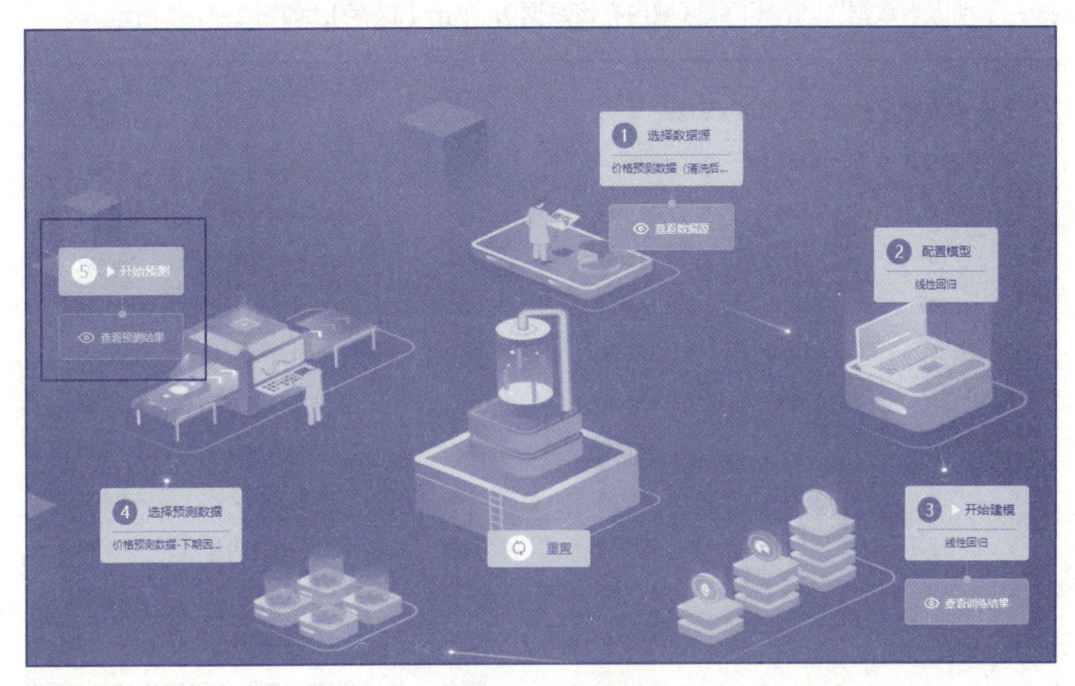

图 2-11-8　预测数据

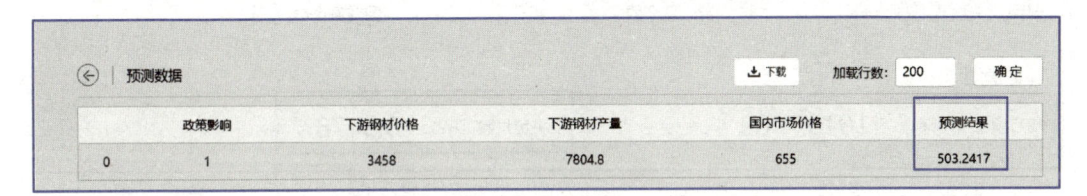

图 2-11-9　预测结果查看

政策影响	下游钢材价格	下游钢材产量	国内市场价格	预测结果
1	3458	7804.8	655	503.2417

注意

由于每次的训练数据是从全部数据中任选 75% 的数据，每次选择的数据都不一样，因此每次的预测结果数值也不一样。当前我们的数据样本量比较小，预测结果数值差异会比较大，数据样本量越大，预测结果会越精准。

实战演练十二

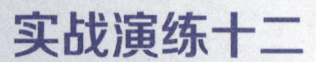

企业费用分析 »»»»»»

一、费用整体分析

【任务要求】

根据任务目标,首先需要对2019年9月的费用结构进行分析,通过费用结构的同比分析,并且将其与对标企业金岭矿业的分析数据做对比,最后通过以上分析对AJHXJL公司的费用构成提出建议。

【操作指导】

以AJHXJL公司2019年费用结构分析为例进行演示,操作步骤如下:

(1)登录新道财务大数据平台,打开训练计划【费用分析实战演练】,单击【费用整体分析】—【任务1:费用结构分析】,系统自动跳转至用友分析云界面。

(2)进入分析云界面,单击左侧的【分析设计】,选择【新建】,弹出"新建故事板"对话框,将其命名为"费用结构分析",存放在"我的故事板"里。

(3)新建可视化。单击【可视化】—【新建】,弹出"选择数据集"对话框,依次单击【数据集】—【财务大数据】—【AJHXJL-利润表】,单击【确定】。

(4)设置维度与指标。维度为空值,单击【指标】下拉箭头,找到"销售费用""管理费用""财务费用"并将其拖动至"指标"右侧。如图2-12-1所示。

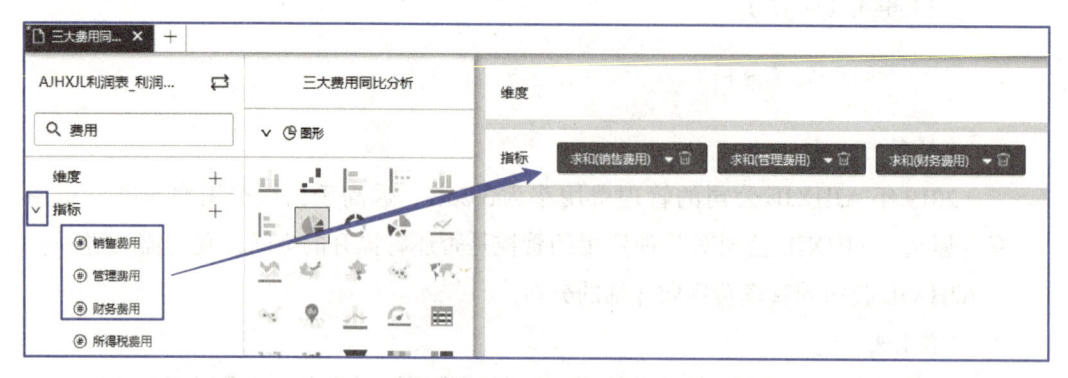

图2-12-1 设置费用指标

(5)设置图形。单击【图形】,选择"饼图",如图2-12-2所示。

(6)设置过滤条件。单击【过滤】—【设置】,弹出"添加过滤条件"对话框,

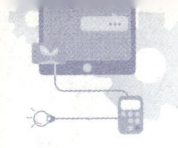

模块二　实战演练操作指导

单击【按条件添加】，本期需要分析的数据是 2019 年，因此过滤条件设置为年等于 2019，如图 2-12-3 所示。

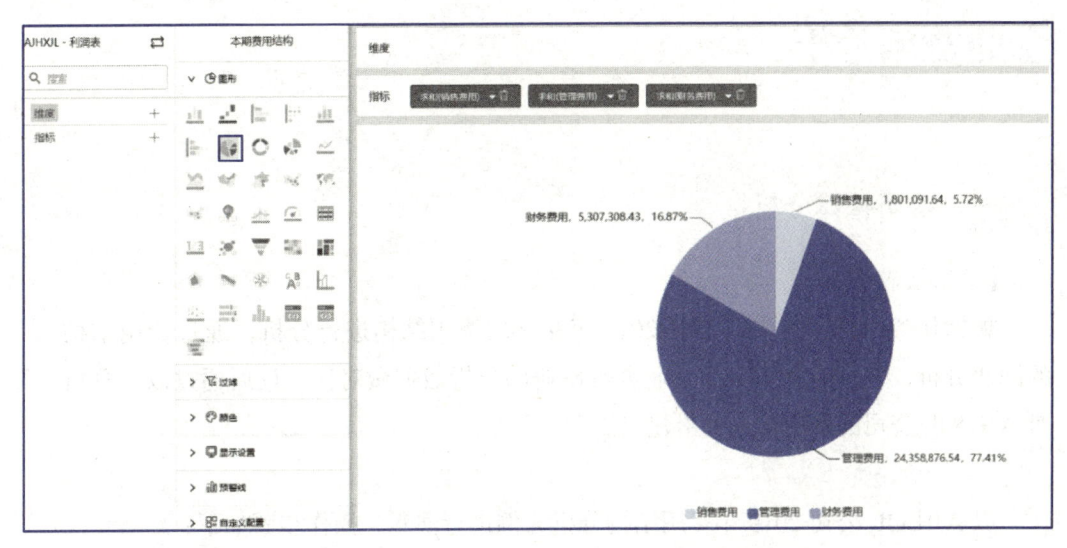

图 2-12-2　费用分析饼图

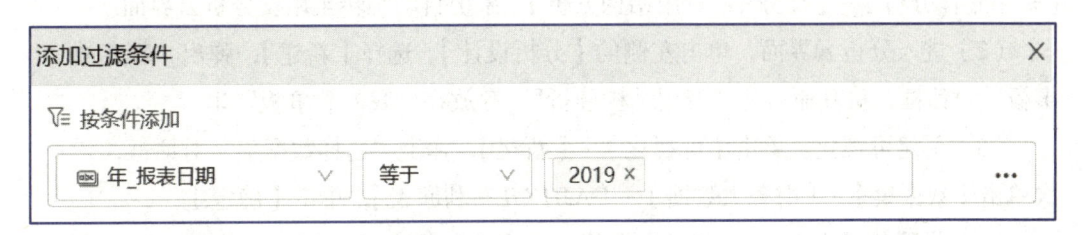

图 2-12-3　设置过滤条件

（7）单击【保存】。

二、管理费用分析

【任务要求】

2019 年 AJHXJL 公司的管理费用率为 3.66%，远高于销售费用率与财务费用率，那么，AJHXJL 公司对管理费用的管控是否还有提升的空间，我们需要进一步对 AJHXJL 公司的管理费用做详细的分析。

【操作指导】

本案例我们需要准备的数据除了 AJHXJL 公司的利润表，还需要管理费用统计表，以及相对应需要分析的管理费用子项目明细表。下面以管理费用历年趋势分析为例进行演示，操作步骤如下：

（1）登录新道财务大数据平台，打开训练计划【费用分析实战演练】，单

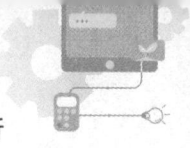

击【管理费用分析】-【任务1：管理费用分析】，系统自动跳转至用友分析云界面。

（2）进入分析云界面，单击左侧的【分析设计】，接着单击【新建】，弹出"新建故事板"对话框，将其命名为"管理费用历年走势"，存放在"我的故事板"里。

（3）新建可视化。单击【可视化】-【新建】，弹出"选择数据集"对话框，依次单击【数据集】-【财务大数据】-【AJHXJL-利润表】，单击【确定】，将可视化命名为"管理费用历年趋势"。

（4）设置维度与指标。单击菜单【维度】左侧向下箭头，选择"报表日期"，将其拖动至右侧维度区，同理单击【指标】左侧下拉箭头，选择"管理费用"将其拖动至右侧指标区，如图2-12-4所示。"报表日期"选择"年"为"升序"，相同操作方式将指标"管理费用"选择"汇总方式"为"求和"，如图2-12-5所示。

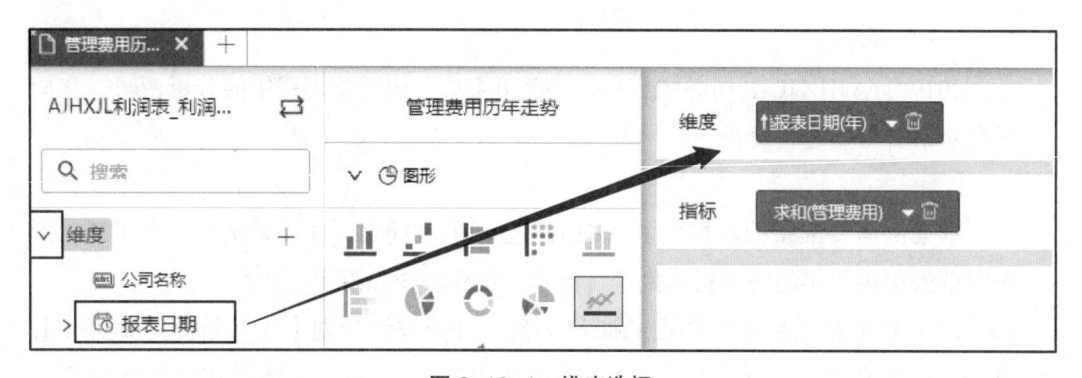

图2-12-4　维度选择

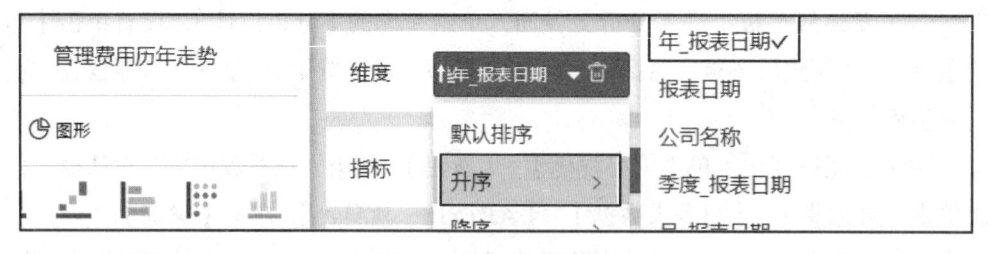

图2-12-5　维度设置

（5）设置图形。单击【图形】，选择"折线图"。如图2-12-6所示，管理费用可视化设置完毕，单击【保存】并【退出】，回到可视化看板。

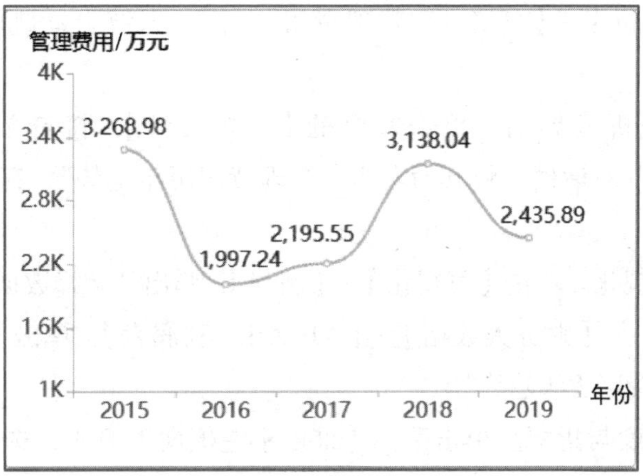

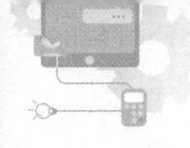

图 2-12-6　管理费用可视化

三、销售费用分析

【任务要求】

2019年AJHXJL公司的销售费用率为0.45%，按照管理费用的分析逻辑，我们现在对销售费用进行分析。

【操作指导】

本案例需要准备的数据除了AJHXJL公司的利润表，还需要销售费用明细。下面以销售费用历年趋势分析为例进行演示，操作步骤如下：

（1）登录新道财务大数据的课程平台，打开训练计划【费用分析实战演练】，单击【销售费用分析】-【任务1：销售费用分析】，系统自动跳转至用友分析云界面。

（2）新建故事板。进入分析云界面，单击左侧的【分析设计】，接着单击【新建】，弹出"新建故事板"对话框，将其命名为"销售费用历年趋势"，存放在"我的故事板"里。

（3）新建可视化。单击【可视化】-【新建】，弹出"选择数据集"对话框，依次单击【数据集】-【财务大数据】-【AJHXJL-利润表】，单击【确定】。

（4）设置维度与指标。单击菜单【维度】左侧向下箭头，选择"报表日期"，将其拖动至右侧维度区，同理单击【指标】左侧下拉箭头，选择"销售费用"将其拖动至右侧指标区，如图2-12-7所示。"报表日期"选择"年"为"升序"，将指标"销售费用"选择"汇总方式"为"求和"，如图2-12-8所示。

（5）设置图形。单击【图形】，选择"折线图"。如图2-12-9所示，销售费用可视化设置完毕，单击【保存】。

实战演练十二　企业费用分析

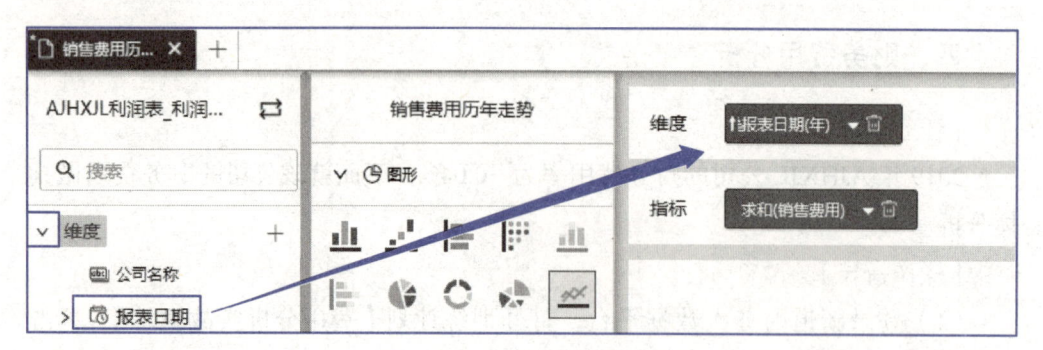

图 2-12-7　维度选择

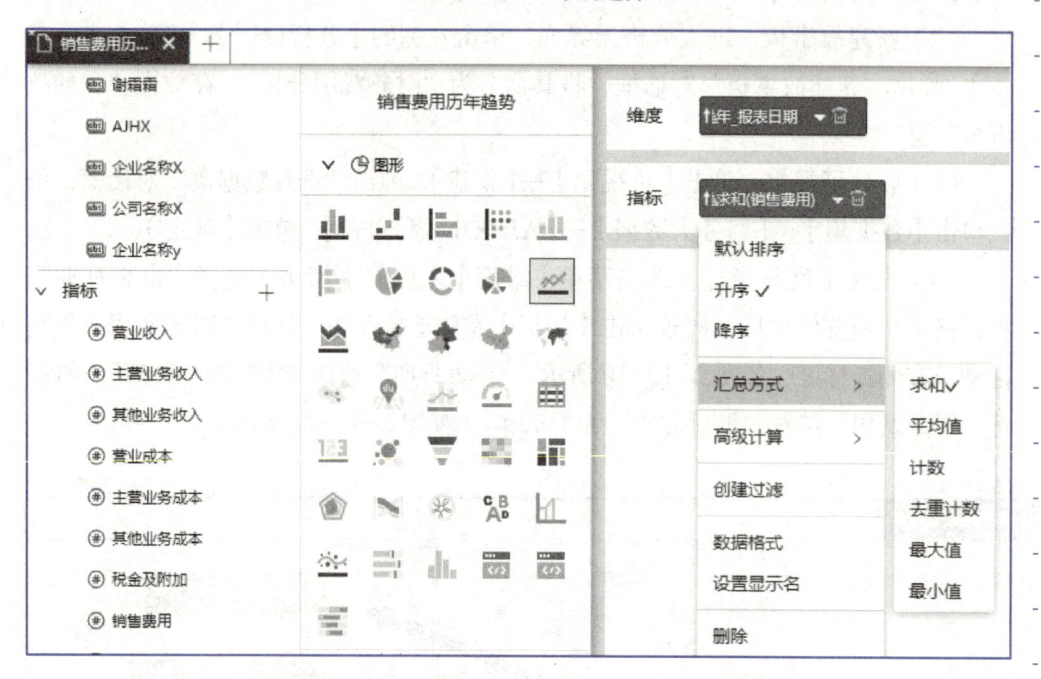

图 2-12-8　维度设置

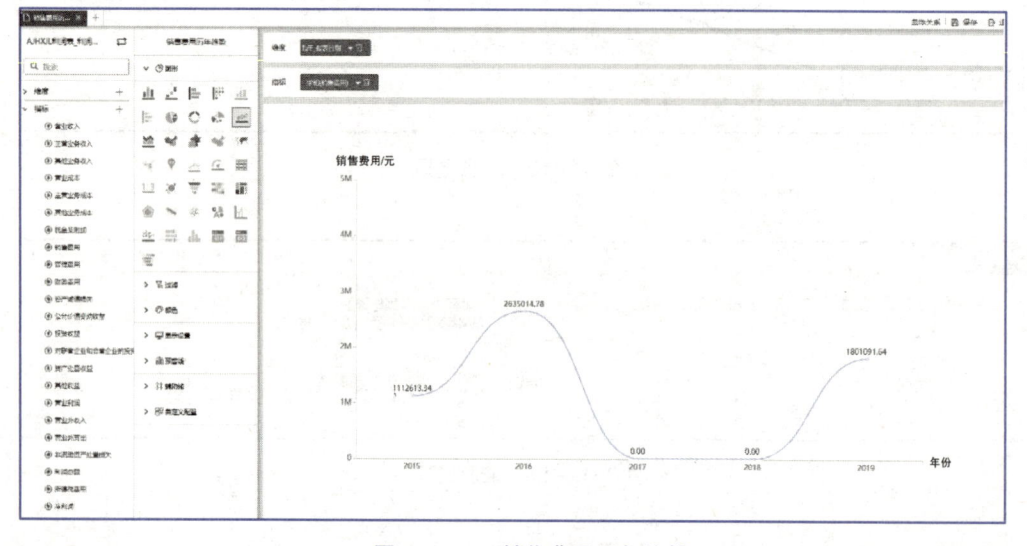

图 2-12-9　销售费用历年趋势

237

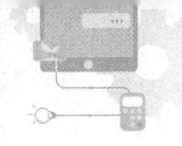

四、财务费用分析

【任务要求】

2019年AJHXJL公司的财务费用率为-0.04%，下面就该公司的财务费用做具体分析。

【操作指导】

（1）登录新道财务大数据平台，打开训练计划【费用分析实战演练】，单击【财务费用分析】-【任务：财务费用分析】，系统自动跳转至用友分析云界面。

（2）新建故事板。进入分析云界面，单击左侧的【分析设计】，接着单击【新建】，弹出"新建故事板"对话框，将其命名为"财务费用分析"，存放在"我的故事板"里。

（3）新建可视化，单击【可视化】-【新建】，弹出"选择数据集"对话框，依次单击【数据集】-【财务大数据】-【AJHXJL-利润表】，单击【确定】。

（4）设置维度与指标。单击菜单【维度】左侧向下箭头，选择"报表日期"，将其拖动至右侧维度区，同理单击【指标】左侧下拉箭头，选择"财务费用"将其拖动至右侧指标区，如图2-12-10所示。"报表日期"选择"年"为"升序"，将指标"财务费用"选择"汇总方式"为"求和"，如图2-12-11所示。

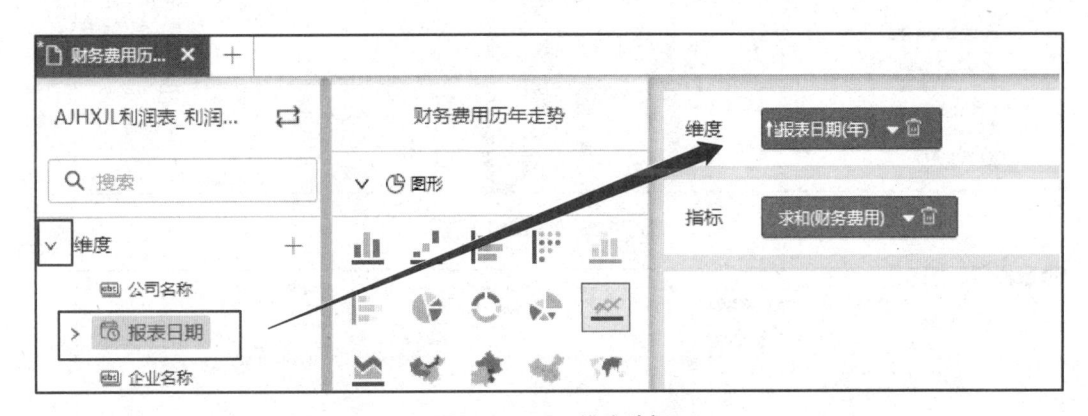

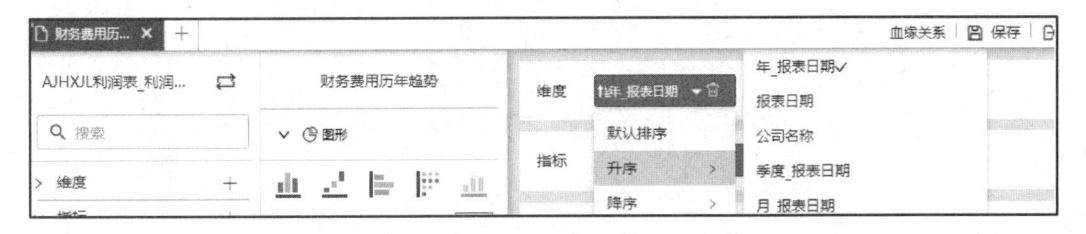

图2-12-10 维度选择

图2-12-11 维度设置

（5）设置图形。单击【图形】，选择"折线图"。如图 2-12-12 所示，财务费用可视化设置完毕，单击【保存】。

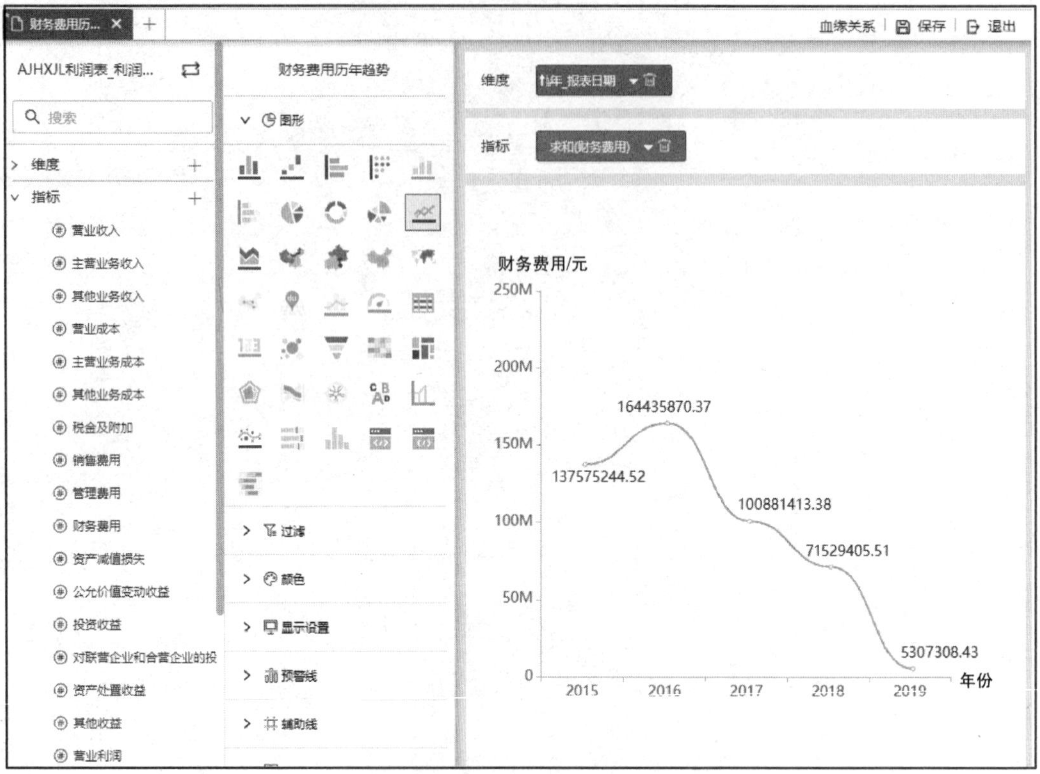

图 2-12-12　财务费用历年趋势

注：财务费用历年趋势可视化设计操作，请扫描书侧二维码观看视频。

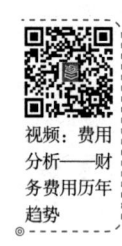

视频：费用分析——财务费用历年趋势

模块三
"岗课赛证"融通
综合训练

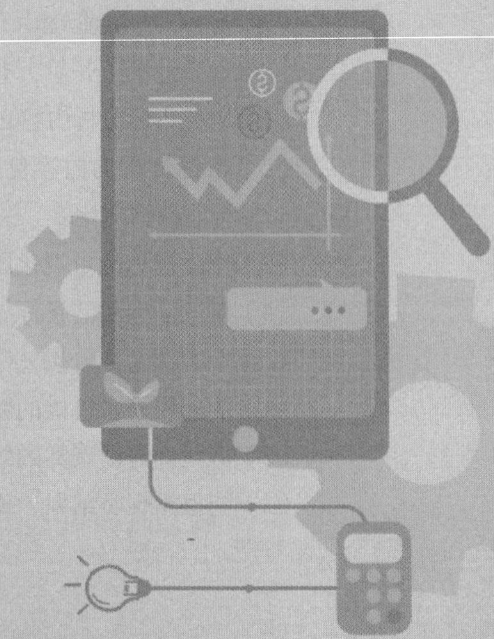

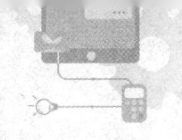

综合训练要求

分析目标企业：北京三元食品股份有限公司，股票代码"600429"，简称"三元股份"。

分析企业背景：了解国家政策导向、行业发展特征，理清案例企业所处行业地位，找准对标企业，开展横向与纵向比较财务分析，明确企业自身优缺点，预测企业未来发展前景。

分析要求：要求可视化分析必须使用用友分析云进行可视化图表设计；要求利用大数据技术算法开展数据分析（不限于聚类分析，既可以在平台操作，也可以自行使用 Python 完成）。

数据源：分析云中内置的 xbrl，其中有三元股份 2013 年至 2020 年的企业基本信息表、资产负债表、利润表、现金流量表；若需要其他数据，也可以自行采集数据，清洗后上传到分析云使用。

分析关键步骤思路：

1. 总体要求

（1）PPT 报告可使用系统提供的报告模板，也可以自行设计。

（2）可视化图形必须在分析云中制作。

2. 案例企业概述与对标企业选择

（1）案例企业介绍简明扼要。

（2）选择对标企业理由充分、合情合理。

3. 案例企业财务指标分析

（1）财务指标分析内容必须四大能力分析，每一个能力的分析指标不少于 3 个。

（2）指标分析的内容包括本期指标分析、同比分析、历年趋势、行业均值对比、对标企业数据对比。

（3）作出指标的可视化图形后，必须对指标数据匹配文字解读。

（4）对变动异常的指标，有溯源分析，且原因合乎情理。

4. 行业数据聚类分析

（1）能利用平台提供的数据挖掘工具进行聚类分析。

（2）能正确解读聚类的效果。

（3）能根据聚类结果，说明每一组企业的特点。

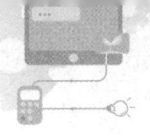

5. 案例企业发展前景预测

（1）能按照 PEST 分析模型，分析案例企业所在行业的发展现状与前景。

（2）能利用 SWOT 分析法，分析评价案例企业发展的优势、劣势、机会与威胁。

（3）能对案例企业的发展前景进行合理的预测。

模块三 "岗课赛证"融通综合训练

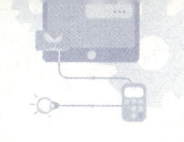

综合分析报告解析

一、案例企业背景分析

1. 企业基本情况

北京三元食品股份有限公司（以下简称"三元股份"）是一家生产奶业兼营麦当劳快餐的中外合资股份制企业，其前身是成立于1956年的北京市牛奶总站，2003年在上海证券交易所主板上市（股票代码600429）。

2. 产品系列

作为一家已有60余年发展历史的老字号乳企，三元股份近年来还不断进行改革和兼并以突破城市型乳企困局，在2008年收购三鹿，2011年收购湖南太子奶，2015年又收购了首农旗下高端冰激凌品牌艾莱发喜90%股权，2018年与复星联合竞购Brassica Holdings股权项目完成交割。三元股份的产品涵盖包装鲜奶系列、超高温灭菌奶系列、酸奶系列、奶粉系列、干酪系列以及各种乳饮料等百余种。

3. 销售渠道

三元股份的销售网络覆盖北京各城区、郊县及全国50多个地区。企业根据产品品类与区域、以事业部加控股子公司的模式，构建了常温奶、低温奶、奶粉、特殊渠道、送奶到户和电商六大事业部及核心控股子公司。

根据事业部产品特点及销售区域划分各加工厂，使生产和销售有序结合，便于成本控制、产销协调以及对市场进行快速反应。通过与优质的第三方物流合作，确保公司所属各加工厂的新鲜产品安全、及时、准确到达客户端，为客户提供优质服务。

公司主要采用直营、经销商和电子商务相结合的销售模式，销售渠道遍布全国各省市。2020年三元股份各指标在行业中的排名见表3-2-1。

表 3-2-1　2020年三元股份各指标在行业中的排名

行业内收入排名	行业内净利润排名	行业内资产排名	行业内负债排名	行业内权益排名
6	28	6	5	6

如表3-2-1所示，三元股份在上交所食品制造业的资产、权益等排名均靠前，但是其净利润却成了最大的弱项，与其资产和权益规模并不匹配。

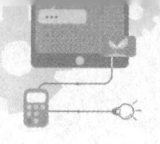

二、选择对标企业

1. 选择对标企业依据的参考因素

投资报告选择了企业上市时间、主营业务范围、相关财务指标、产权性质、发展战略五个参考因素作为选取对标企业依据,经过分析选取了同为乳企的光明乳业股份有限公司(以下简称"光明乳业")作为对标企业。三元股份和对标企业光明乳业基本情况对比分析如表 3-2-2 所示。

表 3-2-2 对标企业基本情况对比分析

公司名称	所属行业	主营业务	商业模式	营业收入	客户群体
三元股份	饮料乳品	乳及乳制品的生产和销售	直营、经销商和电子商务相结合	行业排名第四	大城市
光明乳业	饮料乳品	乳制品的开发、生产和销售	直营、经销商和电子商务相结合	行业排名第二	大城市

2. 对标企业基本情况

光明乳业业务渊源始于 1911 年,拥有 100 多年的历史,2002 年在上海证券交易所主板上市(股票代码 600597),发展至今逐步确立以牧业、乳制品的开发、生产和销售为主营业务,是中国领先的高端乳品引领者。

3. 对标企业产品分析

光明乳业拥有世界一流的乳品研究院、乳品加工设备以及先进的乳品加工工艺。主营产品包括新鲜牛奶、新鲜酸奶、乳酸菌饮品、常温牛奶、常温酸奶、奶粉、婴儿奶粉、奶酪、黄油、冰激凌、烘焙等多个品类。

4. 对标企业销售分析

截至 2020 年年末,光明乳业销售规模超过 203.7 亿元,在乳制品行业中名列前茅。2020 年通过国家审核成为国家技术创新示范企业。三元股份与光明乳业参考因素对比一见表 3-2-3。

表 3-2-3 三元股份与光明乳业参考因素对比一

参考因素	三元股份	光明乳业
企业上市时间	2003 年在上交所上市	2002 年在上交所上市
主营业务范围	生产奶业、加工乳品、饮料、食品、冷食冷饮等	以牧业、乳制品的开发、生产和销售为主营业务

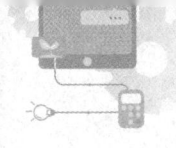

续表

参考因素		三元股份	光明乳业
相关财务指标	市盈率	28.93	27.5
	资产负债率	55.23%	55.72%
	毛利率	24.18%	25.81%

经过对比分析发现，三元股份和光明乳业两家乳企的上市时间相近，都是以奶业、乳制品加工为主营业务；此外还发现两家公司的市盈率、资产负债率和毛利率三项指标都相近，说明两家公司的股票估值水平相近、企业资本结构类似，毛利营收能力相近。

三元股份与光明乳业参考因素对比二见表3-2-4。

表3-2-4　三元股份与光明乳业参考因素对比二

参考因素	三元股份	光明乳业
企业产权性质	控股股东：北京首农食品集团有限公司（国有独资）	控股股东：光明食品（集团）有限公司（国有控股）
企业发展战略	①区域销售市场较集中：以北京及周围城市为主要销售市场；②2020年北京地区销售额达到23.45亿元，占比58.59%	①前期市场集中在华东市场，后发展至全国乃至跨国；②2020年上海地区销售额达到了68.02亿元，占比26.97%

报告还从两家企业的产权性质作为参考标准，发现三元股份和光明乳业两家企业的控股股东都具有国企控股的背景；另外通过对比两家企业2020年的数据，发现三元股份的销售市场较集中在北京地区，这一比例将近60%，而光明乳业整体市场份额的26.97%集中在上海市，这都表明了两家企业总部所在地的市场份额占有很大比例，区域市场集中度高。

综合上述分析发现，两家企业在上市时间、主营业务范围、相关财务指标、产权性质以及发展战略等因素上均存在较大的相似性。因此，这为两家著名乳企的横向对比奠定了一定的基础。

三元股份与光明乳业参考因素对比三见表3-2-5。

表 3-2-5　三元股份与光明乳业参考因素对比三

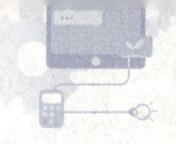

参考因素		三元乳业	光明乳业
行业地位		著名乳企，在行业中排名靠前，但据龙头企业和光明乳业仍具有一定差距； 2020 年营业收入为 73.53 亿元	百年老字号乳企，是仅次于伊利和蒙牛的著名乳制品企业； 2020 年营业收入达到 252.2 亿元
企业规模	市值	81.17 亿元	170.4 亿元
	资产规模	133.7 亿元	201.7 亿元
盈利状况	净利润	2 206 万元	6.076 亿元
	每股收益	0.015 元	0.5 元
	净资产收益率	0.44%	10.19%

从表 3-2-5 中可以发现报告从行业地位角度出发，通过分析发现三元股份较光明乳业仍有一定差距，行业竞争优势不足；同时分析发现，相比于光明乳业，三元股份的盈利状况较差，2020 年的净利润仅为 2 206 万元，而光明乳业达到了 6.076 亿元。

总结

报告从两家企业的共性和个性的角度出发，解释了选取光明乳业作为对标企业的原因。两家企业既存在相似性，也存在差异，在共性的基础上分析两者差异，使得分析更加科学合理，也更有利于得出具有借鉴意义的结论。

三、案例企业财务状况分析

1. 盈利能力分析

三元股份盈利能力指标见图 3-2-1。

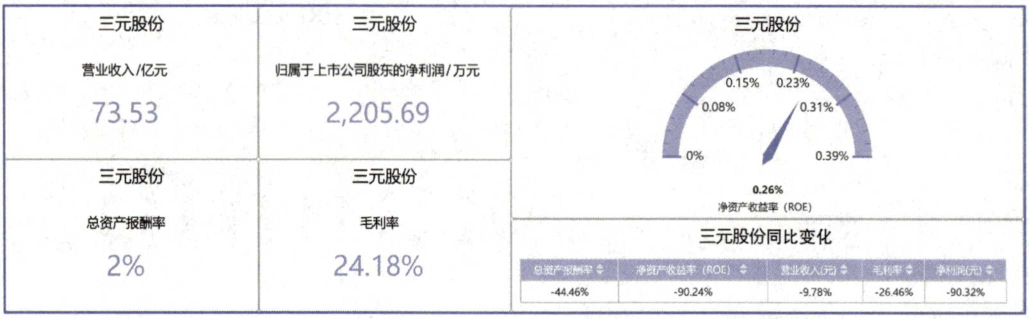

三元股份 营业收入/亿元 73.53	三元股份 归属于上市公司股东的净利润/万元 2,205.69	三元股份 0.08% 0.15% 0.23% 0.31% 0% 0.39% 0.26% 净资产收益率（ROE）
三元股份 总资产报酬率 2%	三元股份 毛利率 24.18%	三元股份同比变化 总资产报酬率　净资产收益率(ROE)　营业收入(元)　毛利率　净利润(元) -44.46%　-90.24%　-9.78%　-26.46%　-90.32%

图 3-2-1　三元股份盈利能力指标

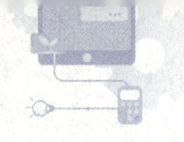

从图3-2-1可知，2020年，三元股份营业收入为73.53亿元，归属上市公司股东的净利润为2 205.69万元，总资产收益率为0.02，毛利率为0.24，净资产收益率为0.26%。2020年三元股份各项指标相较于2019年均有大规模降低。大规模降低则可能是由于2020年的疫情，导致三元股份线下盈利能力变差。

收入与净利润横向对比见图3-2-2。

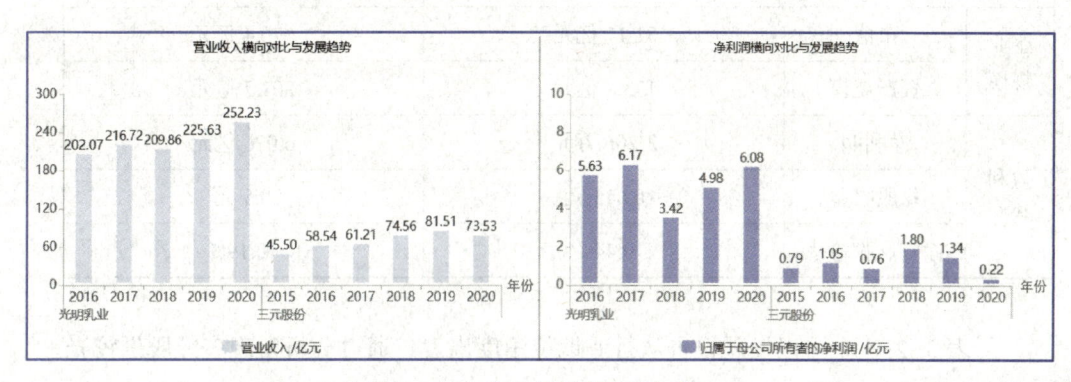

图3-2-2 收入与净利润横向对比

从图3-2-2横向对比可以看出，同是区域性龙头企业起步的光明乳业和三元股份，在2016—2020年间，营业收入基本均稳定增长，归属于上市公司股东的净利润有一定波动，但企业间两指标间的差距较大。从发展趋势来看，在2020年疫情期间，光明乳业的营业收入和归属于上市公司股东的净利润仍保持增长态势，三元股份则有所下降，归属于上市公司股东的净利润甚至同比下降83.58%。光明乳业长期保持向好态势，面对突发"黑天鹅"事件时有一定应对能力；而三元股份的发展则一路跌跌撞撞，缺乏对突发事件的应对能力。

总资产报酬率与毛利率横向对比见图3-2-3。

毛利率是反映资产获利能力的指标。如图3-2-3所示，光明乳业和三元股份的毛利率在2016—2020年间，均呈下降趋势。这主要是因为自2018年下半年以来，

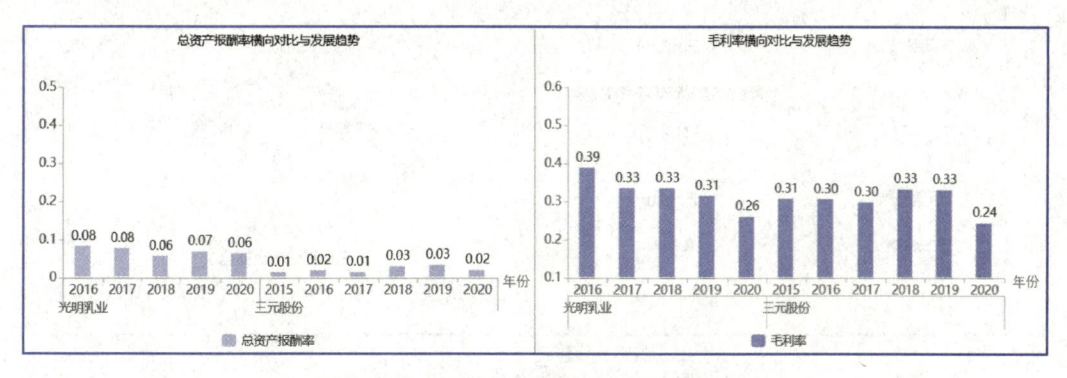

图3-2-3 总资产报酬率与毛利率横向对比

原奶价格持续上行，目前位于近三年的高点。据农业农村部的监测数据，截至 2021 年 6 月底，原奶价格同比上涨 19.7%。

三元股份净利润相关指标溯源见图 3-2-4。

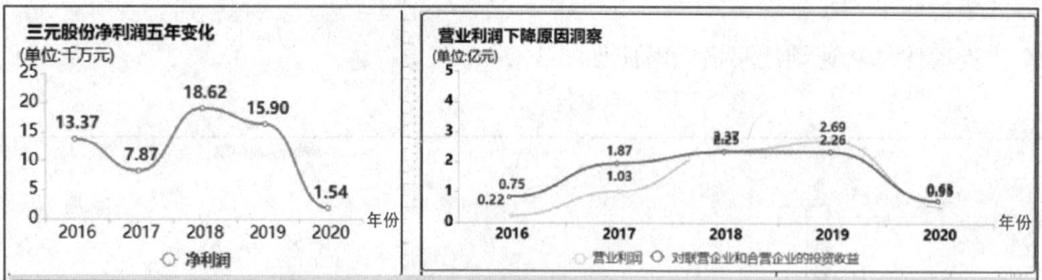

三元股份同比分析

净利润	利润总额	营业利润	对联营企业和合营企业的投资收益	营业收入	营业成本
-90.32%	-74.13%	-79.74%	-71.92%	-9.78%	1.91%

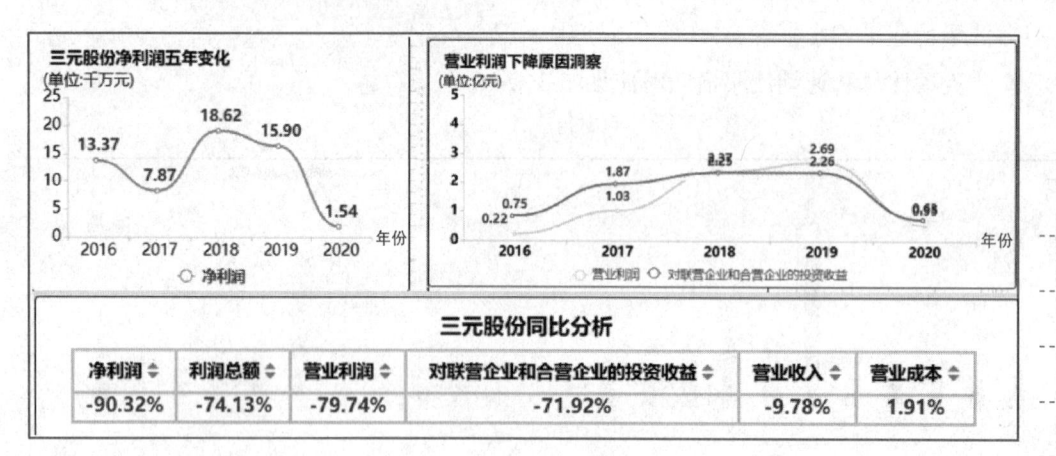

图 3-2-4　净利润相关指标溯源

净利润是进行经营管理决策的基础，是一个反映和分析企业多方面情况的综合指标。针对净利润变动的原因进行溯源可以了解企业经营方面存在的问题，有利于企业及时做出反应。

从图 3-2-4 中可以看到 2020 年，三元股份的净利润大幅下降，同比下降 90.31%，对其溯源可从宏观、微观两个方面来分析。

宏观方面：2020 年以来，疫情影响销售乳制品同比下降，三元股份的线下业务大受打击，如鲜奶配送等业务，受河北及北京等地疫情的影响，这些均导致企业营业收入的下降。

微观方面：本期因执行新收入准则冲减收入。此外，三元股份的销售费用有所增加，原料奶及其他相关原辅材料价格大幅上涨、生产成本持续走高。净利润下降的另外一个重要原因就是其投资收益的大幅下降，同比下降了 71.92%。

2. 偿债能力分析

三元股份偿债能力指标见图 3-2-5。

三元股份 流动比率 0.83	三元股份 速动比率 0.69	行业均值 流动比率 1.35	行业均值 速动比率 1.00
三元股份 现金比率 0.48	三元股份 资产负债率 0.55	行业均值 现金比率 0.74	行业均值 资产负债率 0.45

图 3-2-5　偿债能力指标

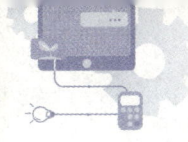

通过图 3-2-5 对企业长短期偿债能力流动比率、速动比率、现金比率和资产负债率进行分析，并对照行业均值分析发现：① 三元股份的短期偿债能力均低于行业平均水平；② 长期偿债能力也略低于行业平均水平。因此，三元股份的整体负债能力低于行业平均水平。

流动比率和速动比率横向对比见图 3-2-6。

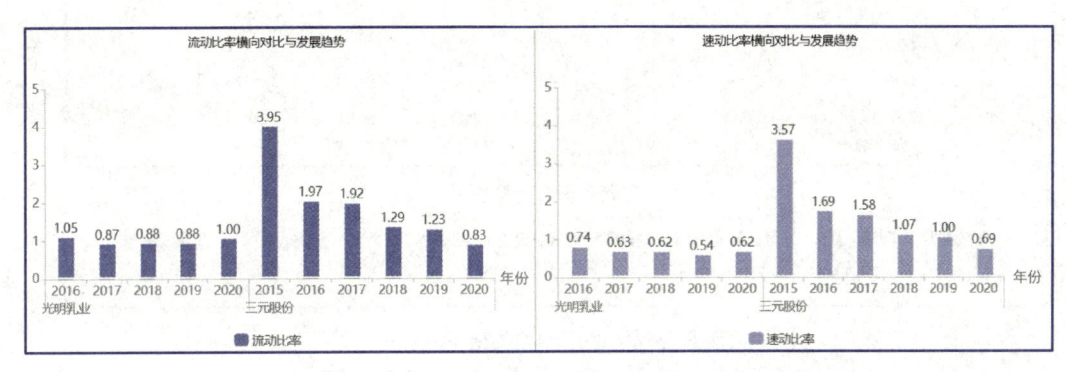

图 3-2-6 流动比率和速动比率横向对比

从图 3-2-6 横向对比来看：三元股份 2016—2019 年短期偿债能力优于光明乳业，但在 2020 年三元股份的短期偿债能力下降较大，与光明乳业相差不大。

从发展趋势来看：三元股份自 2015—2020 年流动比率和速动比率持续下降，表明企业的短期偿债能力也在逐年下降，而光明乳业近五年偿债能力保持较为稳定。

现金比率和资产负债率横向对比见图 3-2-7。

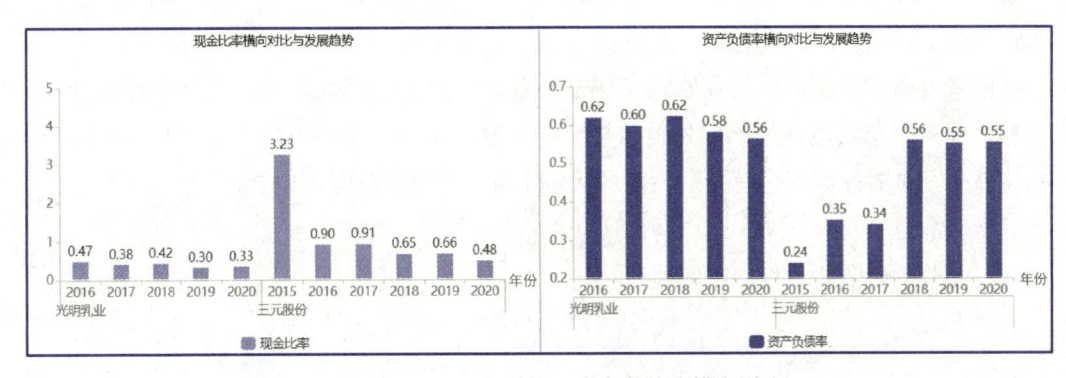

图 3-2-7 现金比率和资产负债率横向对比

从图 3-2-7 横向对比来看：三元股份在近五年短期现金偿债能力优于光明乳业，但这也说明三元股份的现金利用能力较差；三元股份的资产负债率逐年升高，说明财务杠杆逐年增大，相比之下光明乳业的资本结构相对稳定。

流动比率下降原因溯源如图 3-2-8 所示。

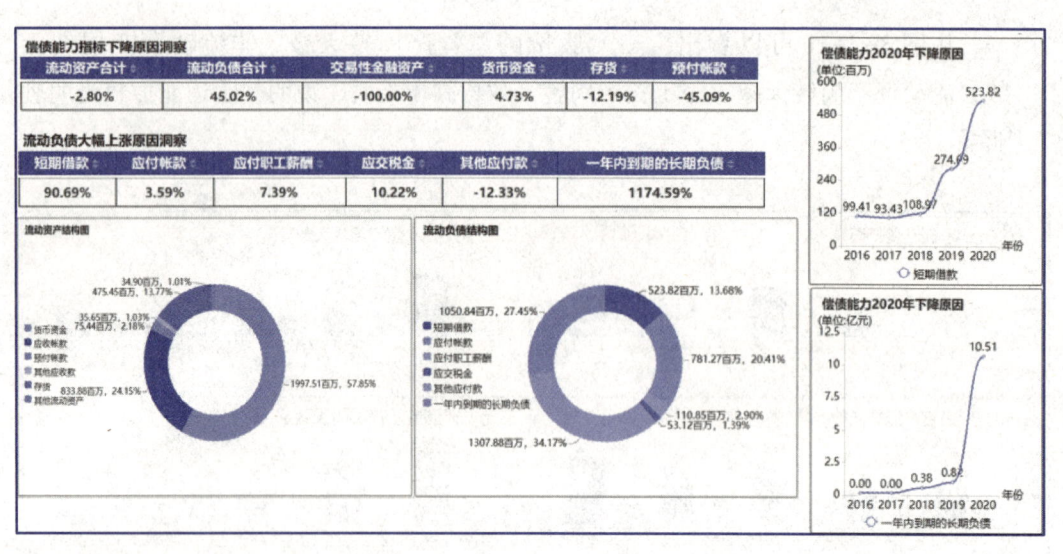

图 3-2-8　流动比率下降原因溯源

通过图 3-2-8 同比分析发现，三元股份的偿债能力指标较 2019 年均出现了下降。流动比率出现了大幅下降，主要原因有如下几点：

（1）受疫情的影响，企业为满足日常经营向外举债和延迟付款，导致 2020 年短期借款、应付工资、应付账款等流动负债均较 2019 年出现了大幅增长，尤其是短期借款增长了 90.69%。

（2）2020 年公司一年内到期的非流动负债出现了巨大增长，增长了近 10 亿元，主要原因是子公司香港三元贷款一年内到期。

3. 营运能力分析

从图 3-2-9 可以看出，三元的总资产周转天数、非流动资产周转天数、应收账款周转天数在行业内属于较高水平，周转期长，营运能力较差。

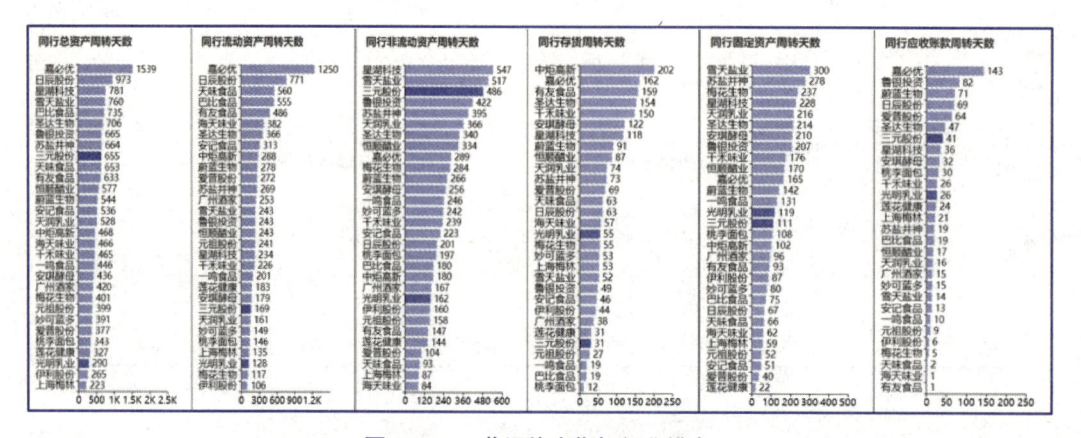

图 3-2-9　营运能力指标行业排名

251

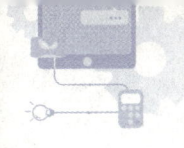

从图 3-2-10 可以看出，三元股份的总资产周转天数、非流动资产周转天数、流动资产周转天数、固定资产周转天数均高于光明，说明其营运能力较光明乳业弱。

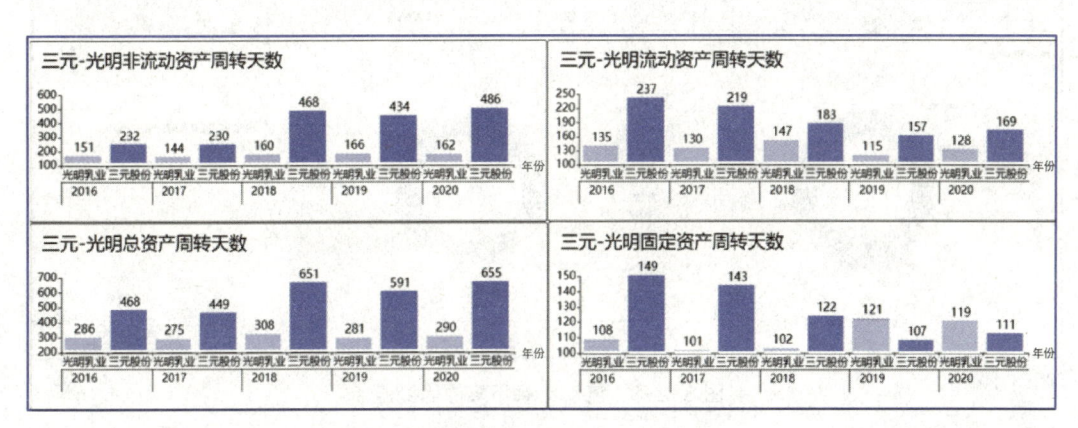

图 3-2-10　营运能力横向对比

从图 3-2-11 可以看出，总资产周转天数、非流动资产周转天数和应收账款周转天数在 2018 年增加幅度较大。通过查看年报可知，增加的主要原因是 2018 年收购法国 BH 公司，合并报表增加 37.77 亿元无形资产、16.6 亿元商誉、1.13 亿元固定资产、1.55 亿元长期投资。2020 年总资产周转天数、非流动资产周转天数和固定资产周转天数又有小幅的增加，主要原因是商誉增加 4 400 万元，无形资产增加 8 000 万元，在建工程增加 8 000 万元。从流动资产周转天数、存货周转天数、应收账款周转天数来看，近 5 年是下降趋势，说明公司在营运能力管理方面逐步增强。

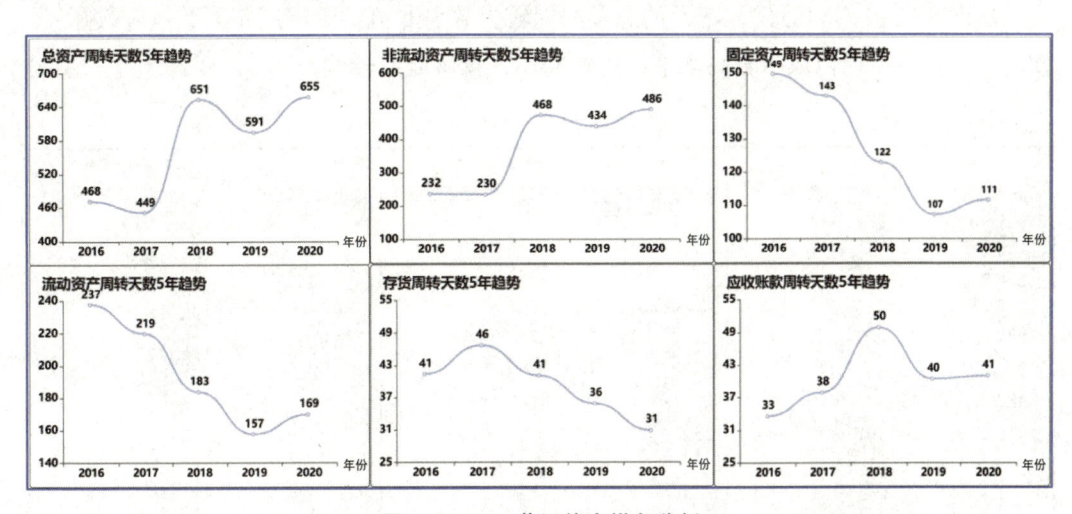

图 3-2-11　营运能力纵向分析

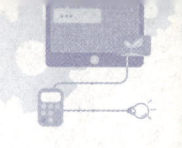

4. 发展能力分析

从图 3-2-12 可以看出：2020 年，三元股份总资产增长率、营业收入增长率和净利润增长率均为负值，在行业中处于垫底的位置。2020 年虽有疫情的影响，但是像伊利股份、光明乳业的总资产增长率、营业收入增长率和净利润增长率均有较大幅度的增长，说明三元股份在应对公共危机方面能力有所欠缺。

总资产增长率

公司	增长率
天味食品	100.25%
广州酒家	30.88%
天润乳业	27.93%
雪天盐业	27.17%
妙可蓝多	26.57%
海天味业	19.31%
伊利股份	17.69%
光明乳业	15.15%
星湖科技	14.45%
蔚蓝生物	13.29%
日辰股份	12.67%
中炬高新	11.84%
圣达生物	10.98%
有友食品	10.18%
桃李面包	9.62%
安琪酵母	9.09%
恒顺醋业	8.36%
上海梅林	7.66%
元祖股份	6.62%
嘉必优	6.55%
千禾味业	6.32%
爱普股份	6.14%
苏盐井神	2.84%
三元股份	-0.11%
梅花生物	-1.68%

营业收入增长率

公司	增长率
圣达生物	67.06%
妙可蓝多	63.20%
天味食品	36.90%
千禾味业	24.95%
梅花生物	17.15%
安琪酵母	16.73%
海天味业	15.13%
蔚蓝生物	13.40%
鲁银投资	12.27%
光明乳业	11.79%
恒顺醋业	9.94%
中炬高新	9.59%
天润乳业	8.67%
广州酒家	8.54%
有友食品	8.40%
爱普股份	7.82%
伊利股份	7.24%
星湖科技	6.35%
桃李面包	5.66%
嘉必优	3.82%
元祖股份	3.63%
上海梅林	1.98%
安记食品	-0.21%
莲花健康	-2.81%
雪天盐业	-4.73%
苏盐井神	-6.04%
日辰股份	-7.83%
三元股份	-9.78%

净利润增长率

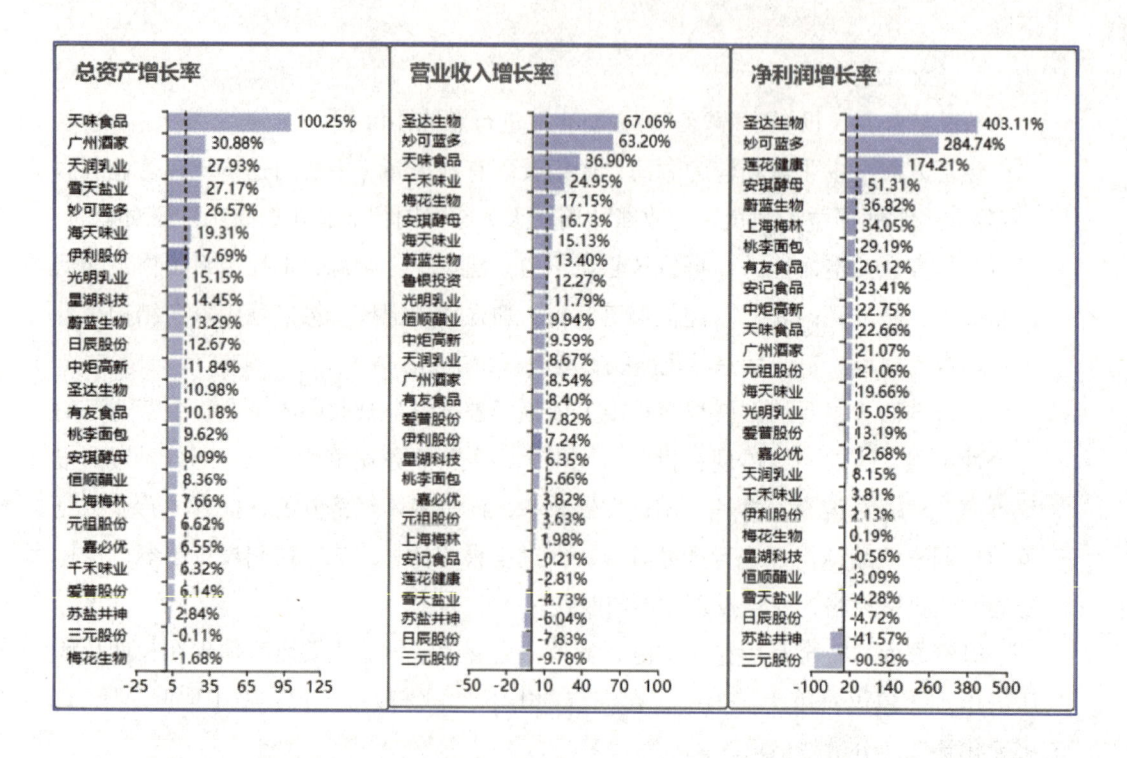

公司	增长率
圣达生物	403.11%
妙可蓝多	284.74%
莲花健康	174.21%
安琪酵母	51.31%
蔚蓝生物	36.82%
上海梅林	34.05%
桃李面包	29.19%
有友食品	26.12%
安记食品	23.41%
中炬高新	22.75%
天味食品	22.66%
广州酒家	21.07%
元祖股份	21.06%
海天味业	19.66%
光明乳业	15.05%
爱普股份	13.19%
嘉必优	12.68%
天润乳业	8.15%
千禾味业	3.81%
伊利股份	2.13%
梅花生物	0.19%
星湖科技	-0.56%
恒顺醋业	-3.09%
雪天盐业	-4.28%
日辰股份	-4.72%
苏盐井神	-41.57%
三元股份	-90.32%

图 3-2-12　发展能力行业对比

三元股份产品销售分项分析见图 3-2-13。

项目	名称	2020年	2019年	增长率
产品	液态奶	43.08亿元	45.59亿元	-5.5%
	固态奶	9.124亿元	12.77亿元	-28.55%
	冰激凌	12.00亿元	14.23亿元	-15.67%
	涂抹酱	8.669亿元	8.189亿元	5.86%
渠道	直营	27.48亿元	25.07亿元	9.6%
	经销商	36.76亿元	44.05亿元	-16.55%
	电子商务	9.29亿元	11.65亿元	-20.26%
地区	北京	38.10亿元	40.06亿元	-4.89%
	北京地区以外	34.78亿元	40.71亿元	-14.57%

图 3-2-13　产品销售分项分析

253

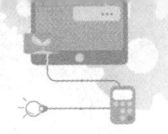

三元股份在 2020 年主营业务收入为 72.88 亿元，同比下降 9.78%。如图 3-2-13 所示，在产品分项中，只有涂抹酱同比增长 5.85%，其他主营产品收入与去年同期相比均有不同程度的下降；在地区分项中，北京及其他地区的销售收入均同比下降，北京以外地区下降幅度较大，同比下降 14.57%；在销售模式分析中，直营销售收入同比增长 9.6%，经销商渠道和其他渠道的销售收入与去年同期相比均有较大程度的下降。

5. 企业总体评价

下面从经营、投资、筹资三方面对企业进行总体评价。

经营方面：主业盈利较为微薄，产销管理有待提高。主要问题体现在营业利润（剔除非经常性损益）为负，应收账款周转天数相对同行业企业偏高。建议对策为：第一，提高主业造血能力，打造核心竞争力。建设稳定奶源，把控原料价格，降低产品成本，精准靶向客户，优化渠道销售，加强费用把控。第二稳固资产结构，合理管理资产项目。走产品差异化路线，提升议价能力。

投资方面：主要的发展很大程度上依赖于被投资与被收购的企业，主营业务的竞争性不强。主要问题体现在投资占比很大，主营业务竞争性不强；部分投资回报率不高。建议对策为：第一，调整发展重心，注重实体经济发展，提升主营业务竞争力。调整产品结构，进行产品升级，促进销售增长。第二，控制投资节奏，保持稳健性的投资风格，注意投资成本与收益。

筹资方面：资金利用稳中向好，偿债压力逐年递增。主要风险体现在长期负债压力增加。建议对策为：第一，在疫情冲击下，放缓改革步伐，稳中取胜。第二，多元化筹资，分散偿债风险。

四、行业聚类分析

使用 K-means 方法进行聚类。DBI、轮廓系数可以反映出聚类结果的好坏。DBI 表示聚类之间的平均相似度。值越小，聚类效果越好。轮廓系数越大，组内吻合度越高，组间距离越大，聚类效果越好。

本次聚类的指标选择偿债能力中的流动比率、速冻比率和资产负债率。聚类结果：DBI 指数为 0.328 2，组内相似性大；轮廓系数为 0.531 4，组间差异性大，聚类效果较好。

三元股份所在组，流动比率在 1.5 以下，资产负债率在 50%~60%，速动比率保持在 1 左右，企业短期偿债能力弱，经营风险大，但资产负债率合理，财务杠杆利用得当。

注：此处以偿债能力指标作为聚类指标，也可以使用其他的指标，或者通过主成分分析选取聚类指标。

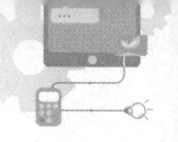

五、企业发展前景预测

1. 乳产品市场的 PEST 分析

（1）政治环境。我国乳品行业的发展一直受到国家政策的调控。自进入 21 世纪，国家的"学生奶"计划，加上蒙牛 2006 年提出的"每天一斤奶，强壮中国人"的口号，拉开了一个巨大的市场。2018 年《国务院办公厅关于推进奶业振兴保障乳品质量安全的意见》指出，2025 年，我国奶业要实现全面振兴。"十四五"期间，要实现奶业全面振兴，必须加快奶业现代化建设。2021 年中央一号文件提出要"继续实施奶业振兴行动"。2021 年 3 月，《中华人民共和国国民经济和社会发展第十四个五年规划和 2035 年远景目标纲要》正式发布，提出保障奶、粮等重要农产品供给安全。上述文件为我国奶业在"十四五"期间的发展提供了方向指引，为国内乳制品市场良好、快速发展提供了政策保障。

（2）经济环境。2020 年，我国全国人均可支配收入达 32 189 元，扣除价格因素后，比上年实际增长 2.1%。其中，城镇居民人均可支配收入 43 834 元，实际增长 1.2%；农村居民人均可支配收入 17 131 元，实际增长 3.8%。在疫情背景下，我国居民收入依然保持着上升趋势，居民生活质量稳步提高。乳制品的消费需求也在增加。

（3）社会环境。人口规模及分布是影响不同地区乳制品需求量的重要因素。2020 年中国人口数量达 141 178 万人，同比增长 0.84%。分区域看，东部地区人口数量最多；东北地区人口数量占比最低。东部作为经济发展水平较高的地区，年轻人口较多，相应乳制品需求较高。

（4）技术环境。新一轮科技革命和产业变革正在加速重构全球食品创新版图，重塑全球食品产业结构。以现代生物技术、信息技术、新材料技术、智能制造技术等为代表的创新技术在食品领域不断渗透融合，将彻底颠覆现有食品生产、流通和消费模式，催生食品产业新业态。目前，我国乳制品企业很多具有颠覆性的产品并没有提升营养价值，最典型的例子就是常温酸奶。真正的食品创新并不容易。目前，已有企业开始研究乳品的杀菌工艺，或采用罐装、包装方式来延长乳制品的保质期。

2. 三元股份的 SWOT 分析

（1）优势。一是区域龙头，三元股份作为区域龙头，其大本营坐落在首都北京，是北京家喻户晓的乳品品牌。作为京津老字号，三元的品牌感知是有人情味的、安全的、有品质的。二是靠近牧场，得奶源者得天下，尤其是在低温奶领域，三元股份凭借着牧场靠近消费地这一特点，把奶源近优势发挥到极致，"新鲜高品质"已经成为三元股份最闪亮的金字招牌。三是国资背景，三元股份背靠北京首农

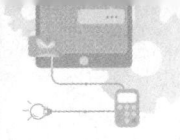

食品集团,作为为数不多的具有国资背景的乳制品企业,在政策福利、资金以及项目扶持等方面拥有一定的竞争优势。

(2)劣势。一是内部治理乱,三元股份曾完成了多次并购,但并购标的不够理想,被并购公司经营增速不达标,及收购对价过高后形成巨额商誉,对公司所造成的巨大伤害。并购导致内部治理体系与企业规模的不匹配,企业内部分裂,各自为政,影响了企业整体发展。二是销售渠道窄,据三元股份年报显示,其目前主要采用直营、经销商和电子商务相结合的销售模式。但三元股份2019年才开展电子商务这一销售渠道。电子商务起步较晚,三元股份并未占据优势。

(3)威胁。行业发展巨头蒙牛、伊利两大巨头占据大量市场份额,无论是营业收入还是净利润,三元股份都与伊利、蒙牛等行业巨头存在较大差距,规模效益带来一定威胁。原料成本上升,乳制品整体盈利空间缩小,经营风险增大。

(4)机会。一是国家政策支持。2021年中央发布的一系列文件为我国奶业在"十四五"期间的发展提供了方向指引,为国内乳制品市场良好、快速发展提供了政策保障。二是行业发展空间大。我国乳制品需求量不符合专家建议的食用标准,且与部分发达国家相比,目前我国居民奶及奶制品的摄入量仍然偏低。随着我国经济的发展、人民生活水平的进一步提高,我国乳制品市场存在巨大的发展空间和增长潜力。

3. 三元股份前景预测

(1)经营方面。随着新冠肺炎疫情局势的逐步稳定和防控政策的逐步成熟,三元股份包括学生奶、送奶到户等业务可以稳步恢复开展;同时,随着人们对于健康问题的日益关注,人均液态奶需求量有望借势进一步上涨;各地三孩政策的落地,我们看好固态奶未来需求量走向。因此三元股份在2021年的经营表现值得期待。

(2)投资方面。三元股份在之前年度分别收购了北京艾莱发喜和法国Brassica Holdings公司,其中艾莱发喜旗下品牌八喜成功拓展冰激凌领域业务,预计2021年将保持稳定增长;但海外投资在2019—2020年期间受疫情影响严重,预计随着欧洲疫情局势趋缓以及海外公司严格的防疫制度,2021年海外投资能有较大的反弹迹象。

(3)财务方面:在前面对企业的财务分析中我们发现三元股份短期偿债能力存在一定的风险,另外面对新冠肺炎疫情带来的不确定性,三元股份将考虑提高财务稳健性,提高流动比率等短期偿债指标。

(4)战略方面:三元股份在2020年年报中表示将以内涵式发展与外延式扩张作为企业未来战略方向,立足自己的大本营北京,向全国拓展自己的业务范围,三元股份在2015年也是完成了定向增发募集大量资金以拓展业务版图,2018年又收到高额政府补助以实现项目开发,二者无不体现三元股份面向全国市场的战略

野心。

综合以上分析，我们认为三元股份如果能从这次疫情危机中认识到自己的不足，调整经营战略，发挥自身优势，未来将有较大的收入增长空间。

三元股份可视化分析报告

我们将 2013 年第一季度至 2020 年第四季度的数据作为历史数据，用移动平均法进行回归分析，得出回归方程为：$y=1\,986\,750\,000+11\,750\,000t$。（注：$t$ 为计算期间），将预测期间带入，可以得出 2021 年和 2022 年的销售收入预测值。如图 3-2-14 所示。

2021年销售收入预测			2022年销售收入预测		
2021年第一季度	1 998 500 000	80.645亿元	2022年第一季度	2 045 500 000	82.5亿元
2021年第二季度	2 010 250 000		2022年第二季度	2 057 250 000	
2021年第三季度	2 022 000 000		2022年第三季度	2 069 000 000	
2021年第四季度	2 033 750 000		2022年第四季度	2 080 750 000	

图 3-2-14　销售收入预测

可视化分析报告可扫描书侧二维码观看。

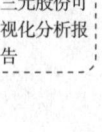

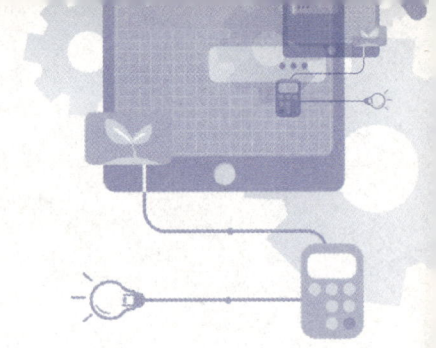

参考文献

［1］张新民，钱爱民．财务报表分析［M］．5版．北京：中国人民大学出版社，2019．

［2］高翠莲，乔冰琴，王建虹．财务大数据基础［M］．北京：高等教育出版社，2021．

［3］曹军．财务报表分析［M］．4版．北京：高等教育出版社，2021．

［4］中国注册会计师协会．财务成本管理［M］．北京：中国财政经济出版社，2021．

［5］王小沐，高铃．大数据时代我国企业的财务管理发展与变革［M］．长春：东北师范大学出版社，2017．

［6］姬潮心，王媛．大数据时代下的企业财务管理研究［M］．北京：中国水利水电出版社，2018．

［7］王佳东，王文信．商业智能工具应用与数据可视化［M］．北京：电子工业出版社，2020．

［8］张先治，陈友邦．财务分析［M］．大连：东北财经大学出版社，2017．

［9］徐杰，鞠颂东．采购管理［M］．大连：机械工业出版社，2014．

主编简介

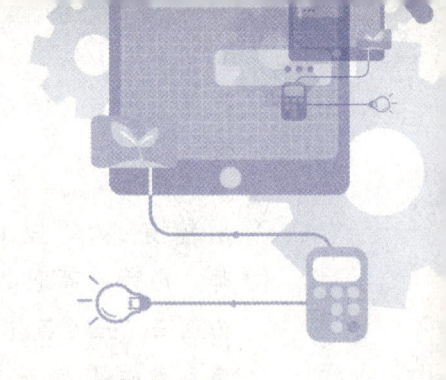

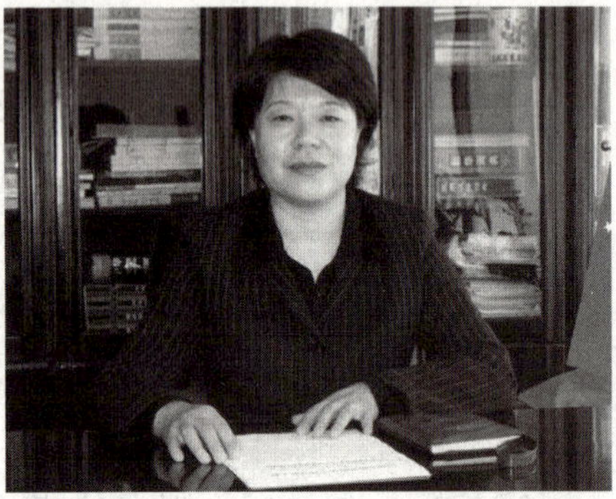

高翠莲，国家首批"万人计划"教学名师，山西省财政税务专科学校会计学院院长、二级教授、太原理工大学硕士生导师，拥有会计师、注册会计师、注册税务师专业技术资格，从事会计教学、理论与实践研究近40年。全国先进会计工作者，山西省"三晋英才"高端领军人才；国家特色高水平高职学校重点专业群建设项目负责人，财税大数据应用专业国家级职业教育教师教学创新团队负责人，国家黄大年式教师团队负责人，国家优秀教学团队负责人，全国教育系统先进集体带头人，全国高职会计职业技能大赛设计者和专家组组长，国家职业教育会计专业教学资源库项目主要负责人。兼任中国商业会计学会会计职业教育分会副会长、全国会计教育专家委员会委员、全国财经职业教育集团副理事长等职务。

曾获教育部"先进工作者"、山西省五一劳动奖章，并获山西省教学名师、山西省"双师型教学名师""青年科技奖""教育专家奖""精神文明奖""巾帼建功标兵"等荣誉称号。获国家教学成果一等奖一项、二等奖一项；山西省教学成果特等奖一项、一等奖三项，荣立山西省劳动竞赛委员会一等功一次、三等功一次。主持完成"企业经济业务核算"国家精品课程和国家精品资源共享课程；主持建设国家职业教育大数据与会计（会计）专业教学资源库课程"出纳业务操作"和山西省精品在线开放课程"企业内部控制"。出版专著1部，主编教材40余部，其中首届全国教材建设奖全国优秀教材1部，国家级规划教材9部；主持制定全国高职大数据与会计专业和会计信息管理专业教学标准；组织制定全国高职会计专业实训教学条件建设标准；主持完成教育部"会计专业中高职衔接教学标准"课题1项；主持或参与完成省级科研课题25项；公开发表学术论文50余篇。

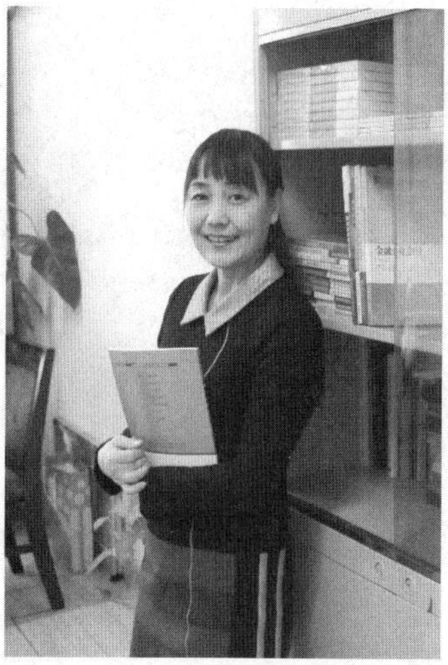

安玉琴，山西省财政税务专科学校会计学院副教授、太原理工大学硕士生导师，高级会计师。山西省高职高专院校"双师型"教学名师，山西省"三晋英才"拔尖骨干人才，荣立山西省劳动竞赛委员会二等功，山西省财政厅先进个人。从事会计专业教学30余年，是国家级会计专业教学团队、财税大数据应用专业国家级职业教育教师教学创新团队和国家黄大年式教师团队主要成员，山西省级精品课程"会计电算化"第二负责人。主编、参编教材10余部，主持参与省级科研课题多项，公开发表学术论文多篇，获山西省教学成果一等奖2项，担任多项国家级及省级职业技能大赛指导教师，并多次获得一等奖。

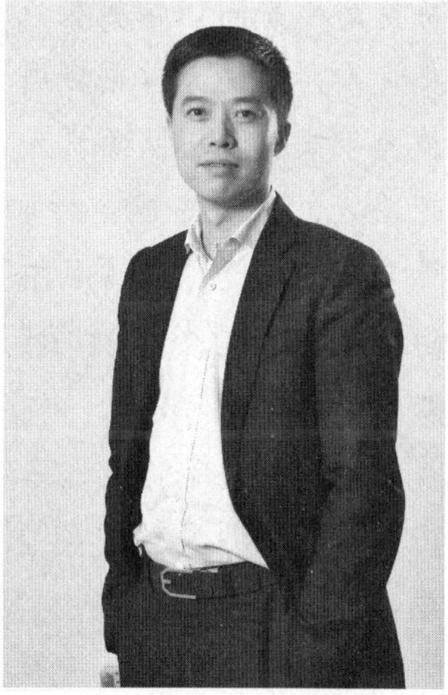

陈强兵　新道科技股份有限公司董事长、总裁，兼任全国财政职业教育教学指导委员会委员、中国软件行业协会副理事长、中国软件百人会会长。

长期致力于推动中国企业数智化转型升级工作，拥有20余年的信息化领域工作经验，研究领域为大型企业的集团管控、内部控制与风险管理、财务管理与公司治理等。

曾在国内外学术刊物上发表过10余篇学术论文；曾获评中国改革开放40周年"卓越贡献人物奖""中国上市公司最佳CEO""界面新闻2020中国上市公司最佳职业经理人TOP50"等荣誉。

郑重声明

高等教育出版社依法对本书享有专有出版权。任何未经许可的复制、销售行为均违反《中华人民共和国著作权法》，其行为人将承担相应的民事责任和行政责任；构成犯罪的，将被依法追究刑事责任。为了维护市场秩序，保护读者的合法权益，避免读者误用盗版书造成不良后果，我社将配合行政执法部门和司法机关对违法犯罪的单位和个人进行严厉打击。社会各界人士如发现上述侵权行为，希望及时举报，我社将奖励举报有功人员。

反盗版举报电话　　（010）58581999　58582371
反盗版举报邮箱　　dd@hep.com.cn
通信地址　　北京市西城区德外大街4号
　　　　　　高等教育出版社法律事务部
邮政编码　　100120

读者意见反馈

为收集对教材的意见建议，进一步完善教材编写并做好服务工作，读者可将对本教材的意见建议通过如下渠道反馈至我社。

咨询电话　　400-810-0598
反馈邮箱　　gjdzfwb@pub.hep.cn
通信地址　　北京市朝阳区惠新东街4号富盛大厦1座
　　　　　　高等教育出版社总编辑办公室
邮政编码　　100029

防伪查询说明

用户购书后刮开封底防伪涂层，使用手机微信等软件扫描二维码，会跳转至防伪查询网页，获得所购图书详细信息。

防伪客服电话　　（010）58582300

网络增值服务使用说明

授课教师如需获取本书配套教辅资源，请登录"高等教育出版社产品信息检索系统"（http://xuanshu.hep.com.cn/），搜索本书并下载资源。首次使用本系统的用户，请先注册并进行教师资格认证。

高教社高职会计教师交流及资源服务QQ群（在其中之一即可，请勿重复加入）：
QQ3群：675544928　QQ2群：708994051（已满）　QQ1群：229393181（已满）

宋本群經音辨

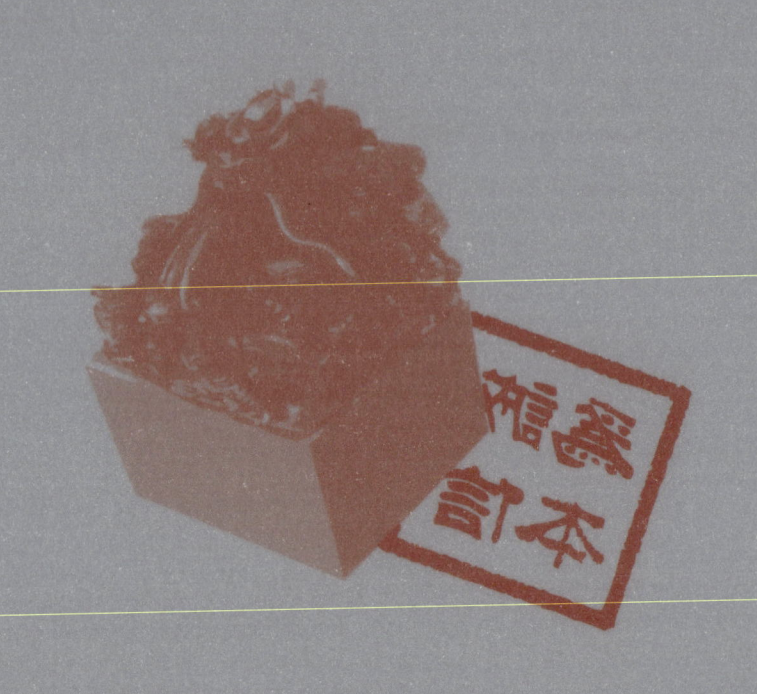

不裝題宋

蔡氏本

許氏本

樂安氏重

——民國吳興劉氏嘉業堂刊本

诚信为本 操守为重

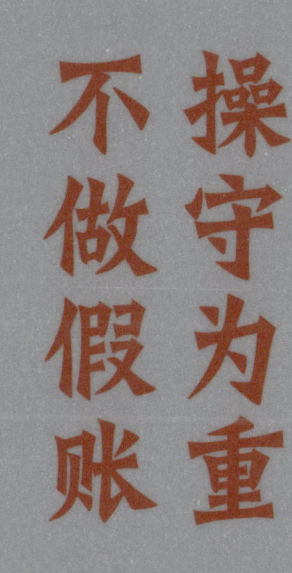

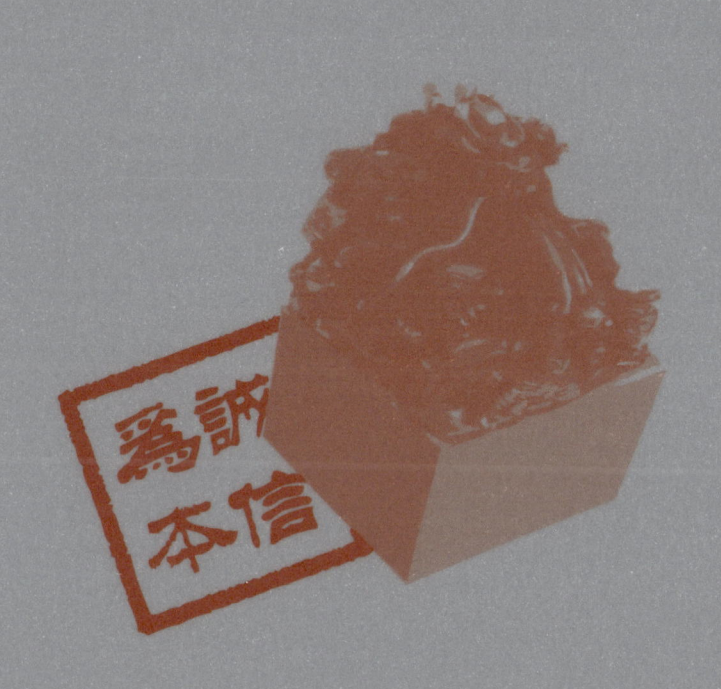

坚持准则 不做假账

——与学习会计的同学共勉